*ICH WAR GLÜCKLICH,
OB ES REGNETE ODER NICHT*

ELSE SOHN-RETHEL
LEBENSERINNERUNGEN

Else Sohn-Rethel, Rosenstrauchblatt

*ICH WAR GLÜCKLICH,
OB ES REGNETE ODER NICHT*

ELSE SOHN-RETHEL
LEBENSERINNERUNGEN

Herausgegeben
von Hans Pleschinski

C.H.BECK

Vorderer Vorsatz:
Dresden mit Augustusbrücke (Photochrom um 1890).
Hinterer Vorsatz:
Die alte Akademie in Düsseldorf
(Gemälde von Andreas Achenbach, 1831).

© Verlag C.H.Beck oHG, München 2016
Umschlaggestaltung: Kunst oder Reklame, München
Umschlagabbildung: Else Sohn-Rethel (Porträt von Carl Sohn).
Aus dem Nachlass, Privatbesitz.
Gesetzt aus der Schrift TheAntiqua bei
a.visus, Michael Hempel, München
Druck und Bindung: cpi-Ebner & Spiegel, Ulm
Gedruckt auf säurefreiem, alterungsbeständigem Papier
(hergestellt aus chlorfrei gebleichtem Zellstoff)
Printed in Germany
ISBN 978 3 406 69165 2

www.chbeck.de

Inhaltsverzeichnis

Altvordere und Nachkommen 9
Kunstreiches Erbe 11
Nicht das letzte Fest 17
Schöner Wohnen
oder Die Mutter deutscher Villen 19
Rendezvous der Bohème 24
Mädchen im Blütenschatten 30
Sommerfrische 39
Erste Maskeraden 42
Eine andere Künstlerstadt
An den Rhein und retour 45
Alle Jahre wieder 54
Erste Liebe und Belle Époque 62
Gartenfreuden in Elb-Florenz 68
Krieg 74
Intermezzo Bavarese 82
Damen bei Flut und einiges Leid 85
Mignon am Rhein 93
Feuersäule und
Deutschlands letzte Sänftenträger 99
Wieder Krieg 103
Frieden bei den Mendelssohns und
Liebesrausch 110

Solche und solche Hotels 120
Neue Verhältnisse 124
Mit Kleister für Kaiser und Reich 136
Goltsteinstraße 147
Fräulein Scheuer ehelicht
Herrn Toeplitz 157
Der neue Turm von Paris und
Das wilde Internat 160
Aus dem Leben eines Porträtisten 164
Zurück ins Bürgerliche 190
Trinken, was der Keller bietet 198
Der Grüne Hügel 200
Im Rausch der Gründerzeit 207
Probe für die Heimatfront 213
Dreikaiserjahr 218
Elend 222
Berlin 224
Der ungemütliche Monarch 229
Letztes Seestück 235

Nachwort 241
Nachtrag 252
Editorische Notiz 253
Abbildungsverzeichnis 255

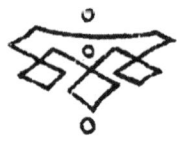

«Mein Urgroßvater Mendel Wolf Oppenheim lebte als Bankier mit seiner Frau Rosa, geborene Alexander, in Königsberg in für damalige Zeiten glänzenden Verhältnissen...»

Ob sie schon lange die Absicht gehegt hatte?
Es wurde ein sehr persönlicher Rückblick.
Zehn Jahre nach dem Ersten Weltkrieg, 1928, und wenige Jahre vor ihrem Lebensende setzte eine alte, aber noch sehr munter rege Dame in Düsseldorf sich hin, um ihre Erinnerungen aufzuschreiben.
Sie ließ den Geschehnissen ihres Lebens und ihrer Zeit freien Lauf.
Sie kümmerte sich wenig – oder gar nicht – um literarische Ansprüche und um die Vollständigkeit der Ereignisse eines Menschenalters.
Sie war früh heftig verliebt gewesen. Sie hatte als Kind vor berühmten Künstlern getanzt und betörend gesungen. Als Mädchen hatte sie im Reichstag, dessen Präsident ihr Onkel war, Bismarck gehört und bestaunt.
Sie entstammte einer immens reichen Familie in Dresden, die wie die verwandte Familie Mendelssohn in Berlin kulturelle Freuden förderte und genoss. Ihre Kindheit verlebte Else Sohn-Rethel zwischen Pracht, Spiel und leidlich sorgfältiger Erziehung.
Ihr Vater, der Maler Alfred Rethel, wurde früh gemütskrank. Mit ihrer Mutter erlebte sie erste Nordseebäder und deren Tücken. Als Braut entrann sie knapp dem Tod durch Cholera.
Ihr Mann, der Maler Carl Sohn, hatte auf Porträts, die heute Windsor Castle schmücken, Queen Victoria, deren Altersgefährten John Brown und viele bedeutsame Menschen verewigt. In Venedig hatte das Ehe-

paar beobachtet, wie Richard und Cosima Wagner leichter Tanzmusik lauschten. Else Sohn-Rethel selbst bejubelte im Konzert Franz Liszt und rührte alsbald Massen von Kleister für die Dekorationen der pompösen Feste, welche die Stadt Düsseldorf Kaiser Wilhelm I. und Kaiser Wilhelm II. gab.

Nach der Abreise der Monarchen war das Leben wieder frei.

Die Sphäre der Künste belebte Else Sohn-Rethel. Um sie entfaltete sich die Dynamik eines neuen technischen Zeitalters. Wissbegierig und im Abendkleid erkundete die Künstlergattin per Gepäcklift einen kaum fertiggestellten Großbahnhof. Die lebenszugewandte junge Frau besuchte mit ihren Kindern als hochmodische Afrikanerfamilie Maskenbälle der Gründerzeit und ließ sich angesichts von Kriegsgefahr zur Lazarettschwester ausbilden. Andere Damen der Gesellschaft sanken bei den Operationen in Ohnmacht.

Else Sohn-Rethel schwirrte wachsam durch Leben und Welt. Sie begegnete Großen ihrer Zeit, und inmitten all der Geschehnisse und Eindrücke blieb ihr manche Eigentümlichkeit haften. Die Düsseldorferin aus Dresden waltete zwischenzeitlich als umsichtige Hausfrau und Mutter, deren drei Söhne, wie ihr Mann, gleichfalls namhafte Maler wurden.

Ein freier Geist schien Else Sohn-Rethel angeboren zu sein. Und ihr natürlicher Charme gewann ihr manchmal mehr Herzen, als es ihr lieb war.

Diese Fülle von Leben und Erfahrung war für die fünfundsiebzigjährige Witwe Ansporn genug, sie so oder so zumindest für ihre Nachfahren festzuhalten.

Altvordere und Nachkommen

Mein Urgroßvater Mendel Wolf Oppenheim lebte als Bankier mit seiner Frau Rosa, geborene Alexander, in Königsberg in für damalige Zeiten glänzenden Verhältnissen. Aus dieser Ehe entsprangen vier Söhne und eine Tochter: Rudolf, Adolf, Otto, Alexander und Elisabeth (meine Großmutter). Die Eltern waren noch Juden, ließen sich aber bei der Taufe der Kinder mittaufen. Um die Buchstaben M.W.O. im Bankgeschäft beibehalten zu können, nannte sich mein Urgroßvater von da ab Martin Wilhelm Oppenheim.

Seine Schwester Rebekka war mit dem Teilhaber des Bankhauses Warschauer verheiratet, und diese Familie bewohnte in der Nähe der Stadt auf dem Hufen ein schönes Landhaus in einem großen Park, «Karlsruhe» genannt. Dieser Ehe entsprossen ein Sohn, Robert, und vier Töchter: Klara, Eveline, Alexandrine und Marie.

Der älteste Sohn der Familie Oppenheim übernahm später das Bankhaus, heiratete Dorothee Heimann aus Warschau, assoziierte sich mit seinem Vetter Robert Warschauer, trennte sich aber 1849 von ihm. Dieser zog nach Berlin und gründete dort das Bankhaus Robert Warschauer & Co., Behrenstraße 48.

Der zweite Sohn Adolf Oppenheim wurde Landwirt und heiratete Marie Warschauer, die Schwester von Robert. Der dritte Sohn Otto wurde Jurist, er heiratete Margarethe Mendelssohn, deren Schwester Marie Robert Warschauer heiratete.

Beide Schwestern waren Urenkelinnen von Moses Mendelssohn, dem großen Philosophen.

Der jüngste Sohn Alexander blieb unverheiratet, war intimer Freund von Ferdinand Lassalle und studierte auch Jura. Er und sein Vetter

Ich war glücklich

Mendelssohn kamen als junge Referendare nach Königsberg und wurden bekannt durch den sogenannten Kassetten-Diebstahl für die Gräfin Hatzfeldt (Freundin von Lassalle), in die beide auch sterblich verliebt waren. Für die Gräfin entwendeten sie Dokumente in der berühmt gewordenen Kassette. Sie wurden als Täter gestellt und festgenommen, jedoch bald durch Oppenheimsches und Mendelssohnsches Geld losgekauft, dafür aber des Landes verwiesen, und ihre glänzend begonnenen Karrieren zerstoben.*

Meine Großmutter Elisabeth Oppenheim war das vorjüngste der Kinder. Sie war sehr zart (hochgradige Bleichsucht), alle Mittel halfen nichts, und als letzter Versuch, sie am Leben zu erhalten, wurde eine Reise nach dem damals schon sehr berühmten Bad Gastein unternommen. Da es noch keine Eisenbahn gab, musste der weite Weg per Wagen mit Extrapost zurückgelegt werden; aber es gelang, das fast aufgegebene Mädchen von kaum siebzehn Jahren glücklich nach dort zu bringen, wo die erste Etage des bekannten Hotels Straubinger, am Hauptplatz gelegen, für die Familie reserviert war. Die Kur dort tat ihre Wirkung, und die Kranke erholte sich zusehends und blühte zu einem hübschen, reizvollen Mädchen auf.

---

* Die Kassettenaffäre war ein folgenschweres Geschehnis im Laufe der Freundschaft, vielleicht sogar Liebesbeziehung zwischen dem brillanten Arbeiterführer Ferdinand Lassalle, 1825–1864, und der zwangsverheirateten Sophie Gräfin von Hatzfeldt, 1805–1882. Sekundiert von seinen Freunden Alexander Oppenheim und Arnold Mendelssohn, unterstützte Lassalle die Gräfin bei den mehrjährigen Prozessen um die Scheidung von ihrem gewalttätigen Ehemann. Oppenheim und Mendelssohn observierten die Geliebte des Grafen Hatzfeldt in einem Aachener Gasthaus. Dort entdeckte Oppenheim auf einem Korridor eine Kassette, in der er aufschlussreiche Dokumente vermutete, und nahm sie an sich. Mendelssohn verstaute sie in seinem Gepäck. Wegen Diebstahls wurden beide alsbald steckbrieflich gesucht. Oppenheim stellte sich der Justiz und wurde freigesprochen. Mendelssohn floh nach Paris. Nach seiner Rückkehr einige Monate später wurde er mit fünf Jahren Zuchthaus und dem Entzug seiner Gewerbeerlaubnis als Arzt bestraft und unter lebenslange Polizeiaufsicht gestellt. Ein Prozess gegen Lassalle endete mit Freispruch. Straferlass oder Strafmilderung durch Bürgschaft oder Bestechung sind bisher nicht belegt. Der Inhalt der Kassette erwies sich als belanglos.

Kunstreiches Erbe

«Heute besuchte ich das eine halbe Stunde von der Stadt auf einer angenehmen Höhe liegende Prachthaus, die Rotonda genannt. Es ist ein viereckiges Gebäude, das einen runden, von oben erleuchteten Saal in sich schließt. Von allen vier Seiten steigt man auf breiten Treppen hinan und gelangt jedesmal in eine Vorhalle, die von sechs korinthischen Säulen gebildet wird. Vielleicht hat die Baukunst ihren Luxus niemals höher getrieben. Der Raum, den die Treppen und Vorhallen einnehmen, ist viel größer als der des Hauses selbst: denn jede einzelne Seite würde als Ansicht eines Tempels befriedigen.»

Johann Wolfgang von Goethe, *Italienische Reise*,
21. September 1786

Den Renaissanceglanz von Andrea Palladios Villa La Rotonda ließ der Architekt Gottfried Semper ab 1839 an der Elbe verwandelt neu erstehen. Dresden besaß damit das maßgebliche Vorbild für Villenbauten in Deutschland. Die sächsische Hauptstadt war auf künstlerisches, auf architektonisches Prestige erpicht. Durch für Sachsen seit mehr als einem Jahrhundert unglücklich verlaufende Kriege, vor allem dem Machthunger Preußens geschuldet, war das Königreich auf seine Kernlande mit Leipzig und Dresden, dem Erzgebirge, dem Vogtland und Teilen der Lausitz geschrumpft. Als Mitglied des 1815 in Wien gegründeten Deutschen Bundes, zu dem sich neununddreißig «souveräne Fürsten und freie Städte» zusammengeschlossen hatten, spielte Sachsen kaum eine ausschlaggebende Rolle. Doch es war wohlhabend. Es blickte auf eine eindrucksvolle Geschichte zurück, und die kulturelle Aura Dresdens wirkte auf frühe Touristen, auf reiche Privatiers, auf viele Künstler

Ich war glücklich

magnetisch. Nach Elbflorenz zog man sich zurück. In Dresden wurden neue Kunststile erprobt.

In einer Rede vor dem Landtag hatte König Johann auch bestehende Rechte für Juden bekräftigt: «Mit aller Achtung für die öffentliche Meinung muss ich mich doch für die Juden verwenden. Ich glaube, wir sind es den Juden als Menschen, wir sind es ihnen als Mitbürger schuldig. Ich habe keine andere Sympathie für die Juden als für alle meine Mitmenschen, und diese kann ich ihnen nicht weigern.» – Gottfried Semper baute auch ihre Synagoge.

Der Maler August Grahl*, mein Großvater und Sohn des Berliner Hofjuweliers Johann Christian Grahl, lebte seit dreißig Jahren als sehr gesuchter Porträtmaler in Rom, malte kleine Porträts auf Elfenbein, die damals, also um die Mitte des vorigen Jahrhunderts, sehr in Mode waren. Er hatte sehr viel zu tun, denn jeder einigermaßen bekannte und begüterte Mensch, der nach Rom kam, ließ sich von ihm malen, u. a. verschiedene Mitglieder der Familie Beauharnais, z. B. die Stieftochter von Napoleon I., Hortense, dann der junge Napoleon (genannt Plon Plon)**, die Königin Isabella von Spanien, der große Bildhauer Thorwaldsen, sehr viele vom englischen Hof. Er verdiente sehr gut und erzählte öfters, wie er die Geldstücke in seine Schreibtischschublade warf und sich diese bis an den Rand füllten. Da er ein großer Kunstkenner und -liebhaber war und die wertvollen Kunstschätze der Renaissance damals in Rom gewissermaßen auf der Straße lagen, benutzte er klugerweise diesen Goldschatz zum Ansammeln der schönsten Bilder und Kunstgegenstände, die noch bis auf den heutigen Tag der ganzen sich ausbreitenden Familie zum Glück wurden.

---

* August Friedrich Joachim Grahl, 1791–1868. Ab 1823 reüssierte er in Rom als Porträtmaler, zu dessen vorzüglichen Miniaturen auch das berühmte Abbild Hans Christian Andersens zählt.
** Napoléon Joseph Charles Paul Bonaparte, 1822–1891, Sohn Jérôme Bonapartes (König von Westfalen) aus dessen Ehe mit Katharina von Württemberg.

Kunstreiches Erbe

Ein Porträtauftrag rief ihn eines Tages nach Bad Gastein, und dort lernte er die Familie Oppenheim kennen. Dieselbe bestellte ein Porträt der jungen Elisabeth, und diese begeisterte sich bald für den allerdings viel älteren, aber sehr stattlichen und anregenden Mann, auch er verliebte sich in sie, und so wurde aus den beiden ein Paar. Er war geboren in Mecklenburg, hatte als «schwarzer Husar» die Freiheitskriege mitgemacht, war kurze Zeit mit einer Mecklenburgerin verheiratet, die aber bald starb, ohne Kinder zu hinterlassen.

August und Elisabeth waren ein glückliches Brautpaar. Die nächsten Sommerwochen verbrachten beide wieder in Bad Gastein, da die junge Braut die Kur noch einmal vor ihrer Hochzeit gebrauchen sollte. Die Hochzeit fand in Königsberg statt, und das junge Paar siedelte sich in Dresden an, wo mein Großvater bald Fühlung mit den dortigen Künstlern fand, vornehmlich mit Schnorr v. Carolsfeld, Julius Hübner, Eduard Bendemann, Plüddemann, Rietschel, Gottfried Semper usw. usw.*

Allmählich bevölkerte sich die einfache Etage am Neumarkt. Es wurden dem jungen Paar schnell hintereinander neun Kinder geboren, von denen zwei sehr früh starben. Meine noch so junge Großmutter hatte nur Zeit, für den reichen Kindersegen und den damit verknüpften großen Haushalt zu sorgen, während mein Großvater nur den künstlerischen Interessen lebte und es von Anfang an verstand, bei allen seinen

---

* Die Riege der mit dem Haus Oppenheim-Grahl befreundeten Maler, Bildhauer, Bühnengrößen nimmt sich wie ein Who-is-Who der damaligen deutschen Künstlerschaft aus: Julius Veit Hans Schnorr von Carolsfeld, 1794–1872, herausragender Maler der neorenaissancehaften Nazarener-Malerei, Gestalter auch der Nibelungensäle in der Münchner Residenz, später Direktor der Dresdner Gemäldegalerie; Rudolf Julius Benno Hübner, 1806–1882, thematisch vielseitiger Maler zwischen Romantik und Historismus, später Nachfolger Carolsfelds in Dresden; Eduard Julius Friedrich Bendemann, 1811–1889, Medailleur und gefeierter Vertreter der Düsseldorfer Malerschule; Hermann Freihold Plüddemann, 1809–1868, Historienmaler; Ernst Friedrich August Rietschel, 1804–1861, Bildhauer und Gestalter von Gebäudedekor, dessen bekanntestes Werk das Goethe-und-Schiller-Denkmal in Weimar ist; Gottfried Semper, 1803–1879, prägender Architekt des Historismus.

Ich war glücklich

Kindern das Interesse und die Liebe für die Kunst und alles Schöne im Leben zu wecken.

Dank den Heiraten der verschiedenen Söhne meines Urgroßvaters, der das Bankgeschäft in die Hände des ältesten Sohnes Rudolf gelegt hatte, konnte er sich zur Ruhe setzen, und er beschloss, nach einem kurzen Aufenthalt in Berlin seiner Tochter Elisabeth Grahl nach Dresden zu folgen. Seine großen Mittel und vor allen Dingen der sehr schönheitsdurstige Sinn seiner Frau Rosa veranlassten ihn, auf Anraten meines Großvaters Grahl zwei Prachthäuser für Winter und Sommer bei Gottfried Semper zu bestellen.

Die beiden Häuser an der Bürgerwiese 5 und 6 und die Villa Rosa an der Elbe wurden zwei bedeutende Denkmäler in Dresden zum Ruhme Gottfried Sempers, die auch im *Baedeker* als Oppenheimsches Palais und Villa Rosa vermerkt sind. Ich hatte öfters erwähnen hören, dass der sehr einfache und großartige Plan der Villa Rosa nach einem vorbildlichen Renaissancehaus entworfen sei, und fand dies bestätigt, als ich vor kurzem die *Italienische Reise* von Goethe las, worin er zu meiner Freude bei einem Besuch in Vicenza als schönstes Haus dort unsere Villa Rosa beschreibt.

Als dieses Sommerhaus fertig war, siedelten meine Urgroßeltern nach Dresden über, zogen in die Villa Rosa und nahmen die ganze Familie der Tochter mit hinein, und es entspann sich nun ein reizendes, anregendes Familienleben. Das Palais an der Bürgerwiese wurde erst zum Winter fertig, und auch dorthin wurden die jungen Grahls mitgenommen, bewohnten das große schöne Hochparterre, und die Eltern zogen in die üppige, hochelegante erste Etage. Es war ganz im Sinne meiner prachtliebenden Urgroßeltern eingerichtet.

In den beiden Salons nach vorn heraus waren die Wände mit schwerem rotseidenen Damast bekleidet, die passenden rotseidenen Möbel dazu, große Bronzekandelaber und Wandleuchter mit unzähligen Wachskerzen, schwere echte Teppiche. Daran schloss sich, nach der Mitte des Hauses zu, ein sehr origineller achteckiger Bibliothekssaal an mit Oberlichtern und ringsherum stilvollen Bücherschränken, in der

Mitte grüne Blattpflanzen, umgrenzt von lederüberzogenen Sofas. Weiter nach hinten folgte ein Speisesaal, in dem hundert Personen bequem an einem Tisch sitzen konnten, an der Längswand eine ständige Bühne mit Vorhang, Seitenkulissen, Versenkung usw., auf welcher zur Erheiterung meines Urgroßvaters die Kinder des Hauses und deren Freunde sehr häufig Theater spielen mussten. An den Speisesaal schloss sich dann noch ein großer heller Tanzsaal an, ganz in Weiß und Gold. An die andere Seite des roten Salons, nach der Bürgerwiese hinaus, grenzten das Boudoir und das Schlafzimmer meiner Großmutter, Wände und Möbel auch in schwerer grüner Seide. Nach hinten schloss sich die Garderobe mit Wandschränken an und daran, einige Stufen hinauf, der schönste Raum des Hauses, das Badezimmer. Dasselbe war ein ovaler Raum mit bunten Glasfenstern nach dem Hof, ganz in gelblich-weißem Marmor, in der Mitte ein tiefes Bassin, in das man auf Stufen hinabstieg. Oberhalb desselben lief ein Gang mit goldenem Bronzegitter, auf beiden Seiten goldene Bänke zum Abtrocknen, an den Wänden dazwischen einzelne antike Figuren. Der Plafond war mit heller gefältelter Seide bespannt.[*]

Ganz im Gegensatz zu den vielen Prachträumen, aber anschließend an die roten Salons, waren die beiden Wohn- und Schlafzimmer meines Urgroßvaters, der überhaupt ein sehr einfacher Mann war, nur mit praktischen Mahagonimöbeln eingerichtet, vor allem ein großes sogenanntes Zylinderbüro, an dem er meistens saß. Sein Privatdiener Friedrich schlief in einer kleinen Garderobe dahinter.

Über dieser Hauptetage lag die sogenannte Halbetage mit kleineren Fenstern, niedrigen, jedoch sehr großen Zimmern, die nur als Fremdenzimmer genutzt wurden. Das Hochparterre (in dem wir später wohnten) hatte nach vorne heraus drei sehr große Zimmer, in der Hauptsache mit dem sehr wertvollen Kunstbesitz meines Großvaters

---

[*] Inmitten des neuartigen bürgerlichen Pomps, der im Falle der Bankiersfamilie beeindruckend mit künstlerischer Leidenschaft verbunden war, dürfte es sich um eines der frühesten Badezimmer Deutschlands gehandelt haben.

Ich war glücklich

bis unter die Decke geschmückt. Der achteckige Raum unter der Bibliothek bildete unten den Durchgang nach den verschiedenen Schlafzimmern. Darin stand nur ein Flügel, und er wurde später viel fürs Tanzen benutzt. Das Parterre hatte zwei Fenster weniger als die erste Etage, weil ein weites schweres Eingangstor für die Ein- und Ausfahrt der großen Wagen von einem Portier auf- und zugemacht wurde. Die große Durchfahrt führte dann durch einen Tunnel unter dem Hause in den sehr großen Hof, um den die Stallgebäude und Remisen lagen, in denen Platz für sechs bis acht Pferde und mehrere große und kleine Wagen und Schlitten war. Zwei Kutscher – Kunath und Eichel – und zwei Stallburschen wohnten ebenfalls in diesem Bereich.

Über die Menge der Wirtschaftsräume mit sehr großer Küche, Portierwohnung, großer Haupttreppe, zwei Hintertreppen etc. brauche ich nichts weiter zu sagen.

Nicht das letzte Fest

Im Herbst wurde das Haus von den Urgroßeltern bezogen, auch von den jungen Grahls. Meine Urgroßmutter fühlte sich damals schon nicht wohl, und so wurde das Einweihungsfest beschleunigt. Es wurden alle damaligen Größen der Kunst und Wissenschaft, Dichter und Gelehrte, die ersten Schauspieler und Sänger des Theaters dazu eingeladen.

Das Fest verlief glänzend, nur belastete die beginnende Krankheit der Hausfrau die Familie und die näheren Freunde. Über den Namen der fortschreitenden Krankheit waren sich die Ärzte im Unklaren. Die grünseidene Wandbekleidung des Schlafzimmers wurde untersucht, enthielt aber kein Gift*. Aber das Übel schritt voran, sie nannten es Unterleibstyphus, und nach einigen schweren Wochen starb die noch so jugendliche und schöne üppige Frau, und mein armer Urgroßvater musste die Prachträume schließen. Erst viel später wurden sie dann und wann zu größeren Festlichkeiten geöffnet, als die vielen Grahl-Kinder heranwuchsen. Auf dem Trinitatis-Kirchhof wurde ein Erbbegräbnis erworben; Semper baute das Grabmal in einfachem vornehmen Renaissancestil, und ein schönes Relief der Verstorbenen in Bronze von Ernst Rietschel zierte die mittelste Steilwand. Mit dieser traurigen Begebenheit schloss fürs Erste das so glücklich geplante reiche Zusammenleben der zahlreichen Familien Oppenheim und Grahl in den schönsten Privathäusern Dresdens an der Bürgerwiese 5–6 und in der Villa Rosa an der Elbe.

---

* Tapeten, insbesondere jene mit Grüntönen, wurden nicht selten mit Zusatzstoffen wie Kupfer, Blei und Arsen gefertigt. Als berühmte Opfer giftiger Tapetenausdünstungen gelten Friedrich Schiller und vielleicht auch Napoleon.

Auch die Familie Warschauer in Königsberg breitete sich weiter aus. Wie ich schon sagte, heiratete Robert Warschauer die Urenkelin von Moses Mendelssohn, Marie; Klara heiratete Eduard Simson, den späteren ersten Reichstagspräsidenten, dessen Familie auch in Königsberg lebte.* Eveline Warschauer wurde Frau Wolf, spielte weiter keine Rolle, und Alexandrine Warschauer heiratete einen Gutsbesitzer Anton Douglas, dessen Gut Amalienau nicht weit von Königsberg lag. Aus all diesen Familien entsprossen zahlreiche Nachkommen, über die ich später noch manches zu erzählen habe.

* Eduard von Simson, 1810–1899, Jurist und Parlamentarier.

Schöner Wohnen
oder
Die Mutter deutscher Villen

Die gesellschaftlichen Umbrüche und Verwerfungen im 19. Jahrhundert waren vielfältig und fundamental. Für das Bürgertum hatte François Guizot, führender Minister des französischen Königs Louis-Philippe, die Parole ausgegeben: «Enrichissez-vous» («Bereichert euch.») – In vielen deut-schen Kleinstaaten herrschten noch fast absolutistische Fürsten. Ihr Besitz basierte auf Grund und Boden und kaum auf Industrie und Finanzkapital. In seinem Roman Königliche Hoheit *empfand Thomas Mann nach, wie es um Anspruch und Prestige dieser Spätmonarchen desolater wurde:*

«Da war das Empire-Schlößchen Eremitage, das am Rande der nördlichen Vorstadt so verschwiegen und anmutig-streng, aber längst unbewohnt und vernachlässigt inmitten seines wuchernden Parkes, der in den Stadtgarten überging, zu seinem kleinen, von Schlamm starrenden Teich hinüberblickte. Da war Schloß Delphinenort, welches nur eine Viertelstunde Weges von dort, im nördlichen Teile des Stadtgartens selbst, der ehemals ganz der Krone gehört hatte, seine Ungepflegtheit in einem ungeheuren, viereckigen Springbrunnenbecken spiegelte: mit beiden stand es bejammernswert. Daß namentlich Delphinenort, dieses erlauchte Bauwerk, Frühbarock im Geschmack, mit dem vornehmen Säulenaufbau seines Portals, seinen hohen, in kleine, weiß gerahmte Scheiben geteilten Fenstern, seinen gemetzten Laubgewinden, seinen römischen Büsten in den Nischen, seinem splendiden Treppenaufgang, seiner ganzen gehaltenen Pracht auf immer, wie es schien, dem Verfall überlassen bleiben sollte, war der Schmerz aller Liebhaber baukünstlerischer Schönheit ...»

Ich war glücklich

Fürs Erste muss ich nun weiter über Dresden, meine eigentliche Heimat, berichten. Da ich das Haus an der Bürgerwiese so eingehend beschrieben habe, so möchte ich nun auch eine Skizze der Villa Rosa folgen lassen. In meiner Erinnerung lebt dieses vorbildliche Sommerhaus nur in beständigem Sonnenschein, strahlend hell, luftig und gesund; nur fröhliche, geistig angeregte Menschen bevölkerten dasselbe. Alles grünte und blühte, und ein jeder freute sich. In der italienischen Villa Rotonda konnte es nicht schöner sein. Auch glaube ich, dass das Wetter damals besser und beständiger war als heute.

Der große viereckige Bau lag mit der Front nach der Elbe zu, umgeben von einem weiten Park, welcher nach hinten, von einer Mauer umgeben, an die kleine dürftige Holzhofgasse, schon fast außerhalb der Stadt, angrenzte. Durch ein großes eisernes Gittertor fuhr man herein, rechts befand sich das Gärtnerhaus, links lagen die Stallungen und Treibhäuser, geradeaus ging es durch eine lange Allee unter alten Akazienbäumen über einen freien Platz und dann zum Halbrund einer hohen, grün bewachsenen Mauer, die nach vorn von zwei hohen steinernen Säulen begrenzt war und in der sich der Haupteingang der Villa befand.

Einige Stufen führten hinauf, und man trat direkt in das große helle Entree: helle Wände mit weißen und goldenen Spiegeln, geradeaus eine hohe Flügeltür, die sich nach dem runden Saal öffnete. Man stand vor einem Wunder der Baukunst. Der Saal lag in der Mitte des Hauses, umfasste beide Etagen und war gekrönt von einem spitz zulaufenden klaren Glasdach. Bis zur ersten Etage waren die Wände mit hellem Holz getäfelt, darüber leicht getönt und von farbigen allegorischen Malereien geschmückt. Die schwebenden Gestalten auf blauem Himmel schienen sich mit dem wirklichen Himmel und den jagenden Wolken zu verbinden. Den Boden zierte wieder ein helles Parkett, in der Mitte mit einem kleinen dunklen Stern beginnend, dann ein heller Streifen, dann wieder ein dunkler, sich immer verbreiternd bis an die Wände, sodass der ganze Boden wie ein riesiger Stern wirkte.

Die Mutter deutscher Villen

Der Eingangstür gegenüber rechts und links die gleichen großen Flügeltüren. An den Wänden zwischen den Türen stand je ein hochlehniges geschnitztes dreiteiliges Sofa, mit goldenem Seidenstoff bezogen. Die Mitte des Saales beherrschte ein vorzüglicher Flügel mit Sesseln davor. Von der ersten Etage führten bunte Glastüren auf vier holzgeschnitzte Balkons, deren Balustrade von Bronzekandelabern geschmückt waren, die bei festlichen Gelegenheiten brannten. Außerdem hing über jedem Sofa ein bronzener Kronleuchter mit Kerzen, sodass der große hohe Raum in einer mystischen Beleuchtung erstrahlte, die sich mit dem dunklen Nachthimmel darüber verband. In diesem feierlichen Rundbau Musik zu hören, war ein Genuss sehr seltener Art.

Die der Eingangstür gegenüberliegende Flügeltür führte in den großen länglichen Gartensaal mit seinen mit weiß-goldenem und violett-silbrigem Stoff überzogenen Möbeln. Durch die Glastüren trat man auf eine kleine Terrasse, gegen Regen geschützt durch einen kleinen Balkon, der von Säulen getragen war. Dann trat man einige Stufen hinunter auf eine weite Terrasse, die frei in den Garten hinein lag, von der man rechts und links auf dreiteiligen Steintreppen in den Garten stieg, dessen sonniges, meist in üppigstem Blumenschmuck leuchtendes Parterre bis an die Elbe reichte, die, nur von einer niedrigen Mauer vom Garten getrennt, dahinfloss. Ein kleiner Springbrunnen auf der Terrasse und ein größerer inmitten der Blumenbeete plätscherten lustig in die Sommerluft hinein.

Rechts und links des freien blumigen Platzes schlossen sich die großen dunklen Linden- und Kastanienalleen an, durch die manches wilde Jagen der vielen heranwachsenden Kinder ausgelassen tobte. Die niedrige abgrenzende Mauer war in der Mitte nur von einem Eisengitter unterbrochen, welches den ganzen Sommer über von weißen Rosen umrankt war. Von hier aus hatte man einen sehr schönen Fernblick, dem Lauf der Elbe folgend, nach links auf die anmutigen Höhenzüge, von Schlössern und Landhäusern bedeckt, die weiter über Loschwitz und Pillnitz bis zur Sächsischen Schweiz führten, nach rechts auf die interessante Silhouette von Dresden, überragt von Frauen-

Ich war glücklich

kirche, Schlosskirche und dem Rundbau des Theaters von Gottfried Semper. Rechts vom runden Saal lagen Wohn- und Schlafzimmer meines Urgroßvaters, von wo aus man auch durch eine Pergola auf einem abschüssigen Weg und an einer Wiese mit alten Nussbäumen entlang in den unteren Park gelangte. Zwei kleine viereckige, in hellgrüner Seide tapezierte Salons verbanden Gartensaal und Esszimmer.

In der oberen Etage war eine ähnliche Einteilung wie unten, nur dass über den Zimmern meines Urgroßvaters die Schlafzimmer der Familie lagen. Über dem Gartensaal lag ein Billardzimmer mit überdachter Veranda und einem Balkon nach dem Saal, auf der anderen Seite über dem Esszimmer die Fremdenzimmer für die vielen von Berlin und Königsberg zu Besuch kommenden Verwandten. Eine große dreiteilige Marmortreppe verband die beiden Entrees, und am Rand des runden Saales führte eine kleine Wendeltreppe für die Dienerschaft bis hinauf auf das Dach, wo man bequem die zugespitzte Dachkuppel umrunden konnte. An dem Hausgiebel nach vorn heraus, von der Elbe aus sichtbar, stand in großen goldenen Buchstaben der Name «Rosa».

In diesen beiden Häusern hat sich meine Jugend bis zum fünfzehnten Jahr abgespielt. Wie das kam, muss ich später berichten.

Die Mutter deutscher Villen

Gottfried Semper, Villa Rosa

Rendezvous der Bohème

Nachdem das Trauerjahr für meine Urgroßmutter vorüber war, entwickelte sich in dem schönen Parterre an der Bürgerwiese ein selten anregendes Leben infolge der sehr künstlerischen und geselligen Natur meines Großvaters Grahl, unterstützt von dem Reichtum der Familie. Es war eigentlich immer ein offenes Haus, jeder geistig hochstehende Mensch verkehrte im Hause Grahl, jeder Fremde wurde eingeführt, einer brachte den anderen mit: Tieck, Ernst Moritz Arndt, Humboldt, Gutzkow, Auerbach, Otto Roquette, Ernst Rietschel, Schnorr von Carolsfeld, Bendemann, Julius Hübner, Felix Moscheles, Alfred Rethel, Hermann Hettner, Fanny Lewald, die Devrients, Bogumil Dawison, Jenny Lind, Peter Cornelius u. a. m.*

* Hier heißt es, einen Parnass aufzuschlüsseln: Ludwig Tieck, 1773–1853, Dichter der Romantik, Vollender der von August Wilhelm Schlegel begonnenen Übersetzung Shakespeares, Doyen des Dresdner Literaturlebens; Ernst Moritz Arndt, 1769–1860, anti-napoleonischer und nationalistischer Dichter; Alexander von Humboldt, 1769–1859, Naturforscher und allseitiger Weltgeist; Karl Gutzkow, 1811–1878, sozial engagierter Schriftsteller und Journalist; Berthold Auerbach, 1812–1882, Schriftsteller, dessen Leben nach seiner Ausbildung zum Rabbiner von revolutionärem Kampf und politischer Verfolgung bestimmt wurde; Otto Roquette, 1824–1896, konservativ-biedermeierlicher Lyriker; Felix Stone Moscheles, 1833–1917, Taufkind Felix Mendelssohns, englischer Maler und Schriftsteller, Pazifist und erster Präsident des Londoner Esperanto-Clubs; Alfred Rethel, 1816–1859, Historienmaler. Hermann Julius Theodor Hettner, 1821–1882, Literatur- und Kunsthistoriker, ab 1855 Direktor der Dresdner Antikensammlung; Fanny Lewald, 1811–1889, Schriftstellerin, die sich in ihrem Werk für Frauenemanzipation und soziale Gerechtigkeit einsetzte; Karl August Devrient, 1797–1872, Wilhelmine Schröder-Devrient, 1804–1860, Gustav Emil Devrient, 1803–1872 waren die gewiss bedeutendste Schauspieler- und Sängerdynastie der deutschen Theatergeschichte; Bogumil Dawison, 1818–1872, polnisch-deutscher Schauspieler; Jenny Lind, 1820–1887, als *schwedische Nachtigall* weltweit umjubelter Sopran; Peter von Cornelius, 1783–1867, Hauptvertreter der Nazarenerschule.

Rendezvous der Bohème

Inzwischen waren die Kinder Grahl herangewachsen, die Söhne Hugo und Otto besuchten das Gymnasium, für die Mädchen wurde eine examinierte Lehrerin aus Berlin engagiert, die ihres Amtes nach Kräften waltete; aber bei dem einseitigen Unterricht wurde, soviel ich beurteilen kann, nicht sehr viel gelernt.

Der damals schon durch den 1849 erschienenen *Totentanz* (Holzschnitt) sehr berühmte Maler Alfred Rethel verkehrte mehr und mehr im Hause, und bald entspann sich ein zartes Liebesverhältnis mit der siebzehnjährigen ältesten Tochter Marie (meine Mutter), die anbetend zu dem viel älteren Manne emporsah. Rethel, der in dieser Zeit auch an dem schon früher erteilten Auftrag (den Krönungssaal in Aachen mit Fresken Karls des Großen zu schmücken) arbeitete, war natürlich den Eltern ein willkommener Schwiegersohn.*

Nach längerem Hangen und Bangen kam es zur Verlobung. Da meine Mutter von Kind an stark dichterisch begabt war und schon als Schulkind alles, was sie bewegte und entzückte, in Reime brachte, schrieb sie nun in der bräutlichen Glückseligkeit Gedichte über Gedichte, kleine Dramen, z. B. *Alfred der Große*, welches mein Vater illustrierte. Am anmutigsten waren die Verse zu einem kleinen Kalender, den mein Vater auch mit sehr schönen Zeichnungen versah. Es wurde ein Büchlein einzig in seiner Art, welches später von der Reichsdruckerei gedruckt wurde, in den Handel kam und noch heute bei Julius Bard, Berlin, verlegt und viel verkauft wird. Auch viele andere Gedichte illustrierte damals mein Vater noch in voller Frische.

Aber durch die sehr anstrengenden Arbeiten im Rathaus zu Aachen litten seine Nerven zusehends, man schickte ihn im Sommer vor der Hochzeit zur Kur nach Blankenberge, aber durch übertriebenes Baden steigerte sich seine Nervosität, und so wurde die Hochzeit beschleunigt und zu seiner Stärkung eine Hochzeitsreise nach Italien beschlossen.

---

* Es bleibt verblüffend: In diesem Bankiershaus bestand man geradezu auf künstlerischem Familienzuwachs.

Ich war glücklich

Die Hochzeit fand im Oktober 1851 in der Villa Rosa statt, aber da mein Vater noch einige Arbeiten zu vollenden hatte, zog das junge Paar nur für einige Wochen in die Halbetage an der Bürgerwiese. Doch das Schicksal wollte, dass die junge Frau bald an einem schweren Typhus erkrankte, dass meine Mutter lange Zeit zwischen Leben und Tod schwebte und erst Anfang 1852 die Italienreise angetreten werden konnte. Die Nervenüberreizung meines Vaters hatte leider durch diesen traurigen Zwischenfall, die große Sorge und das strenge Fernhalten von der jungen Frau (durch die Krankheit geboten) sehr ungünstig auf seinen Zustand gewirkt. Trotzdem erzählen Briefe meiner Mutter von den glückseligen Wochen in Italien. Sie war zu jung und unerfahren, um den Ernst der beginnenden Krankheit meines Vaters zu begreifen. Außerdem fühlte sie sich als werdende Mutter, und im Gedanken an dieses kommende Glück war sie ahnungslos dem furchtbaren Geschick gegenüber, welches sie betreffen sollte. Mein Vater entwarf auch in dieser Zeit noch mehrere sehr wertvolle Zeichnungen, so z. B. das schöne Blatt *Die Genesung* in Bezug auf die überstandene Krankheit.

In Rom bezog das Paar eine kleine Wohnung in der Via del Tritone. Es bildete sich bald ein Künstlerkreis um meine Eltern, aber die näheren Freunde beobachteten mit großer Sorge den sich täglich verdüsternden Zustand meines Vaters. Meine Mutter, ihrem poetisch angelegten Charakter entsprechend, sah nichts von der drohenden Wolke über ihrem Haupte, sondern erfreute sich der blühenden italienischen Natur, pflückte Blumen, so kurz vor meiner Geburt, auf den herrlichen Wiesen der Villa Pamphili. Die bunten Anemonen trocknete sie, klebte sie als Kranz auf, und das Blatt ist noch heute in meinem Besitz, die Farben unverblichen.

Eine eng befreundete Familie Hoffmann, die sich der jungen unerfahrenen Frau herzlichst annahm, erkannte aber die Notwendigkeit, diese in ihrer schweren Stunde mit dem geistig kranken Mann nicht allein zu lassen, und schrieb deshalb nach Dresden um Hilfe. Da meine Großmutter die vielen, an Masern erkrankten Kinder nicht allein lassen konnte, kam mein Großvater. Am 14. März [1853] wurde ich geboren,

Alfred Rethel, Selbstporträt

und da meine Mutter zu schwach war, wurde eine Frau aus Albano zu meiner Ernährung engagiert, und ich schreibe dieser Muttermilch meine Vorliebe für Italien und mein dunkles Äußeres zu.

Nach sechs Wochen wurde in zwei Reisewagen die Fahrt in die Heimat angetreten; wie es meine Mutter selbst in einer sehr schönen späteren Niederschrift (erschienen in den *Westermannschen Monatsheften*) beschreibt, stand das Körbchen, in dem ich lag, auf dem Rücksitz, mit der stattlichen Amme Nena in italienischer Tracht daneben, und wurde von meiner Blumen so liebenden Mutter immer mit frischen Blumen geschmückt, so z. B. auf dem Apennin mit weißer Erika. So kamen wir endlich nach Wien, von wo aus die Bahn benutzt wurde. Hier trennten sich die Wege: Mein armer Vater musste in eine Heilanstalt gebracht werden, meine neunzehnjährige Mutter zog mit mir in das elterliche Haus nach Dresden zurück, und so schloss die kurze Ehe meiner Eltern auf grausamste Weise.*

---

* Nach mehrjähriger geistiger Umnachtung verstarb Alfred Rethel 1859 dreiundvierzigjährig in Düsseldorf. Entgegen der Ausstrahlung seiner historisieren-

Ich war glücklich

Ich wuchs nun in den denkbar glänzendsten Verhältnissen heran, verwöhnt und verhätschelt von der gesamten Familie. Dazu kam noch, dass ich schon bald nach der Ankunft in Dresden von einem Ausschlag (Freisam) befallen wurde, der sich über Kopf und Körper ausbreitete, und ich daher bemitleidet wurde.* Man erzählte mir, dass nur ein kleines Fleckchen auf der Brust davon frei blieb, worauf ich geküsst werden konnte; sie nannten es «mein Stellchen». Damals ließ man diesem Ausschlag noch freien Lauf: «Nur um Gottes willen nicht vertreiben, sonst schlägt die Sache nach innen.» Und so war ich ein arg geplagtes Kind durch das beständige Jucken.

Ich entsinne mich noch genau, dass meine Großmutter immer eine Schachtel mit Zuckerkügelchen in der Tasche hatte, die man zur Homöopathie benutzte und die mir dann auf einem runden Tisch mit Rand ausgeschüttet wurde, damit ich möglichst lange ruhig bliebe. Der Tisch steht heute noch in meinem Schlafzimmer.

Man erzählte mir später, dass ich einmal Besuch von einem reizenden, blütenzarten Mädchen bekam, das ich heftig in mein kleines Herz schloss und das ich mit größter Zärtlichkeit fragte: «Darf ich dich ein bisschen kratzen?» Denn das bedeutete für mich damals meine größte Seligkeit. Aber mein Ausschlag verschwand allmählich.

den Karlsfresken im Aachener Rathaus war Alfred Rethel liberal-bürgerlicher Gesinnung; nach der Niederschlagung der Revolution in Dresden schrieb er in einem Brief: «[...]ein herrliches Werk zu Ehren Deutschlands ist unter die Stiefel der kaltblütig berechnenden Militärgewalt gesunken!» Sein Holzschnittzyklus *Auch ein Todtentanz* war von den blutigen Geschehnissen inspiriert und galt als politisches Manifest.
* *Freisam:* auch Milchgrind, Milchschorf.

Die Mutter deutscher Villen

Elisabeth Grahl mit ihrer Enkelin Else

Mädchen im Blütenschatten

Wenn ich so an meine frühesten Kinderjahre zurückdenke, dann sehe ich mich eigentlich immer nur in dem herrlichen Park der Villa Rosa im Sonnenschein zwischen all den Blumenbeeten umherlaufen, den Samen der Blumen sammeln oder hinter den Schmetterlingen herjagen, Hand in Hand mit dem Gärtnerburschen Knoll, der mir alles mögliche Schöne zeigte. Ich durfte ihm helfen, die Blumen anzubinden, Unkraut auszujäten oder das Obst aufzulesen, und so gab es täglich etwas Neues und Schönes. Ich sammelte alles: bunte Steine, kleine Muscheln, die im Kies der Elbe immer zu finden waren; ich trocknete Blumen, klebte sie auf, ich lebte eben ganz mit der Natur gesund und froh dahin.

Ich glaube, ich war ein tolles Kind, brauchte keine Spielgefährten, weil ich immer beschäftigt war. Denn wenn ich im Winter vor dem großen hellen Parterrefenster an der Bürgerwiese auf meinem hohen Stuhl saß, ordnete ich alles, was ich im Sommer gesammelt hatte, in kleine Schachteln und hatte auf diese Weise eine Muschel-, Stein- und Samensammlung, kam mir sehr wichtig vor, schrieb später Kataloge dazu, die ungefähr so lauteten: «Kleine Muscheln, hübsche Muscheln, große Muscheln» u.s.w.

Da trat, ungefähr 1856, etwas ganz Neues in mein Leben. Im Sommer kam die Familie Nerenz zu Besuch mit mehreren Kindern. Tante Therese war eine Cousine meiner Großmutter und Schwester von Frau Hauschild, die meine Geburt in Rom schon miterlebt hatte. Vater Nerenz war Maler, ein Freund meines Vaters, und Mutter und Kinder waren außerordentlich musikalisch und sangen und spielten vor allem italienische Volkslieder, die sie durch Hauschilds in Rom gelernt

Mädchen im Blütenschatten

hatten.* Sie reisten wieder ab, und kurz darauf, so erzählte meine Großmutter, stand ich dreijähriger Knirps eines Tages an ihrem Toilettentisch, als sie sich die Haare machte, und fing an, ein Lied nach dem anderen der nun abgereisten Kinder richtig und mit guter Stimme zu singen. Natürlich großes Staunen der ganzen Familie. Es wurde eine Art Wunderkind aus mir gemacht. Ich musste jedem, der kam, vorsingen. Ich lernte ein Lied nach dem anderen, deutsche, italienische, alles durcheinander, soll aber, meinem Instinkt folgend, immer mit richtiger Betonung und mit richtigem Ausdruck gesungen haben, sodass alle lachten, wenn ich ein italienisches Liebeslied sogar schmachtend sang. Ich behaupte daher auch heute noch, dass ein wirklich musikalischer Mensch keine Worte zu verstehen braucht, um ein Lied mit Vortrag zu singen.

Eines Tages im hellen Sonnenschein war die ganze Familie im Garten versammelt. Es war Besuch da, ein großer Herr im grauen langen Rock, mit hohem Hut, langem grauen Haar und Bart. Wie immer wurde ich gerufen, um vorzusingen. Er setzte sich, nahm mich zwischen seine Knie, und ich sang los, es verstand sich ja von selbst. Es war Hoffmann von Fallersleben, der Dichter des Deutschlandliedes. Ich sehe ihn noch deutlich vor mir**.

Ebenso erinnere ich mich an einen hellen Sommertag, wo alle wie immer, Groß und Klein, im Garten beisammen waren. Es wurde Besuch angemeldet. Mein Großvater ging freudig erregt einem sehr kleinen, aber stolz und ehrwürdig daherkommenden alten Herrn entgegen, der

---

* Wilhelm Nerenz, 1804–1871, verwandelte vornehmlich Legenden und Balladen zu Miniaturbildern.

** August Heinrich Hoffmann, bekannt als Hoffmann von Fallersleben, 1798–1874, Philologe im Bereich der damals neuen Fachdisziplin Germanistik. Außer durch sein *Lied der Deutschen* wurde Fallersleben durch Kinderlieder – *Alle Vögel sind schon da* oder *Ein Männlein steht im Walde* – populär. Sein Kampf gegen Kleinstaaterei und Willkürherrschaft hatte insgesamt neunundreißig Landesverweise zur Folge. Fallersleben entwickelte sich zum Nationalisten, und es ist erstaunlich, dass er trotz antisemitischer Schriften im Hause Oppenheim-Grahl zu Gast war.

Ich war glücklich

ihm seine bildschöne junge Frau zuführte. Sie war groß und schlank, mit einem hellseidenen, langschleppenden Kleid und dunkler Samtjacke bekleidet, hatte herrlich rotes Haar und ein strahlend glückliches Gesicht. Es waren der einundsiebzigjährige Peter Cornelius und die schöne junge Italienerin, seine zweite Frau. Dass ich nun auch hier mit meinen italienischen Liedern vorgeführt wurde, war selbstverständlich.

Ein besonderes Interesse für mein Singen zeigte Jenny Lind, die als «schwedische Nachtigall» sehr berühmte Sängerin. Dass sie mit meinen Großeltern befreundet war, kam daher, dass sie als ganz junges Mädchen, als sie von Schweden aus ihren Weg in die Öffentlichkeit nahm, an meine Großeltern empfohlen wurde und diese sie mehrere Monate als Gast im Hause hatten. Da sie gleichaltrig mit meiner Mutter war, entspann sich zwischen den beiden jungen Mädchen eine herzliche Freundschaft, die sich fortsetzte, als Jenny mit ihrem späteren Mann, dem Musiker und Kapellmeister Goldschmidt, nach Dresden zog[*]. Ihr ältester Sohn Alexander war gerade genauso alt wie ich, und ich wurde oft zu ihm eingeladen.

Ich habe einen solch schönen Nachmittag noch voll und ganz vor mir. Wenn alle Kinder bewirtet waren, wurde ich zuerst auf einen Stuhl gestellt und musste der kleinen Versammlung vorsingen. Dann setzte sich Jenny Lind selbst an den Flügel, wir standen um denselben herum, und sie sang mit ihrer bezaubernden Stimme und Art Taubertsche Lieder vor[**]. Ich besitze noch ein Liederbuch mit Volksliedern, welches sie mir damals schenkte.

Goldschmidts zogen später nach London, kamen aber dann und wann wieder nach Dresden, und bei einem solchen Besuch, als ich bereits fünfzehn Jahre alt war, musste ich ihr wieder vorsingen. Sie sagte, sie hätte öfters in den Zeitungen nachgesehen, ob ich nicht etwa als

---

[*] Otto Goldschmidt, 1829–1907.
[**] Karl Gottfried Wilhelm Taubert, 1811–1891, Pianist und Komponist vor allem von Liedern, die auch dank der Interpretation durch Jenny Lind geläufig wurden.

Sängerin schon einen Ruf hätte. Wären unsere Verhältnisse nicht gar so gute gewesen, so hätte ich wohl diesen Beruf ergriffen. Ich wurde trotzdem im Singen sehr gut ausgebildet – aber davon später.

Ja, auch so darf und sollte der Mensch gelegentlich denken und fühlen:

«Juchhe!

Wie ist doch die Erde so schön, so schön!
Das wissen die Vögelein;
Sie heben ihr leicht Gefieder,
Und singen so fröhliche Lieder
In den blauen Himmel hinein.

Wie ist doch die Erde so schön, so schön!
Das wissen die Flüss' und Seen;
Sie malen in klarem Spiegel
Die Gärten und Städt' und Hügel,
Und die Wolken, die drüber gehn.

Und Sänger und Maler wissen es,
Und es wissen's viel andere Leut';
Und wer's nicht malt, der singt es,
Und wer's nicht singt, dem klingt es
In dem Herzen vor lauter Freud'!»

Robert Reinick, 1844,
vertont von Johannes Brahms

Das Verhältnis zu meiner Mutter war ein absolut geschwisterliches. Ich sagte natürlich «Mama» zu ihr und schlief mit ihr im gleichen Zimmer, aber die eigentliche Autorität im Hause war meine Großmutter. Wenn ich einen Wunsch hatte, ging ich zuerst zu Mama. Diese sagte dann meistens: «Frage die Großmama.» Ich lief dann zu dieser und hörte dann:

Ich war glücklich

«Du hast doch die Mama, frage diese.» Ich ergriff natürlich den kürzesten Weg und tat, was ich wollte, und errang dadurch im Hause eine gewisse Freiheit anderen Kindern gegenüber, die sich nach dem recht strengen Regime der Großmutter richten mussten. Es war ja auch selbstverständlich, dass diese für Regelmäßigkeit und Ordnung im ganzen Hause und unter den vielen jungen Menschen und dem reichhaltigen Hauspersonal sorgen musste. Ich war von Natur aus ein ruhiges, artiges Kind, aber es entwickelte sich doch in mir durch diese Sonderstellung ein kleiner, begreiflicher Egoismus, der mich aber zu einer Selbständigkeit erzog, die mir für das ganze Leben dienlich war.

Für meine Mutter war ich natürlich ihr Ein und Alles, und da sie eine nachgebende, unselbständige Natur blieb, fing ich schon sehr früh an, sie zu dirigieren, was sie sich gerne gefallen ließ.

Meinen Vater hat sie nie wiedergesehen; man veranlasste sie, den Gedanken an ein Zusammenleben mit ihm aufzugeben, aus Rücksicht auf mich und mein Wohlergehen. Er wurde, als er in hoffnungsloser Umnachtung nicht mehr in der Anstalt am Rhein zu bleiben brauchte, von seiner älteren unverheirateten Schwester in Düsseldorf aufgenommen, bei welcher er noch längere Zeit gepflegt wurde, bis der Tod ihn 1859 erlöste. Ich entsinne mich noch genau, als die Nachricht von seinem Tode nach Dresden kam und meine Mutter schmerzlichst weinte und mir davon erzählte. Aber der Begriff «Vater» ist doch niemals in mir lebendig geworden.

Nun begann auch für mich das Lernen, und unsere Erzieherin Emmy Roquette fügte mich in die Stunden von Alexe und Käthe ein.[*] Während diese ihre Arbeiten machten, erhielt ich gleichzeitig die ersten Anfangsgründe im Lesen und Schreiben, aber da die Stunden im Sommer immer im Garten stattfanden, sogar bei Regen, so interessierte mich alles um mich herum viel mehr als das Lernen.

---

[*] Die später in Leipzig nachweisbare Pädagogin scheint nicht oder nur entfernt mit dem Dichter Otto Roquette verwandt gewesen zu sein.

Mädchen im Blütenschatten

Am Vormittag saßen wir im runden Garten sehr geschützt unter einem dichten Faulbeerbaum, und die vielen Blattläuse und Raupen, die von diesem auf das Heft fielen, waren besonders interessant. Auch umgrenzte den runden Garten im Hintergrund das große Treibhaus, und die Gärtner und Gartenfrauen und mein Freund Knoll erfreuten mich oft mit freundlichem Zunicken.

Am Nachmittag hatten wir am sogenannten Steintisch Unterricht, der am Ende der einen großen Kastanienallee dicht an der Elbe stand. Da ich immer später als die anderen zur Stunde kommen musste, war der lange Weg durch den Garten schon besonders ereignisreich. Wenn ich mit meinen Heften zum Hinterportal der Villa herauskam, führte mich mein Weg zuerst links durch einen langen schattigen Gang unter Haselnüssen entlang, die natürlich aufgesucht wurden; dann kam rechts eine Wiese mit zwei herrlichen alten Gravensteiner Apfelbäumen, und wenn da so ein gold- und rotgesprenkelter Apfel im Grase lag, war ein Aufenthalt für mich geboten. Dann kam ich auf dem kleinen Berg an der Schaukel vorbei, und es war doch selbstverständlich, dass diese noch etwas benutzt wurde. Dann musste ich zum Schluss noch einen Rasenabhang hinunter, der ganz mit Pflaumen- und Reineclaudenbäumen bestanden war, deren saftige Früchte den Höhepunkt des ganzen Schulweges bildeten. Im Herbst prasselten dann auch noch die dicken Kastanien auf unsere Schulsachen.

Emmy Roquette hatte die löbliche Eigenschaft, sehr für Luft und Licht zu schwärmen; ich glaube aber, dass ein konventioneller Lehrer diese Schulstunden im Freien nicht übermäßig geschätzt hätte, aber die gute Folge davon war, dass wir alle eine ausgesprochene Vorliebe für die Natur hatten und auch das ganze Leben lang bewahrten.

Auch die gemeinsamen Mahlzeiten wurden im Garten eingenommen. Unterhalb der großen Wiese mit den alten Nussbäumen, am Anfang der Lindenallee; auf der linken Seite der Villa lag ein reizender beschatteter Platz mit einem großen runden Tisch, wo das erste Frühstück für die Familie gedeckt war. Das Frühstück war sehr einfach und bestand meist nur aus Gerstenkaffee mit Milch und trockenen Semmeln. Butter

Ich war glücklich

in der Früh gab es nur sonntags. Das kannte man nicht anders, es geschah auch nicht aus Sparsamkeit, denn die war nicht nötig, aber die allgemeine Ernährung war viel einfacher als heutzutage.

Etwas später versammelte sich dann die übrige Familie um den Tisch, und da die Großeltern und die erwachsenen Töchter vormittags meist an diesem Platz sitzen blieben, brachte jeder schon seine Handarbeit mit, denn dass man unbeschäftigt blieb, war undenkbar. Ich habe meine Großmutter bis zu ihrem dreiundneunzigsten Jahr nie ohne Handarbeit gewahrt. Am Schluss des Frühstücks erschien die Köchin Dore, eine prachtvolle, blühende Frau im hellem Waschkleid und mit großer Schürze und einer sächsischen Haube auf dem Kopf, um mit Großmama das Essen für den ganzen Tag zu besprechen. Sie war durch ihr ausgezeichnetes Kochen so bekannt, auch in der ganzen Berliner Verwandtschaft, dass die vier Brüder meiner Großmutter sie zu ihrem fünfundzwanzigjährigen Jubiläum in einem geschmückten Triumphwagen durch den Park gefahren haben.

Das zweite Frühstück, das die Haustochter, welche die Woche versah, mit der Köchin angerichtet hatte, stand für jeden im Esszimmer fix und fertig bereit: ein Teller mit zwei doppelten Butterbroten und Obst je nach der Jahreszeit. Um zwölf Uhr, nach Schluss der Stunde, holten wir unsere Teller, und dann ging Emmy mit uns Kindern täglich in die vor der Villa an der Elbe gelegenen Badebuden, und ein kurzes, erfrischendes Bad (nur fünf Minuten lang) stärkte unseren Körper mehr als der heutige, weit übertriebene Sport. Wir badeten im Herbst noch oft bei einer Wassertemperatur von zwölf Grad.

Um vier Uhr wurde zu Mittag gegessen, bei gutem Wetter in der Lindenallee, die rechts vom Haus am nächsten der Küche lag, an einer langen Tafel, welche die Diener täglich aufstellten. Zu diesem späten Mittagessen, zu dem außer der großen Familie meist noch einige Gäste geladen waren, zogen sich alle bessere Kleider an, die schon um halb vier Uhr für jeden durch die beiden Mädchen Emilie und Lore auf den Betten bereitgelegt waren, von den Strümpfen und Schuhen bis zum Taschentuch und Halsschmuck.

Mädchen im Blütenschatten

Der Nachmittag und Abend gehörten dann nur dem Zusammensein der ganzen Familie und deren Freunden. Der Kaffee wurde auf der schönen Terrasse serviert. Die Damen, alle mit der üblichen Handarbeit versehen, blieben meistens sitzen. Mein Großvater aber liebte sehr das italienische Kugelspiel Boccia, dem er sich dann oft mit einem Teil der Gesellschaft voller Vergnügen hingab. Wir Kinder spielten währenddessen die beliebten Laufspiele wie «Anschlag» oder «Räuber» quer durch den ganzen prangenden Garten, bis wir sehr pünktlich zu dem schlichten Abendbrot und dann zum Zubettgehen gerufen wurden. Nur einmal, entsinne ich mich, durfte ich länger aufbleiben, um einen berühmten, einzigartigen Kometen zu sehen. Wir harrten alle auf den Treppenstufen an der Rückseite der Villa und sahen staunend das Riesenwunder über den ganzen Nachthimmel ausgebreitet[*].

Um neun Uhr war das Abendessen für die Familie und die Gäste im großen Speisezimmer. Danach spielten die Herren meistens Whist, oder es wurde im runden Salon musiziert. Mein Großvater war immer der lebhafteste und heiterste von allen.

Einen solchen schönen, sonnigen Nachmittag hat der Maler Oehme sehr treu festgehalten mit der Villa im Hintergrund und vorn das ganze blumige Parterre, in dem die Familie mit verschiedenen Persönlichkeiten porträtähnlich in Gruppen verteilt ist. Wo dasselbe verblieben ist, weiß ich nicht[**].

Hier möchte ich noch etwas besonders betonen, wodurch vor allem sich das Zusammenleben der gesamten großen Familie so harmonisch entwickeln konnte: Dies war das freundschaftliche, sich immer gleichbleibende Verhältnis zwischen meinem Urgroßvater und meinem Großvater, die sich auch dem Alter nach viel näher waren, als Schwiegervater

---

[*]   Wahrscheinlich der Komet Tuttle-Giacobini-Kresak, der am 3. Mai 1858 beobachtet wurde.
[**] Ernst Ferdinand Oehme, 1797–1855, Maler und Freund Caspar David Friedrichs.

Ich war glücklich

und Schwiegersohn es sonst sind. Es hatte sich eine wirklich innige Freundschaft zwischen den beiden gebildet. Mein Urgroßvater Oppenheim hatte sich, seiner schlichten Natur entsprechend, von vornherein dem weit überlegenen Künstler und Kunstkenner unterworfen und blickte nur anerkennend zu ihm auf. Es gab, soviel ich weiß, nie eine Unstimmigkeit zwischen ihnen, und zu all den großen Anschaffungen und Kunstschätzen, welche die Sammlung Grahl vergrößern sollten, versagte der Urgroßvater niemals, die nötigen Summen zu geben. Es kam öfters vor, dass mein Großvater eine vollständige, irgendwo angezeigte Sammlung von Bildern oder Zeichnungen ankaufte, um nur ein wertvolles Blatt, welches ihm am Herzen lag, daraus zu besitzen. Auch wurde oft auf den gemeinsamen Reisen mit der ganzen Familie irgendwo Station gemacht, um zum Beispiel einmal ein kleines Buch mit Miniaturen zu erwerben.

Die gemeinsamen Reisen gehören überhaupt mit zu den schönsten Erinnerungen meiner Kindheit.

Sommerfrische

Durch den ersten großen Heilerfolg von Bad Gastein besaß dieser Badeort einen derartigen Nimbus für die ganze Familie, dass diese, trotz der schönen Sommertage in der Villa Rosa, fast jährlich, meist zu zwölf bis vierzehn Personen, gemeinsam nach Bad Gastein reiste. Es waren dies mein Urgroßvater mit seinem Diener Friedrich, meine Großeltern Grahl, meine Mutter Marie Elisabeth mit mir, die Erzieherin Emmy Roquette nebst vier Haustöchtern und einem Mädchen zur Bedienung. Ich will nur eine der Reisen beschreiben, die besonders interessant und ausgedehnt war.

Epochewechsel im Verkehr

Ich war glücklich

Mit der Bahn fuhren wir nach München, wo im Bayerischen Hof Zimmer in der Beletage bestellt waren. Hier blieben wir einige Tage, denn die vielen Kunstschätze Münchens mussten besichtigt werden. Wir alle lernten viel durch die lebendigen Erklärungen meines Großvaters. Dieser war befreundet mit dem Photographen Josef Albert, damals das hervorragendste photographische Atelier in München. Er musste geschäftshalber besucht werden, da er einen Teil der Werke meines Großvaters photographieren sollte. Bei diesem Besuch veranlasste uns Albert, ein Familiengruppenbild von uns machen zu lassen, welches besonders gut gelang[*].

Dann wurden zwei geräumige Reisewagen gemietet und am Reisetag mit nach Holzkirchen transportiert. Dort wurden dieselben von der Bahn geladen, und die ganze Familie und alles Gepäck wurde in den Kutschen untergebracht und verstaut. Wir Kinder durften auf dem Bock und auf dem etwas erhöhten Hinterbock sitzen, vor jeden Wagen wurden drei Pferde gespannt, auf dem mittleren saß je ein weiß-blauer Postillion, und unter lustigem Blasen ging die Fahrt los. Nach zwei Stunden wurden Pferde und Postillione gewechselt, und so ging die Fahrt zwischen den Epochen der Kutschen und der Eisenbahn schnell und sicher vonstatten. Trotzdem wurde sie öfters unterbrochen. Wir hatten alle Skizzenbücher zur Hand, dafür sorgte der Großvater, und wenn irgendwo ein interessantes Bauwerk oder eine alte Ruine zu sehen war, stiegen wir aus und skizzierten dieselben. Meine Mutter setzte sich dann meist etwas abseits und hielt ihre Eindrücke in Versen fest. So war das damals! Mein Zeichnen war noch sehr kindlicher Natur, und so passierte es mir, zur Erheiterung der Übrigen, dass ich einer Kuh, die ich porträtieren wollte, aus Versehen, weil sie sich inzwischen umgedreht hatte, das Euter zwischen die Vorderbeine plaziert hatte. Auch wenn besonders prächtige Blumen auf den Wiesen blühten, durften wir aussteigen und

---

[*] Josef Albert, 1825–1886, deutscher Fotopionier, dessen Albertotypien die frühesten Farblichtdrucke waren. Besonders bekannt sind Alberts Porträts König Ludwigs II. von Bayern.

Sommerfrische

diese pflücken. Der nötige Proviant war vorhanden, und wir frühstückten meistens außerhalb des Wagens.

So kamen wir dann nach etwa sechs Tagen wohlauf und beglückt durch die herrliche Fahrt in Gastein an, von Vater Straubinger und dem Oberkellner Gustav schon an der Tür freudigst empfangen und in die schönen altbekannten Zimmer in der ersten Etage begleitet. Hier waren wir im Nu wieder heimisch, und ich saß meistens am Fenster, um das rege Treiben auf dem Platz, die ankommenden und abreisenden Fremden, zu beobachten. Dies Kommen und Gehen war faszinierend.

Wir blieben wie immer mehrere Wochen; die Erwachsenen badeten regelmäßig, und selbst ich durfte dann und wann mit hinein in das himmlisch klare, warme Quellwasser. Da Emmy Roquette auch mit von der Partie war, wurden wir leider täglich unterrichtet, aber der Tag war lang genug, sodass wir alle Wunder der großartigen Berglandschaft in uns aufnehmen konnten.

Bergtouren wurden nicht gewagt, aber dafür täglich Spazierfahrten. Meine Hauptbeschäftigung war zumeist das Blumenpflücken, und in Gastein verband sich diese Liebhaberei auch mit den Wünschen meines Großvaters, der als eifriger Homöopath sehr viel Medizin selbst fabrizierte und fast sämtliche Heilkräuter kannte. Wir pflückten für ihn vor allem die kleinen wilden Stiefmütterchen für Tee und die großen braungelben Arnikablüten für Tinkturen zum Einreiben. Alles Alpengrün wurde sorgfältig getrocknet und mit nach Dresden genommen. Die Rückreise war eine kürzere, wir fuhren mit dem Wagen bis Salzburg und von dort mit der Bahn über München wieder nach Hause.[*]

Wie kann ich alles loben, was mir so unverdient damals zuteil wurde?

---

[*] Eine dermaßen beneidenswert ausgedehnte Sommerfrische war in betuchten Kreisen das Übliche. Der Monatsreigen besaß durch die Festtage, die Jahreszeiten mit ihrem Blühen, Wachstum, der Ernte und der Winterruhe – sowie der Sommerpause – eine vermutlich wohltuende Struktur und Vielfalt. Sogar Otto von Bismarck verbrachte als führender Staatsmann ganze Monate auf seinem Gut Varzin in Pommern. Solche Gelassenheit, in ruhigen Zeitläuften, war gleichwohl kreativ; mit ungefähr nur einem Dutzend Führungsbeamten lenkte Bismarck Preußen und gestaltete das Deutsche Reich.

Erste Maskeraden

Aber ich habe ein wenig vorgegriffen und komme nun wieder auf meine früheste Kinderzeit zurück und will vor allem noch von dem Winteraufenthalt im Haus an der Bürgerwiese erzählen.

Ich war noch in der Pflege meiner Kinderfrau Kila, als auf der schönen Bühne im großen Speisesaal an der Bürgerwiese die silberne Hochzeit der Großeltern feierlichst begangen wurde. Auerbach und Gutzkow hatten dafür gedichtet, Tante Rose hatte alle Kostüme entworfen – sie verstand es, aus Wenigem viel zu machen. Es wurde ein glänzendes Fest. Da ich schon sehr geschickt mit meinen kleinen vierjährigen Fingern war, hatte ich mit Silberperlen Strumpfbänder bestickt, die heute noch in meinem Besitz sind. Zum Schluss des Festspiels wurde ich von Kila als Engel mit Flügeln und einem goldenen Kranz in den Händen aus einem Wolkenhimmel geholt. Es ist kein Wunder, dass sich in meinem ganzen Leben Sinn und Liebe für das Theater stark erhalten haben, denn schon meine römische Amme soll mich, noch im Steckkissen, an Dreikönig als «Epiphanias» nach römischer Sitte mit Watte und bunten Bändern ausstaffiert haben.

Da meiner Mutter das Dichten so leicht von der Hand ging und Tante Rose die Geschicklichkeit für das Kostümieren hatte, verging kein Weihnachtsfest oder Geburtstag, an welchem wir Kinder nicht etwas aufführten. Vor allem wurden am Geburtstag des Urgroßvaters auf der Bühne lebende Bilder gestellt oder Märchen aufgeführt, die für die vielen Freunde der Familien Grahl und Oppenheim immer eine besondere Anziehung hatten und einen gewissen Ruf genossen. Die Heerscharen befreundeter Kinder spielten mit, es war das Hauptereignis des Winters, denn dann erstrahlte die ganze erste Etage in Licht und Glanz, und die

Erste Maskeraden

Räume wurden von einer eleganten Menge aus allen Kreisen bevölkert, oft waren es mehr als hundert Personen. So wurde u. a. das Märchen *Rotkäppchen* von Ludwig Tieck aufgeführt. Tante Käthe gab das Rotkäppchen, die beiden Söhne des Bildhauers Rietschel waren Hund und Wolf, der sehr schöne Bruno Mallison war der Jäger.* Dann gelangten, sehr zur Freude der Zuschauer, die *Sieben Raben* zur Aufführung, die Worte dazu hatte meine Mutter geschrieben, und Tante Rose hatte mit großem Geschick die sieben Rabenmasken angefertigt. Ich selbst gab das Schwesterchen und soll mit sehr rührender Stimme und Intonation das Lied «Ich bitt' Euch, liebe Sternelein, ach öffnet mir das Tor» gesungen haben. Auch der *Schweinehirt* wurde aufgeführt, ich war eine winzig kleine Hofdame in langen Reifröcken und hatte mich von Zeit zu Zeit nur zu empören. «Fi donc!»**

Aber sehr wesentlich als Ansporn unserer großen Liebe für das Theater war, dass der Urgroßvater sehr gern und viel in die damals auf der Höhe ihrer Kunst stehenden Königlichen Theater ging, und er liebte es, wenn die ganze Familie und auch alle Kinder ihn begleiteten. Es wurde immer ein Teil der ersten Parkettreihe reserviert, und ein Schauspieler begrüßte uns einstmals:» Ach ja, Sie sind die Familie, die immer vorn in der ersten Reihe sitzt, die kennen wir alle.»

So hörte ich schon als sieben- bis neunjähriges Kind die vorzüglichsten Opern und sah etwas später Schauspiele. Damals waren die ersten Sänger und Sängerinnen: Tichatschek, Mitterwurzer, die Sanner Krall, die Bürde-Nay und Frau Alvensleben, Decarli und etwas später Niemann, Patti und andere mehr. Die gleichzeitigen Schauspieler waren:

---

* Die Legende vom menschenfressenden Werwolf literarisierte Charles Perrault um 1690 zum Märchen vom *Petit Chaperon Rouge*, (*Piroschka* in Ungarn), des kleinen Mädchens, das wegen seiner Unbotmäßigkeit dem Raubtier zum Opfer fällt. In Ludwig Tiecks Versdrama *Leben und Tod des kleinen Rotkäppchen* wird der verführerische Wolf – in bürgerlicher Gesittung – von einem Jäger zur Strecke gebracht.
** *Die Sieben Raben*, Märchen der Gebrüder Grimm. *Der Schweinehirt*, Märchen von Hans Christian Andersen. – *Fi donc!*: preziöser französischer Ausruf: «Pfui doch!»

Ich war glücklich

Emil und Carl Devrient, Bogumil, Pauline Ulrich, Langenhann, Frau Beyer-Bürk, Hedwig Raabe usw. Ich habe schon als Kind, als ich noch unorthographisch schrieb, mir jeden Abend die Mitwirkenden aufgeschrieben, das Heftchen lege ich mit bei.* Auch war es üblich, weil ich eben recht musikalisch war, dass man mich schon in jüngsten Jahren in die ersten Kammermusik-Abende (im Hotel de Saxe am Neumarkt) mitnahm, wo ich außer dem vorzüglichen Lauterbach-Quartett (von der Oper) alle auswärtigen besten Kräfte hörte, vor allem das sogenannte Florentiner Quartett, damals weltberühmt (mit Becker als 1. Violine, dem Vater des späteren vorzüglichen Cellisten Hugo Becker). So hörte ich auch einen hinreißenden Violinspieler aus Italien, Sivori, der ein Schüler Paganinis war.** Auf manche Größe komme ich später zurück.

* Das Notizheft ist, wie wohl auch die Handschrift der Erinnerungen, bei einem Bombenangriff auf Düsseldorf verbrannt; siehe *Nachtrag*.

** Ernesto Camillo Sivori, 1815–1894, italienischer Komponist und Geigenvirtuose, der außer Instrumenten von Antonio Stradivari und Andrea Amati auch die legendäre, von Guiseppe Guaneri gebaute Violine Il Cannone seines Lehrers Niccolò Paganini, 1782–1840, des *Teufelsgeigers*, erworben hatte und spielte.

Eine andere Künstlerstadt
An den Rhein und retour

Düsseldorf um 1850

Im Frühjahr 1860 nach dem Tod meines Vaters hatte meine Mutter den Wunsch, das Grab des Verstorbenen zu besuchen und die Familie Rethel näher kennenzulernen. Sie fuhr also mit mir nach Düsseldorf, wo uns Tante Emma, die ältere unverheiratete Schwester, bei sich aufnahm. Sie wohnte mit ihrer Cousine in einer kleinen Etage am Anfang der Duisburgerstraße, wo auch mein Vater gestorben war. Sie lebte in denkbar kleinsten Verhältnissen, meine Mutter aber passte sich sehr gern denselben an, und es wurde ein reizendes Zusammenleben mit den beiden alten Damen. Tante Emma war eine interessante, anregende Frau (sie genoss den Beinamen «die berühmte Schwester»), hatte den armen kranken Bruder über alles geliebt und übertrug nun diese Liebe sofort

Ich war glücklich

auf die junge Witwe und die Tochter. Wir aßen nur aus einer Garküche, und dieses schlichte Essen, mit dem man täglich überrascht wurde, war besonders interessant für mich. Außerdem wurde ich von den beiden alten Tanten mit allerhand kleinen Leckerbissen verwöhnt. So lernte ich zuerst den berühmten Rheinischen Blatz und Spekulatius kennen, und Letzterer wurde von da an in Dresden jährlich ein sehr beliebtes Weihnachtsgeschenk aus Düsseldorf.[*]

In der Jägerhofstraße auf einer zweiten Etage wohnten damals die jungen Otto Rethels, der Bruder meines Vaters[**] und seine Frau Emma (geb. Haldensleben); sie sang und spielte vorzüglich und war eine beliebte Chorsängerin unter Felix Mendelssohn gewesen, der mehrmals die Niederrheinischen Musikfeste geleitet hatte.[***] Tante Emma freute sich natürlich sehr über mein Singen, und wir haben in späteren Jahren oft und mit Begeisterung zusammen musiziert.

Der Düsseldorfer Hofgarten sah damals anders aus als heute. Die Reitallee bestand aus alten, sehr hohen Bäumen, die nahe dem Verfall waren und eher bedrohlich aussahen. Von der Allee aus führte ein ländlicher Weg mit blumigen, leicht verwilderten Abhängen neben der Düssel entlang. In der Goltsteinstraße stand nur ein Haus, wohl damals schon der Familie Hasenclever gehörend (die Frau war die Tochter von Wilhelm von Schadow).[****] An Hecken vorbei gelangte man zum Kälberweg, der jetzigen Schadowstraße, wohinter sich freies, fast noch unbe-

---

[*] Rheinischer Blatz oder Platz, auch Rheinischer Rosinenstuten, Butterstuten oder Kaffeestuten, ein Hefegebäck.
[**] Otto Rethel, 1822–1892, Maler der ursprünglich von Peter von Cornelius und Christian von Schadow begründeten Düsseldorfer Schule, die in vielen Gattungen der Malerei, von Landschaften bis zu Porträts, während des 19. Jahrhunderts durch ihren spätbürgerlichen Klassizismus weltweit prägend war.
[***] Kurzzeitig war Felix Mendelssohn-Bartholdy auch Städtischer Musikdirektor von Düsseldorf gewesen.
[****] Johann Peter Hasenclever, 1810–1853, verhalten zeitkritischer Maler, dessen Genreszenen als Vorläufer der Werke Carl Spitzwegs und Wilhelms Buschs gelten. Karl Marx lobte Hasenclevers Gemälde *Arbeiter und Stadtrath*, da in dessen Szenerie Proletarier einer Magistratsversammlung gleichwertig gegenüberstehen.

bautes Land erstreckte. Auch von dem Häuschen aus, in dem wir wohnten, führte ein langer sonniger Garten bis zur kleinen Bierwirtschaft Lichtschlag, schräg gegenüber dem Jägerhof, in dem ich das Abpflücken der verwilderten Himbeer- und Johannisbeersträucher sehr genoss.
Seit dieser ersten Reise nach Düsseldorf verband uns mit den Verwandten eine herzliche und innige Freundschaft.

*In Sachsen regierte von 1854 bis 1873 König Johann. Er war Thronnachfolger seines verstorbenen Bruders Friedrich August II., dessen Ansehen sowie das der Monarchie durch die blutigen Revolutionswirren von 1848/49 infolge der Pariser Februarrevolution schwer gelitten hatte. Nur widerwillig hatte König Friedrich August den Forderungen nach Versammlungs-, nach Pressefreiheit und nach einem liberalen Wahlsystem Gehör geschenkt. Als die deutschen Revolutionäre in der Paulskirchenversammlung ein geeintes Deutschland unter der Regierung Friedrich Wilhelms IV. von Preußen, vor allem auch eine allgemeine deutsche Verfassung, einforderten, verweigerte sich der sächsische Herrscher zunehmend. Angesichts der revolutionären Massen und der Barrikadenkämpfe floh er aus Dresden und rief preußische Truppen zu Hilfe. Der Aufstand wurde niedergeschlagen, Revolutionäre wie Richard Wagner, Gottfried Semper retteten sich durch Flucht. Friedrich August unterzeichnete zwar keines der verhängten Todesurteile, aber unter Protest der öffentlichen Meinung wurden Institutionen wie die Landesuniversität Leipzig von patriotisch-demokratisch Gesinnten gereinigt, teils schwere Haftstrafen verhängt. Der gesellschaftliche Rückschritt schien durchgesetzt zu sein; der Dresdner Hof verschanzte sich hinter einer besonders unerbittlichen Etikette, und der durchaus kultivierte Friedrich August selbst verfiel unter seinem furchtsamen Motto «Nur nichts verändern» in Depression.
Sein jüngerer Bruder Johann steuerte einen Kurs der Harmonie und versuchte ein Landesvater jenseits der Tagespolitik zu sein. Wirtschaftliches Wachstum trug zur Beruhigung der Verhältnisse bei. König Johann selbst war hochgebildet, galt als Fachmann der Ökonomie, des Berg-*

Ich war glücklich

baus, beherrschte neun Sprachen und war, auch als Übersetzer Dantes, gewähltes Mitglied in dreißig europäischen Akademien. Das politische Geschäft wurde von seinem Minister Friedrich Ferdinand von Beust versehen, der für den bisherigen Deutschen Bund unter Führung Österreichs und gegen eine preußische Vormacht agierte. Beust war ein gewichtiger Gegenspieler Otto von Bismarcks. Von diesen folgenreichen Vorgängen und Konstellationen, die auch im Hause Oppenheim-Grahl gewisslich Gesprächsthema waren, konnte ein Kind, ein Mädchen, das zu häuslichen Pflichten angeleitet wurde, noch wenig wissen. Es liebte, wohl begreiflicherweise, anderes.

Und nun wieder zurück nach Dresden und zu unserem täglichen Leben im Winter an der Bürgerwiese, das in der Zeiteinteilung genau wie im Sommer war. Das allgemeine harmonische Familienleben spielte sich nur statt im Garten in den Parterreräumen ab. Das große Esszimmer war sehr einfach, aber vornehm eingerichtet. Die Wände schmückten Kupferstiche, nur an der einen Wand stand ein großes Mahagonibüffet. Die erhöhten Seitenschränke des Büfetts schmückte eine Garnitur von reich mit Blumenbouquets bemalten alten Meissner Vasen, darüber je zwei kleine runde Kronleuchter mit Wachskerzen. In der Ecke neben dem Büffet befand sich eine kleine Tapetentür, die in eine Speisekammer führte, wo von der Köchin und der jeweiligen Haustochter die Frühstücks- und Abendschüsseln servierfertig gemacht wurden. Dort waren so viele reiche und köstliche Vorräte aufbewahrt, dass wir Kinder gern hineinschlüpften in der Hoffnung, dass etwas für uns abfiele, aber meistens war die Tür verschlossen.

An der großen Tafel frühstückten wir Kinder mit Emmy Roquette, die Erwachsenen etwas später; um zwölf Uhr mittags war der Unterricht zu Ende, und wir durften uns die bereitstehenden Teller mit dem zweiten Frühstück holen. Dann gingen wir mit Emmy spazieren, abwechselnd die langen Promenaden entlang bis zur Brühlschen Terrasse und über diese meist durch die Stadt zurück, weil Emmy in der Regel bei Herrn Bammler (einem kleinen Buchbinder) etwas zu besorgen hatte.

An den Rhein und retour

Auch mussten wir häufig Papier für meine Hefte bei Baumann & Sendig kaufen, denn Hefte faltete man sich damals selbst.

Bei gutem Wetter gingen wir in den Großen Garten, der sich direkt an die Anlagen der Bürgerwiese anschloss. Im Winter liefen wir fleißig Schlittschuh auf dem Teich des Großen Gartens vor dem schönen Barockschloss oder auf dem Zwingerteich hinter dem Theater. So entsinne ich mich eines Winters, wo der Frost so lange anhielt, dass wir noch im März bei heißer Sonne, nur im Kleid und manche Herren in Hemdsärmeln, Schlittschuh laufen konnten. Ich traf mich dort mit meinen Freundinnen Helene Böckmann und Liese Calberla. Wir hatten es im Kunstlauf schon recht weit gebracht. Nur unsere Lehrerin Emmy Roquette war ein trauriger Anblick, die stand herum und fror – das rührte uns aber nicht.

Das Mittagessen war, wie üblich, um vier Uhr. Der Urgroßvater kam dazu von oben herunter; ein täglicher Gast war Onkel Alexander, und oft kamen auch andere Gäste. Zwei Diener in schwarzem Frackanzug servierten. Das Essen war sehr einfach, auch der Tisch war einfach gedeckt, ohne Blumen, das kannte man damals nicht anders, nur das Nötigste stand auf dem Tisch. Den Kaffee nahm man im daran anstoßenden Wohnzimmer, wo auch die Herren rauchen durften. An diesem Zimmer vor allem hängt meine ganze Kindheits- und Jugenderinnerung; es war so wunderbar schön, denn es enthielt nicht nur die beeindruckendsten Originalkunstschätze, sondern es war auch der gemütlichste Raum, den man sich denken kann.

Dort an dem Fenster zu sitzen, wenn die Sonne durch die hohen Spiegelscheiben hereinschien und die goldenen alten Rahmen zweier Porträts von Tintoretto und die Gemälde von Joos van Cleve und Correggio bestrahlte, war ein unwiederbringlicher Genuss, das empfand ich bereits als kleines Kind.

Ich saß meistens am Fenster auf einem hohen antiken Stuhl vor einem eingelegten Renaissancetisch, still beschäftigt mit meinen Sammlungen; wohin ich blickte, nur schöne Dinge, denn auch auf den drei großen geschnitzten Schränken standen die kostbarsten Krüge und

Ich war glücklich

Gefäße. Es war der Inbegriff eines Raumes, der mit künstlerischem, kultiviertestem Geschmack eingerichtet war. Auch der Inhalt der Schränke entsprach diesem Sinn, denn er bestand aus der weltberühmten Handzeichnungensammlung meines Großvaters Grahl. (Dieselbe ist leider in viel späteren Jahren nach seinem Tod durch die Unerfahrenheit meiner Großmutter in alle Winde verstreut worden.)

Der Blick aus den Fenstern auf die Bürgerwiese war sehr reizvoll, da dies doch der Hauptweg für die Dresdner in den Großen Garten und zu den Dörfern war. Auch der ständige Verkehr der königlichen Familie vom Hauptschloss bis zum Palais des Prinzen Georg in unserer Nähe und des Prinzen Albert, dessen Villa in Strehlen lag, war für uns Kinder höchst interessant. Durch einen Vorreiter in prächtiger Tracht mit silbergrauem Rock, reich bestickt, und mit Federbusch auf dem Kopfe wurde der darauf folgende vierspännige königliche Wagen angekündigt, auf jedem Pferd uniformierte Reiter, der Wagen noch im Rokokostil, mit einem Hinterbock, auf dem wieder ein Galonierter und ein Jäger mit großem grünen Federbusch saßen. Am Abend war der Anblick noch viel wirkungsvoller, da dann sowohl der Vorreiter als auch die Diener auf dem Rücksitz brennende Fackeln hielten.

Die königliche Familie als solche war sehr schlicht und einfach. König Johann war mehr Gelehrter und Künstler als König, ebenso seine Frau und seine Schwester Amalie. Letztere war Dichterin, der König hatte Dante übersetzt. Das Regieren überließ er seinem sehr intriganten Minister Beust, der ihn später leider in den Konflikt mit Österreich verstrickte, woraus sich der Krieg von 1866 entwickelte, auf den ich noch zurückkommen werde.

Neben dem antiken Wohnzimmer lag ein gleich großes, helles, aber einfach mit den damals gebräuchlichen Mahagonimöbeln eingerichtetes sehr freundliches Zimmer meiner Großmutter, wo diese vor dem einen Fenster im Lehnstuhl an einem zierlichen Nähtischchen saß und stickte. Von diesem Fensterplatz aus dirigierte die Großmutter den ganzen Haushalt. Ich sehe die Köchin Dore noch immer vor ihr stehen mit einer Schüssel in den Händen, in der einige zartrosa Gänselebern lagen,

An den Rhein und retour

die sie mit ihren dicken Händen liebevoll drückte, während sie zuredete, sie kaufen zu dürfen, um eine Pastete daraus zu machen.

Auch alle im Haus, Groß und Klein, trugen ihre Wünsche an diesem Fensterplatz der Großmutter vor.

Fast am schönsten waren die gemeinsamen Abende um den großen Tisch. Auf dem Sofa saß rechts der Großvater und links die Großmutter mit der üblichen Handarbeit, ich zwischen beiden. Mama und alle Schwestern saßen um den Tisch herum, auch alle mit Näh- oder Stickarbeit beschäftigt. Der Großvater holte sich allabendlich aus dem alten Schrank eine seiner geliebten Mappen, sei es die mit den Raffaels und Michelangelos oder mit den Skizzen Dürers oder mit dem *Bauerntanz* von Holbein (allesamt Originale). Er besah sie sich sehr gründlich, oft durch ein Vergrößerungsglas, und erzählte häufig, wo er sie gefunden hatte. Meist musste eine der Tanten vorlesen, einen zeitgenössischen Roman; besonders beliebt waren die kürzlich herausgekommenen Schriften von Fritz Reuter.[*] Im Laufe des Abends kam leise einer der Diener herein, um die Öllampen wieder aufzudrehen. Es gab zwar damals schon Gas, doch das war für ein vornehmes Haus viel zu unfein. Bei größeren Gesellschaften brannten noch einige Lampen mehr und außerdem die Wachskerzen auf den Kronleuchtern. Gegen acht Uhr wurde ich zu meinem Abendbrot nach «hinten» gerufen, wie wir allgemein die Region der Schlafzimmer nannten. Dort stand für mich bei einem Talglicht mit dazugehöriger Lichtputzschere ein sehr einfaches Essen bereit, eine Suppe oder Milch mit Brot.

Zwei- oder dreimal in der Woche war Whistabend, dann wurde das gemeinsame Zusammensitzen in die Wohnstube der Großmama ver-

---

[*] Heinrich Ludwig Christian Friedrich Reuter, 1810–1874, ebenso volkstümlicher wie feinsinniger mecklenburgischer Schriftsteller, dessen auf Niederdeutsch geschriebene Bücher u. a. ins Russische und Japanische übersetzt wurden. Als demokratisch gesinnter Student war Reuter 1833 wegen «hochverräterischer burschenschaftlicher Verbindungen» und wegen «Majestätsbeleidigung» verhaftet worden; er wurde zuerst zum Tode, dann zu dreißig und schließlich zu acht Jahren Festungshaft verurteilt.

Ich war glücklich

legt, und im antiken Zimmer war der Whisttisch aufgeschlagen. Dazu kamen ein oder zwei fremde Herren, die vormittags vom Portier August je nach Ermessen eingeladen wurden; konnte der eine nicht, lud er einen anderen ein, und so waren die beiden Whistherren immer eine Überraschung. Um neun Uhr aß man Abendbrot, meist etwas üppiger als der Mittagstisch, kalt oder warm mit Tee. Und wenn Herr Müller kam, gab es sauersüße Linsen, sein Lieblingsgericht, weshalb er allgemein «Linsenmüller» genannt wurde.

Zu den allernächsten Freunden gehörten Herr und Frau Gonne. Er war Maler, aber vor allem ein sehr amüsanter und witziger Gesellschafter. Sie war meine Patentante, und nach ihr hatte ich noch den Namen Philippine erhalten. Da sie keine Kinder hatten, galt ihnen das Grahlsche kinderreiche Haus fast als ihre eigentliche Familie, und sie teilten Freud und Leid mit uns allen.

Oft wurde auch in dem achteckigen Saal zu Klavierbegleitung getanzt. Dann und wann wurden größere musikalische Abende veranstaltet; Lauterbach spielte oft, und ich durfte ihm häufig die Noten umdrehen, was ihm viel Spaß machte. Auch manche Mitglieder der Oper sangen, aber besonders reizend war das schöne Pfeifen zur Begleitung von Frau Elb, es war genau wie das Singen der Vögel.

Inzwischen hatte ich nun auch Musikunterricht bekommen, zuerst bei Herrn Pfretschner, der sehr gründlich und genau war. Er hatte mir allmählich circa hundert Lieder beigebracht. Die Stunden fanden im achteckigen Saal statt. Wir erhielten auch Tanzstunden. Madame Wilhelmi, geb. Pecci, Italienerin, war Solotänzerin an der Oper gewesen und war eine ausgezeichnete Lehrerin. Sie kommandierte uns auf französisch: «*petit battement, – grand battement, – mouliné, chassé, – croisé, plié.*»

So übte sie mit uns beiden eine Tarantella ein, die wir später vor einer großen Gesellschaft tanzen mussten. Meine Mutter schlug dazu das Tamburin, was sie in Italien gelernt hatte. Auch hatten wir großen Erfolg mit unserem Seiltanz. Ein kleiner Clown kündigte uns den zahlreichen Gästen an, machte Platz und zog auf dem Parkett zwei Kreidestriche.

An den Rhein und retour

Wir hüpften, zierlich angetan, herein, die Sohlen der seidenen Schühchen wurden mit Kreide bestrichen, und dann wagten wir uns vorsichtig auf die Seilstriche, balancierten mit Stöcken und wechselten die Seile und machten all die bekannten vorsichtigen Bewegungen der Seiltänzer. Dann sprangen wir hinab und ernteten lebhaften Beifall.

Dresden mit Augustusbrücke

Alle Jahre wieder

Das Weihnachtsfest spielte eine Hauptrolle. Wochenlang vorher wurde dafür gearbeitet; an den Abenden saßen wir alle um den großen Esstisch herum mit Haufen von Seidenpapier in sämtlichen Farben; es wurden Blumen und Netze gemacht; jeder hatte den Ehrgeiz, die schönsten Blumen und längsten Netze zu schneiden. Ganze Berge von Schokoladen- und Zuckerkringeln wurden mit Fäden versehen, denn an dem Riesenbaum, der bis an die Decke des großen Wohnzimmers reichte, wurde viel gebraucht. Der Baum wurde im Wald von Zschekwitz, dem Gut von Onkel Hugo, extra für uns geschlagen und auf einem großen Leiterwagen in die Stadt gebracht, er war mindestens sechs bis acht Meter hoch. Es war Sitte bei uns, dass alle gegenseitigen Geschenke, in rosa Papier gewickelt, an den unteren Zweigen befestigt und mit den Namen des Gebers und Empfängers versehen wurden. Bei der Höhe des Baumes wären Kerzen zu gefährlich gewesen, und so wurden stattdessen feste Lampen mit einer Kerze im Inneren mit buntem Seidenpapier beklebt.

Alle waren rege, bis der Baum von den Erwachsenen geschmückt war. Für uns Kinder gab es nur ein seliges Raunen und Flüstern durch das ganze Haus, geheimnisvoll bis zum Abend. Da die Großeltern sehr wohltätig waren, wurden viele arme Familien reich im Haus beschert. Im achteckigen Saal waren sechs, acht Tische aufgestellt, auf jedem ein beleuchteter Baum, und bedeckt mit Kleidern, Wäsche, Spielsachen, Stollen und anderem Süßen, trockenem Gemüse in kleinen Säcken, und vor allem gab es für jede Familie eine gebratene Gans mit dem Schmalztopf dabei. Um vier Uhr kamen die Familien, und nachdem die Kinder Weihnachtslieder gesungen hatten, nahmen sie ihre Geschenke freudig in Empfang.

Alle Jahre wieder

In dem großen Esszimmer nebenan war der Esstisch auch mit zwei Bäumen geschmückt, und ringsherum lagen die Geschenke für die Hausangestellten, ungefähr zwölf bis fünfzehn Personen. Alle waren beglückt und dankbar. Die armen Familien zogen mit Baum und Geschenken in ihre eigenen Häuslichkeiten, und unsere Leute verteilten sich wieder in die Küche und die eigenen Zimmer. Etwa um sechs Uhr öffnete sich endlich die Flügeltür, und der prachtvoll leuchtende Wunderbaum stand vor uns. Auch wir sangen ein Weihnachtslied; es war ein weihevoller, herrlicher Augenblick. Aber dann ging es mit Jauchzen an die schwer beladenen unteren Zweige, und jeder suchte nach den für ihn bestimmten Geschenken; jeder ordnete sie dann selbst auf den bereitstehenden weiß gedeckten Tischen. Dann folgten einzelne kleine Aufführungen, Julklapps wurden hereingeschoben, und alle waren froh und glücklich und dankbaren Herzens. Ich durfte sehr viel länger aufbleiben, und für die Erwachsenen beschloss das übliche Karpfenessen (nach Dores berühmtem Rezept in Rotwein und mit sehr viel Butter) den schönen Weihnachtsabend. Am ersten Feiertag war noch einmal Bescherung bei Hettners, wo inzwischen zu den drei Stiefkindern noch einige weitere hinzugekommen waren.*

Zu Onkel Alexander möchte ich noch etwas nachtragen. Ich sagte wohl schon, dass er nach seiner mehrjährigen Orientreise nach Dresden zurückgekehrt war und sich dort fest niedergelassen hatte. Um seine Reiseeindrücke zu bewahren, hatte er sich einen photographischen Apparat angeschafft und die schönsten Landschaften und Baulichkeiten in Arabien und Griechenland und andernorts aufgenommen. Das Photographieren bereitete ihm viel Freude, und da er keinen Beruf mehr aus-

---

* Ein vergleichbar opulent-wohliges Weihnachtsfest, bei dem ein selbstbewusstes Bürgertum seine Lebenswonne genoss, schildern sonst wohl nur Thomas Mann in den *Buddenbrooks* und Ingmar Bergman in seinem Film *Fanny und Alexander*.

Ich war glücklich

übte, ließ er sich im Hof seiner Parterrewohnung eine Bude bauen mit Dunkelkammer und allem Nötigen zum Photographieren. Er fing nun an, alle seine Familienangehörigen zu photographieren, und so existieren von uns allen sehr gute Aufnahmen, wie sie damals noch keiner von sich besaß, da nur die Daguerreotypie in Mode war.

Der Urgroßvater fuhr täglich in seinem kleinen Coupé mit Friedrich auf dem Bock eine Stunde spazieren. Da er aber wie bei allen seinen Unternehmungen Gesellschaft brauchte, fuhren meist einige Kinder mit ihm. Aber in dem geschlossenen Wagen war durch sein starkes Rauchen eine so dicke Luft, dass die größeren Kinder sich gern vor dem Mitfahren drückten. Ich war so aufs Spazierenfahren erpicht, dass ich fast immer mitfuhr. Dann musste ich ihm den ganzen Weg lang von München erzählen, das liebte er über alles, und ich tat es gern. Bei dieser Gelegenheit möchte ich noch einmal betonen, dass er ein selten harmlos-liebenswürdiger Mensch war, mit einem fast kindlichen Herzen, der von allen geliebt wurde. Auch brachte ich ihm häufig sein zweites Frühstück nach oben; es bestand aus einem großen, mit Butter bestrichenen Hörnchen und einem Glas Madeira. Er freute sich immer, wenn ich kam, und ich durfte auch «mal abbeißen» und ein Schlückchen Wein kosten, denn so ganz ohne Egoismus war ich eben nicht.

Konnte es ein glücklicheres Kind geben als mich? Ich wurde sehr verwöhnt, aber ich war dankbar dafür und glaube nicht, dass ich meine große Bevorzugung jemals missbraucht habe.

In den Sommerwochen unternahmen wir regelmäßig längere Spazierfahrten in zwei offenen Wagen über die Berge, an den Albrechtsschlössern vorüber, nach Loschwitz hinunter, an dem Schillerhäuschen vorbei, in dem Schiller am *Don Carlos* gearbeitet haben soll, und weiter über Wachwitz bis Pillnitz, dem malerisch an der Elbe gelegenen Sommerschloss des Königs, ganz im chinesischen Stile erbaut; große Treppen führten direkt zum Wasser herab, wo unzählige vergoldete Gondeln für die Königsfamilie vor Anker lagen. Auf der großen königlichen Fähre setzten wir über zum linken Ufer und fuhren dann über Blasewitz zurück zur Stadt. Ich saß immer bei Eichler auf dem Bock und durfte die Zügel halten.*

An der Stadtgrenze wurde damals noch ein Zoll erhoben, indem der Beamte aus dem Zollhäuschen eine lange Stange mit einem Beutel daran in den Wagen hielt zum Empfang des Geldes.

Preußischer Ministerpräsident war zu dieser Zeit der spätere Reichsgründer Otto von Bismarck. Über die hohe, ja fast Fistelstimme des oft nur scheinbar martialischen, nicht selten aber zu nervösen Störungen neigenden Staatsmanns verwunderten sich viele Zeitgenossen. Zur administrativen Elite in Berlin zählte auch Eduard von Simson. Der Jurist gilt als Vater der Frankfurter Paulskirchen-Verfassung; er trug 1849 Friedrich Wilhelm IV. von Preußen, allerdings vergebens, die vom Frankfurter Parlament beschlossene Kaiserwürde an. Dies Anerbieten wiederholte sich, als Simson im Deutsch-Französischen Krieg im Namen des Norddeutschen Bundes 1870 in Versailles Wilhelm I. die Kaiserkrone antrug. Unsensibel war inmitten des Kriegsgeschehens das französische Königsschloss für die Proklamation des deutschen Kaisers ausgewählt worden; andererseits wünschte Bismarck keine übliche Siegesparade in Paris, um Frankreich nicht übermäßig zu demütigen. Eduard von Simson wurde Präsident des neuen Reichstags und organisierte nach seinem Rückzug 1877 aus der Politik das Reichsgericht in Leipzig, in vielen Bereichen die oberste deutsche Justizinstanz.

Fast in jedem Winter oder Frühjahr machten wir in Berlin einen Gegenbesuch bei den Verwandten, die oft im Sommer einige Wochen in der Villa Rosa zubrachten. Außerdem wurde bei solchen Reisen der sich in Berlin eines vortrefflichen Rufes erfreuende amerikanische Zahnarzt Dumont (Attot u. Dumont) für die ganze Familie zu Rate gezogen, da es in Dresden noch keinen so modernen Zahnarzt gab. Wir wohnten dann

---

* Ein ungewöhnlicher erlaubter Spaß für ein Mädchen um 1865, das dabei auch für später einiges Selbstbewusstsein gewinnen konnte.

Ich war glücklich

bei den Verwandten verschieden verteilt, Mama mit mir meistens bei Tante Alexandrine Horsfall, geb. Mendelssohn und beste Freundin von Mama, in der Dorotheenstraße. Onkel Horsfall war Engländer. Die ältesten Söhne Jo und Tom waren in meinem Alter.

Oft wohnten wir auch bei Onkel Otto in der Behrenstraße 64 oder bei Warschauers, Behrenstraße 48. Auch fuhren wir gelegentlich einer solchen Reise erstmals zu einem Besuch nach Frankfurt a.d. Oder zu Eduard Simson. Er war der erste Reichstagspräsident und lebte als hoher Justizbeamter mit seiner zahlreichen Familie (sieben Töchter und zwei Söhne) in Frankfurt. Es ging von seiner imponierenden äußeren Erscheinung ein Zauber aus, dem sich keiner verschließen konnte. Dass er auch tief religiös war und trotz der jüdischen Abstammung evangelisch (sein Bruder Anton war in Königsberg evangelischer Pastor), wissen vielleicht wenige.

Ein späteres Mal, als Simsons für den Reichstag in Berlin weilten und am Dönhoffplatz im Reichstagsgebäude wohnten, war ich öfters bei ihnen, und wir durften dann und wann in ihrer Loge den Reichstag mit anhören. Das war immer sehr interessant, und ich habe außer verschiedenen anderen namhaften Rednern, z.B. Bamberger*, vor allem aber Bismarck sprechen hören. Er stand in seiner weißen Kürassieruniform groß und mächtig da, hatte aber eine dünne Stimme und war schwer zu verstehen. Wenn ich mit Lotte und Mariechen Warschauer über die «Linden» und die Wilhelmstraße ging, sind wir ihm oft begegnet und wurden von ihm freundlichst zurückgegrüßt.

Von meinem Großvater Grahl muss ich noch einen Umstand erwähnen, der sehr eng mit seiner Person als Künstler zusammenhängt und

---

* Ludwig Bamberger, 1823–1899, Mainzer Bankier und Finanzpolitiker, der die Einführung der Reichsmark als deutsches Zahlungsmittel lenkte. Als Liberaler bekämpfte Bamberger schließlich Bismarcks Kolonialpolitik und die Unterdrückung von Demokraten durch die Sozialistengesetze, die später, auch um Unruhen aufzufangen, von den weltweit mustergültigen Neuerungen wie der Unfall-, Kranken- und Altersversicherung abgelöst wurden.

Alle Jahre wieder

einen großen Teil seines Lebens erfüllte. In den langen Jahren seines römischen Aufenthaltes war er nicht allein Maler und Kunstsammler, sondern vor allem beschäftigte ihn dort die Maltechnik der frühitalienischen Maler; er grübelte darüber nach, mit welchen Farben und Bindemitteln diese gemalt haben mochten, um eine Leuchtkraft und Helligkeit, die niemals nachdunkelte, zu erreichen. Selbstverständlich waren die Bilder nicht mit Öl gemalt; die trockenen, reinen Farben wurden eigenhändig gerieben und mit einem Bindemittel verdickt. Nach dieser Verbindung hat er bis in sein hohes Alter gesucht und nicht ohne Resultat. Durch unzählige Versuche, zuerst in Rom und später in Dresden, gelang es ihm, ein Bindemittel zu finden und bei seiner eigenen Malerei anzuwenden; und manches Porträt von ihm legt davon Zeugnis ab, dass er vielleicht das Richtige gefunden hatte. Dieses Mittel wurde in Deutschland bekannt, und unzählige Maler kamen deshalb von auswärts und besuchten ihn, um sich auch in den Besitz dieser Kenntnis zu setzen. Er behielt aber seine Erfindung für sich, weil er sagte, es komme nicht nur auf die Bereitung des Bindemittels an, sondern ebenso auf die Art, wie dasselbe aufgetragen werde. Er wünschte eine Professur an der Akademie in Dresden zu erhalten, um diese Malerei zu lehren; aber man war zu kurzsichtig und erfüllte nicht seinen Wunsch, und so hat er das Geheimnis seines jahrelangen Forschens mit ins Grab genommen.

Ich selbst bin schon von klein auf mit Vorliebe in seinem weitläufigen, im Hinterhaus an der Bürgerwiese gelegenen Atelier gewesen, musste ihm auch oft Modell stehen und sah zu, wie er auf einer Glasplatte die strahlenden Farben rieb und mit allerhand durchsichtigen Substanzen mischte. Beim Malen tauchte er den Pinsel in die Mischung und dann in die reine Farbe. Er benutzte eine Menge Apfelsinenschale, auch Eier, und probierte fortwährend mit verschiedenen Dingen. Nach seinem Tod hat Tante Rose alles, was von seinen Versuchen übrig blieb, gesammelt, auch einige aufgefundene Rezepte, aber sie wurden nie angewandt. Für mich bleiben die vielen Stunden in seiner geheimnisumwitterten Werkstatt eine besondere Erinnerung.

Ich war glücklich

August Grahl, Selbstbildnis

Eines Tages waren Tante Käthe und ich allein in den vorderen Wohnzimmern, als der Diener zwei Visitenkarten hereinbrachte. Großmama war ausgegangen, und Großpapa musste erst aus dem Atelier gerufen werden, und so wurden die Fremden, Herr und Frau Johann Meyer aus Petersburg, in das antike Zimmer geführt. Wir beiden hatten uns im anderen Zimmer hinter der Tür versteckt und sahen uns die Fremden verstohlen an. Sie sprachen gebrochen Deutsch und besahen neugierig das schöne Zimmer und die alten Bilder und sagten schließlich kopfschüttelnd: nein, so 'ne Einrichtung gefiele ihnen nicht, da wäre eine Tapete doch viel schöner als all die komischen Bilder. Dieses Ehepaar Meyer war an die Großeltern empfohlen worden und gehörte nach kurzer Zeit zu unseren engsten Freunden. Johann Meyer lernte Bilder lieben und hatte nach wenigen Jahren mit Hilfe von Lepke in Berlin eine der eindrucksvollsten Privatgalerien nicht nur in Dresden, sondern überhaupt, die wohl heute noch als Sehenswürdigkeit gezeigt wird.*

---

* Rudolph Lepke, 1845–1904, begründete das erste Kunst-Auktionshaus Berlins.

Alle Jahre wieder

Er sammelte vor allem die französische Schule und besaß aus der Barbizonzeit mit die schönsten Bilder, ebenso viele Menzels und die besten Deutschen.[*] Es war eine exquisite Sammlung, und es war für mich in späteren Jahren amüsant, wenn die alte kleine Frau Meyer selbst uns in dem Hauptsaal herumführte und sagte: «Nu sehn 'se mal hier der kleine Meissonier.»[**]

[*] Schule von Barbizon, Gruppe anti-akademischer französischer Maler, u. a. Jean-Baptiste Camille Corot und Jean-François Millet, die in einem Dorf bei Fontainebleau eine Malerkolonie ins Leben riefen.

[**] Ernest Meissonier, 1815–1891, klassisch gesinnter französischer Maler von Historien- und Genrebildern.

Erste Liebe und Belle Époque

Nun komme ich aber zu einem der letzten Sommer in der geliebten Villa Rosa. Derselbe verlief, wie die Erinnerung es will, sonnig und friedlich; es kamen Verwandte zu Besuch, auch viele Fremde von auswärts. Ein häufiger Gast war ein Schriftsteller, Prof. Georg Scherer aus Stuttgart, der sich sehr für meine Mutter interessierte und ihr stark den Hof machte. Ich hatte das wohl bemerkt, mochte ihn aber gar nicht, da er oft unangenehm zärtlich zu mir war, und ich machte Mama gegenüber keinen Hehl daraus, was bei ihr vielleicht den Ausschlag gab, dass sie ihn abwies.

Ihr Hauptverehrer war der Dichter Otto Roquette, aber zu jener Zeit war ich noch zu klein, um es zu bemerken. Aber auch zu diesem hat sie sich nicht entschließen können. Eine wirklich ernste Neigung hat sie, soweit ich es beurteilen kann, niemals mehr gehabt. Ihre Natur war viel zu harmlos und ausgeglichen; sie lebte in der Erinnerung an ihr kurzes Eheglück, und ihr Dasein war vollkommen ausgefüllt durch ihre dichterische Begabung, die so ausgeprägt war, dass wohl kaum ein Tag verging, an dem sie nicht irgendeinen Eindruck oder eine Begebenheit in dichterische Form gebracht hätte. Sie saß meistens irgendwo im Garten oder abseits von den Übrigen und dichtete, leise dazu singend. Es war schon fast sprichwörtlich, wenn sie gesucht wurde: «Ach, Marie – die dichtet wieder!» Es hätte schon eine mächtige Leidenschaft aufwallen müssen, die sie veranlasst haben könnte, ein solch sorgloses, schönes Leben im Kreis ihrer Lieben und Freunde aufzugeben. Vom Ruhm ihres Mannes, meines Vaters, hat sie gezehrt bis zu ihrem Tod.

In jenem Sommer wurde von den Großeltern beschlossen, dass Tante Käthe, die musikalisch war und auch eine nette Stimme hatte, Gesangs-

Erste Liebe und Belle Époque

unterricht bekommen sollte. Da der damalige erste Kapellmeister an der Oper, Julius Rietz, ein treuer Freund des Hauses war, fragten sie diesen um Rat, und er empfahl einen seit kurzem an der Oper engagierten Bariton, Gustav Scharfe, sehr warm als vorzüglichen Lehrer. Man solle ihn aber nicht nach seinen Leistungen auf der Bühne beurteilen, denn da sei er unbedeutend. Er sei aber in Leipzig mehrere Jahre an einem Taubstummeninstitut gewesen und habe dort durch die fortwährende Beobachtung des Kehlkopfes usw. sich sehr große Kenntnisse für die Behandlung der Stimme erworben. Dies leuchtete den Großeltern ein, und Käthe und ich wurden seine ersten Schülerinnen.

Die ersten Stunden fanden im runden Saal statt. Ich war damals ungefähr zehn. Es begann nun ein höchst systematischer Unterricht; vor allem lernten wir, den Atem richtig einzuteilen. Erst nach Jahresfrist durften wir mit Liedern und Duetten beginnen. Tante Käthe hatte eine Altstimme, und so wurde unser Duettsingen eine Liebhaberei für die ganze Familie. Wir sangen auch sehr viele italienische Duette, vor allem von Luigi Gordigiani.[*]

In diesem Sommer verbreitete sich über Stadt und Land eine Erkältungskrankheit, die extrem ansteckend war; auch wir wurden zum Teil davon befallen; ich bekam sie und musste vierzehn Tage lang das Bett hüten; man bezeichnete diese Krankheit neuartig als «Grippe», und sie glich völlig der Influenza. Als ich noch kaum gesund war, wurde ein großes Fest in der Villa gefeiert, ich glaube, ein Jubiläum der Villa selbst, denn zu diesem Zweck wurden vom Haus verschiedene photographische Aufnahmen gemacht, die unter den Gästen verteilt wurden. Auf einer schaue ich mit meiner Großmama aus dem Fenster, weil wir noch nicht ins Freie durften. Die übrige Familie wurde auf der Terrasse gruppiert. Einige Tage später durfte ich an einem Festzug mit Kostüm teilnehmen. Ich wurde als Elfenkönigin auf blumenbekränztem Wagen, von anderen Elfen und Kobolden umringt, durch den ganzen Garten gezogen und

---

[*] Luigi Gordigiani, 1806–1860, wegen seiner Liedkompositionen seinerzeit als *Lo Schuberto Italiano* gefeiert.

Ich war glücklich

geschoben, hatte ein weißwollenes Unterkleid an wegen der eben erst überstandenen Grippe, fühlte mich aber noch sehr schwach und war froh, als ich wieder in meinem Kinderzimmer war. Die nachfolgende Illumination und das Feuerwerk mussten ohne mich vonstattengehen.

1863 – Gegen Ende Sommer begann Urgroßvater, der nun dreiundachtzig Jahre alt war, sich schwächer zu fühlen; er war sehr korpulent geworden, litt an Blutandrang, musste öfters das Bett hüten. Unser Hausarzt Dr. Elb sah fast täglich nach ihm. Friedrich war sorgend um ihn bemüht; er erschien nur noch selten in den vorderen Zimmern, und eines Tages im Herbst setzte ein Schlaganfall seinem Leben ein Ende. Ich sah ihn noch kurz als Leiche; er war in seinem Schlafzimmer aufgebahrt und lag friedlich inmitten vieler Blumen aus dem Garten und den Treibhäusern. Mit ihm verloren wir alle das jederzeit liebevolle und gütige Haupt der Familie.

Zur Beerdigung kamen alle Söhne mit ihren Frauen und den älteren Kindern. Er wurde auf dem Trinitatis-Kirchhof begraben. Dann fanden Familienbesprechungen statt, deren selbstverständliches, aber für uns alle höchst betrübliches Resultat darin bestand, dass die Großeltern die Villa nicht allein halten konnten und der Verkauf deshalb beschlossen wurde. Das war sehr schmerzlich, aber nicht zu ändern. Auch das Haus an der Bürgerwiese wurde zum Verkauf ausgeschrieben.

Wir zogen nach dem Abschied von der heißgeliebten Villa Rosa noch einmal in die Stadtwohnung, harrend auf einen eventuellen Käufer. Derselbe fand sich bald: Baron von Kap-herr, welcher aus Petersburg nach Dresden zog und sehr reich war, kaufte das Haus mit allem Inventar. Der Baron war schon ein alter Herr, dessen Söhne in der Nähe Dresdens Güter besaßen, und er war froh, die schön eingerichteten Zimmer der ersten Etage beziehen zu können. Er sprach gleich den Wunsch aus, die Großeltern möchten wie bisher für geringe Miete unten bei ihm wohnen bleiben, und somit hatte sich für uns äußerlich wenig geändert.[*]

---

[*] Hermann Christian Freiherr von Kap-herr, so die verbürgte Schreibweise,

Erste Liebe und Belle Époque

Da er noch recht lebenslustig war, verkehrte er gern mit uns, und wir mussten oft zu ihm nach oben kommen; sogar die üblichen Aufführungen auf der Bühne bürgerten sich mit der Zeit bei ihm ein. Meine Mutter, wie gesagt, dichtete, und Tante Rose besorgte wie bisher das Übrige.

Die erste Gesellschaft Dresdens, darunter auch viele Künstler aus unserem Kreis, verkehrte beim neuen Besitzer, und ich wuchs allmählich als Backfisch in eine Phase hinein, in der man anfing, mir einige Aufmerksamkeit zu schenken; denn ich muss, ohne eitel zu sein, sagen, dass ich sehr hübsch geworden war. Ich war trotzdem schüchtern, wurde aber gerne beäugt und unterschied mich wohl auch durch mein dunkles, italienisches Äußeres von den anderen.

Im Winter 1865 besuchten uns zwei Künstler aus München, Ferdinand von Miller und Claudius Schraudolph. Sie waren beide meinem Großvater empfohlen worden, der ein Freund des Vaters, des Erzgießers von Miller, war. Dieser Sohn, zweiundzwanzigjährig, wurde Schüler des Bildhauers Hänel in Dresden, und Schraudolph war Maler, beide waren aber hauptsächlich zum Vergnügen nach Dresden gekommen.[*]

Das haben sie auch gründlich geschafft und dafür gesorgt, dass bald ganz Dresden mittobte und sich schließlich alles um diese beiden anziehenden jungen Männer drehte. Nicht nur, dass die Mädchen und jungen Frauen verliebt waren, alle Mütter und Väter schwärmten mit. Sie waren aber auch beide zum Verlieben, nicht nur sehr hübsch, besonders Miller, sondern auch unendlich liebenswürdig gegen jeden, ob alt oder

---

verkaufte 1869 das Stadtpalais an den Kölner Bankier Simon Oppenheim, merkwürdigerweise wohl nicht verwandt mit den Dresdner Oppenheims, welcher es seiner Tochter Emma von Kaskel schenkte, die mit dem Begründer der Dresdner Bank verheiratet war. Das Palais Oppenheim-Kaskel brannte 1945 aus, seine intakten Gemäuer wurden 1951 gesprengt.

[*] Die Münchner Delegation: Ferdinand von Miller, 1842–1929, eines der vierzehn Kinder des gleichnamigen Erzgießers. Er wurde Direktor der Akademie der Bildenden Künste in München; sein Bruder Oskar gründete das Deutsche Museum. – Johann von Schraudolph, 1808–1879, nazarenischer Kirchenmaler, der u. a. die Apsis des Doms von Speyer postbyzantinisch gestaltete.

Ich war glücklich

jung. Ich fing gehörig Feuer, und Ferdinand von Miller war meine erste große Liebe, die viele Jahre währte, wurde ihr durch das fast ständige Zusammensein mit den jungen Leuten doch reichlich Gelegenheit geboten, sich gründlich zu entfalten. Denn wenn ich auch noch nicht auf Bälle außer Haus ging, so wurden doch bei uns viele lustige Abende mit Tanz und Aufführung veranstaltet. Die beiden erschienen sogar uneingeladen bei uns, da sie sich mit Onkel Otto, der gleichaltrig war, befreundet hatten.

Dass im Winter wochenlang dick der Schnee lag, war nichts Seltenes. Schlittenfahrten waren gang und gäbe, auch die Droschken bekamen Kufen; Schlittenpartien in die Umgebung waren üblich. Aber eine so wilde Schlittenpartie, wie wir sie unter Millers und Schraudolphs Leitung unternahmen, war selbst für Dresden eine Sensation. Ungefähr fünfzehn bis zwanzig viersitzige Schlitten mit je zwei Pferden, mit Tannengrün und bunten Fähnchen geschmückt, versammelten sich vor unserem Haus, und die Familien verteilten sich auf die Gefährte. Im vordersten saß die Musik. Und nun erschien als Überraschung ein gutes Dutzend schwarzgefärbter Straßenjungen in bunter Livree (Millers eigenhändiger Entwurf), die auf die Pritschen der Schlitten plaziert wurden. Auf die Hochrufe der Menge hin setzte sich diese Schlittenkavalkade unter Schellengeläut und Musik endlich in Bewegung.

Die Partie führte durch den Großen Garten über Strehlen und andere Dörfer nach Lockwitz, einem größeren Ort mit gutem Wirtshaus. Das Schloß Lockwitz gehörte dem ältesten Sohn von Kap-herr. Überall, wo wir durchkamen, liefen die Menschen zusammen und freuten sich des lustigen Anblicks.

In Lockwitz war der große Tanzsaal für diesen Tag gemietet; nach ausgiebiger Kaffeetafel wurde bis spät am Abend getanzt. Inzwischen waren die Schlitten mit bunten Lampions geschmückt worden, die kleinen Mohrendiener bekamen brennende Fackeln, und das buntleuchtende Wunder sauste durch die einsame Schneelandschaft nach Haus. Konnte es eine schönere Winterfreude für verliebte junge Leute geben als diese Schlittenpartie?

Erste Liebe und Belle Époque

Am 12. April wurde Tante Käthe achtzehn Jahre alt, und da auch Großmama am selben Tag Geburtstag hatte, wurde dieser Tag alljährlich besonders akzentuiert gefeiert. In diesem Jahr wurde ein größerer Ball gegeben, auch wohl zu Ehren der Münchner, und der Geburtstagstisch von Tante Käthe war ihnen zu Ehren mit einem reichen Cotillon in den bayerischen Farben blau-weiß geschmückt.

Ein Cotillon war damals der Hauptschlusseffekt jedes Balles und dauerte oft länger als eine Stunde; es kam darauf an, wie die Paare sich zusammenfanden, da dabei eine stille Neigung sehr berücksichtigt wurde.* Manches junge Mädchen war hochbeglückt, aber manche kämpften mit den Tränen, wenn der Richtige nicht kam. Und so war es auch bei den unzähligen Touren und Drehungen, wo man seine Neigung zeigen konnte, wie bei der Damenwahl. Man saß paarweise rings im Kreise, und in der freien Mitte des Saales spielten sich die einzelnen Touren ab, die oft viel Heiterkeit erregten. Erst ganz zum Schluss kam die Blumentour; immer nur zwei Paare durften aufstehen, sich die in der Saalmitte aufgestellten Sträuße und Orden holen und bringen und sich dann einige Male drehen. Ich durfte natürlich an diesem Abend aufbleiben und mittanzen und war selig, wenn mein Freund Miller mich aufforderte.

* Üblicherweise: weiß-blau. Im sprühenden Genuss fand sich hier zweierlei mit dem französischen Namen *Cotillon* zusammen, der Tischschmuck aus Luftschlangen sowie der Tanz.

Gartenfreuden in Elb-Florenz

Meine Großeltern hatten den Plan gefasst, als Ersatz für den Sommeraufenthalt in der Villa Rosa sich in Dresdens Umgegend ein eigenes Landhaus von mäßiger Größe zu kaufen. Großvater nahm mit der ihm eigenen Energie die Sache in die Hand, und sobald es das Wetter erlaubte, zog er fast täglich in die Umgegend nach Loschwitz, Wachwitz, Pillnitz, Blasewitz auf der Suche nach einem geeigneten Fleckchen nach unserem Geschmack, denn einladend musste es allerdings sein.

Da kam er eines Tages strahlend nach Hause: Er habe das Gesuchte gefunden und für eine vorläufig verhältnismäßig billige Miete. Das war unser späteres Loschwitz. Es gehörte einem Fräulein von Münchhausen, ich glaube, eine Nichte des berühmten Schriftstellers von Münchhausen, und in den nächsten Tagen fuhren wir alle hinaus, um den eventuell künftigen Besitz zu inspizieren.[*]

Wie soll ich den Eindruck schildern? An der Straße nach Wachwitz lag ein altes, sehr verfallenes, vornehmes Haus mit hohem rotbraunen Dach. Eine Rampe führte vor die Haustür; eine dicke alte Linde beschattete die eine Hälfte des Hauses, und halbgeschlossene Jalousien hingen schief vor den Fenstern. Keine war offen, alles still und marode. Wir schellten. Ein blechernes Scheppern – dann endlich das vorsichtige Öffnen der Tür und eine kleine verhutzelte Dienerin mit rätselnder Miene. Die zahlreich erschienene Familie voller Leben war wohl arg außergewöhnlich an diesem einer fernen Vergangenheit angehörenden Ort.

---

[*] Die Lügengeschichten werden zwar Hieronymus Carl Friedrich Freiherr von Münchhausen zugeschrieben. Ihre bekanntesten Fassungen stammen jedoch von dem Gelehrten Rudolf Erich Raspe und dem Dichter Gottfried August Bürger.

Gartenfreuden in Elb-Florenz

Als der Großvater seinen Namen nannte, fing sie an zu begreifen und führte uns die altmodische Steintreppe hinauf. Schon durch die Treppenfenster spähten wir neugierig in den alten, wunderbaren, verwilderten, den Berg erklimmenden Garten. Dann kamen wir in das Hauptzimmer, durch die geschlossenen Jalousien dämmrig und durch die Wärme des grünen Ofens sehr muffig, aber doch so originell, weil es eben einer längst entschwundenen Welt zugehörte. Im Hintergrund dieses Zimmers saß vor einer großen, mit grünen Läden fest verschlossenen Balkontüre in einem tiefen Lehnstuhl eine vornehme, uralte, zierliche Dame mit freundlichem Gesicht, sie mochte nahe an neunzig Jahre alt sein, und ergriff gleich das Wort; sie schien geistig noch sehr rege, denn sie wusste gut Bescheid über den möglichen Ankauf des Hauses, in welchem wir ja fürs Erste nur zur Miete wohnen wollten. Der Abschied von dieser alten Stätte schien ihr schwer zu werden, aber die Verhältnisse und vor allem der noch auf seinem Erbschloss wohnende Neffe zwangen sie dazu. Sie erzählte mit feiner Stimme von ihrer Jugend und wie sie miterlebt hatte, dass dieses Haus eingerichtet wurde, und es für sie so ausgesehen hatte, als ob die goldenen Sterne nur so an die Decke geflogen wären. In diesem Zimmer war nämlich die gewölbte Decke als blauer Himmel mit goldenen Sternen gestrichen, dessen Abschluss zur Wand hin bunte Blumengewinde bildeten; auch die Tapete war geblümt, nur leider alles gänzlich verfallen; alle Blüten und Sterne blätterten ab; aber das Ganze war doch ein vollkommenes Abbild einer vornehmen versunkenen Kultur. Während nun die Großeltern die geschäftlichen Dinge mit dem alten Fräulein besprachen, entfernten wir Kinder uns, um den Garten in Augenschein zu nehmen. Über eine kleine Brücke, die den Hof überwölbte, ging man von der ersten Etage aus direkt in den Garten, der steil mit schmalen Treppen durch ungeschnittene Wiesenabhänge zu einem altmodischen Pavillon, von zwei hohen Pappelbäumen beschattet, hinaufführte. Oben auf dem Plateau breitete sich eine Wiese aus, das heißt, es war ein fast undurchdringliches, goldgelbes Gewoge von schier haushohem, nie gemähtem Gras, gemischt mit zahllosen bunten Feldblumen, zwischen denen wilde Kaninchen

Ich war glücklich

aufschreckten und unzählige Schmetterlinge flatterten und Bienen schwärmten.

Wir stürzten uns jauchzend in diese sonnige Wildnis hinein und meinten, es wäre eine richtige Prärie, ein Name, den unsere Wiese für immer behielt, auch als sie später grün und kultiviert war. Ich hätte sie lieber in ihrem Urzustand behalten. Ein bewaldeter Park mit schmalen Pfaden auf und ab umschloss diese Wiese, und das gesamte Grundstück war wie ein Keil eingebettet in den umfangreichen königlichen Besitz, der damals von Prinzessin Amalie, der Schwester des Königs Johann, bewohnt war. Die Grenze ringsum bestand nur aus einer Hecke, durch die man bequem hindurchschlüpfen konnte.

Von diesem Tage an ging Großvater fast täglich hinaus und versuchte mit Hilfe eines sehr tüchtigen Gartenarchitekten, Delorme, Ordnung in diese himmlische Wildnis zu bringen. Fräulein von Münchhausen war zu ihrem Neffen gezogen, wo sie bald darauf starb.

Über die Seligkeit, mit der wir diesen einzigartigen Sommersitz bezogen, brauche ich wohl kaum etwas zu sagen. Alle Freunde von nah und fern, Familie Hettner, kamen und staunten und freuten sich mit uns. Auch die jungen Galane Miller und Schraudolph bezogen zum Sommer ein Bauernhaus in Loschwitz, und das heitere Leben des Winters setzte sich in verstärktem Maße im Sommer fort.

Von der Obstfülle eines solchen umsorgten Loschwitzer Wein- und Obstberges kann sich kaum jemand eine Vorstellung machen, der es nicht erlebt hat. Der sandige Boden der Weinberge, die nach Norden geschützt sind, ist derart ertragfähig, dass zwischen den Weinstöcken Erdbeeren wuchsen, famose Weinbergerdbeeren; dazwischen gediehen Pfirsich- und Aprikosenbäume, die oft so viele Früchte trugen, dass die abgefallenen Pfirsiche als Kuhfutter benutzt wurden, weil der Lohn für das Pflücken höher war als der Wert der Früchte. Zur Erdbeerzeit wurde nach Berlin hin eine Erdbeerbörse eingerichtet, wo die Züge anhielten, um die vollen Körbe in Empfang zu nehmen.

Der Sommer 1865 verlief besonders gesellig dank der beiden turbulenten Münchner. Sie planten eine Kahnpartie, natürlich unterstützt

Gartenfreuden in Elb-Florenz

von allen Eltern, die im Stillen für irgendeine Tochter eine Verlobung mit einem der jungen Leute erhofften. Wie vordem im Winter die Schlitten waren nun zehn bis zwölf Nachen bestellt und mit bunten Lampions geschmückt. Die Abfahrt erfolgte in Loschwitz: der Nachen mit der Musik voran, im zweiten Nachen ein Gesangsquartett, an dem auch ich und meine musikalische Freundin Helene Hottenroth teilnahmen. Die jungen Mädchen waren alle in weißen Kleidern, zum Teil mit blauweißen Schleifen verziert. Ungezählte Proviantkörbe für das Picknick auf der Pillnitzer Insel waren gefüllt. Unsere Köchin Amalie hatte ihre begehrte Spezialität Mürbekuchen in Mengen gebacken.

So, mit allem gewappnet, fuhren wir auf der stillen Elbe. Wir passierten Tolkewitz und Zschachwitz, auch am Keppschloss vorbei ging es bis zum Pillnitzer Schloss, vor dem unser Ziel, die Insel, mitten im Strom lag, umsäumt von alten hohen Weiden. Wir legten an. Inmitten der alten Weiden lag nur eine große Wiese, kaum sichtbar von den Ufern, aber darum umso romantischer. Alles wurde ausgepackt, die Plaids auf dem Boden ausgebreitet. Dann lagerten wir uns, tranken den am offenen Feuer bereiteten Kaffee und Tee, und es wurden Reden in Prosa und in dichterischer Form gehalten. Freund Miller hielt eine besondere Ansprache auf die Mürbekuchen, dann spielte die Musik, und wir tanzten auf dem etwas holprigen Wiesenboden. Allmählich ging der Vollmond auf, und es wurde immer zauberhafter. Da aber die Wiese anfing feucht zu werden und Nebel aufstiegen, drängten die ängstlichen Eltern auf Abfahrt. Die Lampionkerzen wurden angesteckt, und im silbrigen Mondscheinzauber glitten unsere Gondeln, da es stromab ging, schnell dahin. Bei Zschachwitz und Tolkewitz wurden die dort wohnenden Freunde abgesetzt, und unsere Landung beschloss den unvergesslichen Tag.

Eine Art von Rudelbildung umherschweifender, nach Inspiration und nach Aufträgen suchender junger Künstler und Idealisten scheint gang und gäbe gewesen zu sein.

Ich war glücklich

Im Laufe des Sommers waren aus München noch andere Künstler eingetroffen, die unseren Kreis ergänzten: der Maler Piloty und ein noch ganz unbekannter und sehr hübscher junger Maler, Bruno Piglhein, der recht still und schüchtern war und sich meist zu uns Jüngsten gesellte. Später ist er durch ein imposantes Panorama, die *Kreuzigung*, sehr bekannt geworden.*

Inzwischen hatte ich auch Klavierstunden bekommen, zuerst bei Fräulein Böttcher, später bei Frau Sara Heinze, einer exzellenten Bach-Spielerin; sie gab Konzerte und wurde auch namhaft durch die Herausgabe einiger Sammlungen Bachscher Cembalostücke mit neuem Fingersatz. Ich musste zu diesen Stunden ein- bis zweimal wöchentlich mit dem Dampfschiff um neun Uhr früh in die Stadt fahren. Bei gutem Wetter war es eine reizende Fahrt von fast einer Stunde, und bisweilen hatte ich das Glück, gemeinsam mit Miller zu fahren, der sich oft zu mir setzte. Sehr häufig fuhr auch der damals schon weißhaarige Maler Ludwig Richter mit; er lebte ganz bei seinem Schwiegersohn Kretschmar, der oben auf dem Berg mit einer vielköpfigen Familie ein Bauernhaus bewohnte. Richters Zeichnungen stammen fast alle aus der Loschwitzer Gegend. Sein stets freundlicher Gruß ist mir haften geblieben**.

Im Herbst bedeutete es einen tiefen Schmerz für alle, die ihr Herz an Ferdinand Miller und Claudius Schraudolph verloren hatten, dass

---

* Malerdynastien hatten sich vielfach herausgebildet. Unklar, welches junge Talent die Dresdnerinnen entzückte: entweder Carl Theodor von Piloty, 1826–1886, oder sein Bruder Ferdinand von Piloty, 1828–1895, Söhne des Malers Ferdinand Piloty, 1786–1844. Von ihren Historienwerken bleibt Carl Theodor von Pilotys *Der Astrologe Seni vor der Leiche Wallensteins* in der Münchner Neuen Pinakothek in seiner Weise meisterlich. Unter den Gemälden Ferdinand von Pilotys ist *Ludwig II im Krönungsmantel* zu einer Ikone des Märchenkönigs geworden.
Bruno Piglhein, 1848–1894. Sein monumentales Rundbild *Kreuzigung* verbrannte 1892 in Wien. Gleich große Kopien befinden sich in der Schweiz und in Kanada.
** Ludwig Richter, 1803–1884, weithin geschätzter Maler und Illustrator insbesondere von Märchen der Spätromantik und des Biedermeier.

die beiden Lieblinge Dresdens wieder nach München zurückmussten.* Viele Versprechen von Besuchen hin und her und auch in München wurden gegeben, die zum Teile, wenigstens von uns, auch eingelöst wurden.

Geraume Zeit später wurde mit der Einrichtung der Kettenschiff-Fahrt auf der Elbe begonnen: An einer im Fluss versenkten Kette entlang zogen Schleppkähne die Frachtkähne von Böhmen bis Hamburg eine nahezu siebenhundert Kilometer lange Stromstrecke. Die Steigerung der Transportmengen war immens. Der Qualm aus Kahnschloten muss dick und der Lärm in Ufernähe ohrenbetäubend gewesen sein – die Zeit beschaulicher Flusspartien war endgültig vorbei.

* Angesichts sämtlicher offenbar unerfüllter Frauenwünsche scheint die Frage auf, ob die beiden turbulenten Ästheten sich nicht selbst genügten und vielleicht ein Verhältnis miteinander pflegten.

Krieg

«Mit klingendem Spiel und fliegenden Fahnen zog am 16. Juni ein sächsisches Regiment durch die Straßen von Dresden. Die Regierung des Königreichs Sachsen hatte sich, wie bekannt, in dem bevorstehenden Kampfe auf die Seite von Österreich gestellt, und die sächsischen Krieger gingen, gehorsam dem Befehle ihres Landesherrn, entschlossen – wenn auch nicht immer freudigen Muthes – den drohenden Gefahren entgegen, die eine ernste Zukunft wie in gewitterhafter Schwüle dem menschlichen Blicke noch verhüllte.»

Die Gartenlaube, 1866, Heft 30

Im Sommer 1866 hatte sich die Zwietracht zwischen Preußen und Österreich um die Vormachtrolle im Deutschen Bund zugespitzt.

Nach dem für Preußen und Österreich siegreichen Krieg gegen Dänemark von 1864 waren die Streitigkeiten bei der gemeinsamen Verwaltung von Schleswig und Holstein zwischen Berlin und Wien immer heftiger geworden.

Bereits bei der Gründung des Deutschen Zollvereins, der eine Zone zunehmender Prosperität umfasste, hatte Preußen das kaiserliche Österreich aus dem Verbund auszuschließen verstanden. Berlin drängte auf ein einheitlicheres, effizientes Kleindeutschland unter preußischer Führung und ohne die multinationale Ländermasse des Habsburgerreichs. Der Meinungszwiespalt zwischen Befürwortern und Gegnern solcher Neuordnung in Mitteleuropa verlief quer durch Staaten und Familien. Für viele bedeutete die Vision einer Trennung von Österreich und Deutschland den Bruch aller bisherigen und fraglosen Verbundenheit.

Krieg

Um Frankreichs Neutralität zu erwirken, versprach Preußen dem französischen Kaiser Napoleon III. unter anderem Luxemburg. In einem Geheimvertrag verbündete sich Preußen mit dem jungen Königreich Italien, das im Kriegsfall das zu Österreich gehörende Venetien besetzen sollte.

1866 marschierten preußische Truppen ins österreichisch verwaltete Holstein ein. Österreich beantragte daraufhin beim Deutschen Bund in Frankfurt die Mobilisierung der Bundestruppen gegen das vertragsbrüchige Preußen, das wiederum den Deutschen Bund, einschließlich Österreichs, des Verfassungsbruchs bezichtigte. Die Kriegsparteien eines im Grunde deutsch-deutschen Kriegs hatten sich formiert. Zu Preußen standen mitteldeutsche Fürstentümer, die Hansestädte, die beiden mecklenburgischen Großherzogtümer. Österreich konnte auf Sachsen, Hessen, Württemberg zählen. Bayern lavierte. Recht klug verbündete sich erst nach dem Ende der Kampfhandlungen das Fürstentum Schwarzburg-Sondershausen mit Preußen. Liechtenstein schied alsdann aus dem deutschen Staatswesen aus.

Im Juni 1866 marschierten preußische Militärkolonnen ins gegnerische Sachsen ein, um sodann wahrscheinlich in Böhmen die Entscheidungsschlacht mit Österreich zu erzwingen. Die preußische Infanterie war mit dem neuartigen schnellen Zündnadelgewehr ausgerüstet.

Else Rethel war dreizehnjährig. Ihre Familie stand offensichtlich, vielleicht auch durch die zahlreiche Berliner Verwandtschaft, im Banne Bismarcks.

Schon seit längerer Zeit sprach man von einem politischen Konflikt zwischen Preußen und Österreich; aber ich will keine historische Schilderung dieses Krieges geben, die kann jeder in den Geschichtsbüchern lesen; ich will nur erzählen, was wir in Dresden und im eigenen Haus, als Feinde Sachsens, erlebten.

Es war im Frühjahr 1866, als schon allgemein die Rede davon war, dass Preußen und Österreich Differenzen hätten, und in Sachsen war man ganz auf Seiten Österreichs, und der Hass auf Bismarck war

Ich war glücklich

allgemein, vor allem geschürt durch den intriganten und wenig beliebten, aber sehr raffinierten Minister Beust. Dieser trieb die sächsische Regierung in die Hände Österreichs, und es blieb König Johann und seinen Söhnen Albert und Georg nichts anderes übrig, als, nachdem die offizielle Kriegserklärung proklamiert war, mit seinem Heer die offene Stadt Dresden zu verlassen, um sich mit den Österreichern zu vereinigen.

Damit war die Gefahr, dass es in Dresden zu einer Schlacht kommen könnte, allerdings abgewendet, aber es machte doch einen kläglichen Eindruck, den ich nie vergessen werde, als in strömendem Regen König Johann und die stolzen Prinzen an der Spitze ihres Heeres bei uns an der Bürgerwiese vorbeiritten, gefolgt von der gesamten Garnison Dresdens. Es hat wohl selten einen weniger kriegerischen König gegeben als den guten, sympathischen und durch und durch dichterisch und künstlerisch begabten Johann von Sachsen.

Nun war Dresden gänzlich jedes militärischen Schutzes entblößt. Eine sogenannte Bürgerwehr wurde zusammengetrommelt, bestehend aus Freiwilligen jeglichen Standes; sie bekamen eine Militärmütze auf und eine weiße Binde um den Arm, und wir sahen täglich vom Fenster aus zu, wie diese lächerlich wirkende Schar auf den Wegen der Anlagen in kleinen Trupps von zehn bis zwanzig Mann für einen Kampf gedrillt wurde.

Es verbreiteten sich nun die phantastischsten Gerüchte in der Stadt von dem Anrücken der Österreicher, welche die Preußen schon in der Stadt vermuteten.

So eilte eines Morgens Onkel Kummer aufgeregt zu uns mit der Nachricht, die Österreicher hätten bereits die Loschwitzer Höhen eingenommen, auf Filzschuhen, um nicht gehört zu werden, und ihre weißen Uniformen mit dunklen Mänteln umhüllt. Sie müssten gleich anrücken. Unser Portier August erzählte in höchster Aufregung, die Kugeln flögen schon in die Stadt hinein und die Wiener Straße, wo Hettners wohnten, liege in der Schusslinie, wir sollten doch Hettners zu uns ins Haus nehmen.

Krieg

Wir hörten zwar kein Schießen und sahen auch keine Kugeln fliegen, aber der Umzug zu uns erfolgte doch in dringlichster Eile. Trotz alledem lag das gute Dresden ruhig und friedlich, beschirmt von der tapferen Bürgerwehr, im hellen, warmen Sonnenschein, kein Preuße und kein Österreicher ließ sich blicken.

Wir konnten natürlich nicht nach Loschwitz entweichen, und so lebten wir in gewohnter Weise, gingen mit Emmy spazieren, passierten oft die Bürgerwehr und badeten täglich in der Elbe. Die Badehäuser lagen unterhalb der Brühlschen Terrasse, und man musste mit der Gondel übersetzen.

Da – eines Tages, gerade als wir mit dem Baden fertig waren und auf die Gondel warteten – sahen wir auf der großen Brücke, welche die Neustadt mit der Altstadt verbindet, ein aufgeregtes Hin- und Herlaufen der Menschen und dazwischen einen Trupp Preußen daherstürmen, also die ersten Feinde. Gleichzeitig stürmte *en pleine carrière* auch von anderen Stadtteilen her preußische Kavallerie in kleinen Trupps heran, um zu rekognoszieren, ob sie auf Widerstand stoßen würde.[*] Aber nichts regte sich in der Stadt; die Bürger besahen neugierig den Feind; dieser wirkte angenehm überrascht, und es dauerte nicht lange, und der Avantgarde folgten die weiteren Truppen des preußischen Heeres nach, und bereits am Nachmittag war ganz Dresden vom Militär besetzt, immer noch in Erwartung eines möglichen Widerstandes der Österreicher, die schon beim Großen Garten stehen sollten. Man erwartete unbedingt eine Schlacht. Unsere Straße, die doch die direkte Verbindung zwischen dem Großen Garten und den Dörfern in Richtung Böhmen war, bildete abermals eine Hauptverkehrsader für das ganze Heer zum eventuellen Kriegsschauplatz, und da man einen Angriff befürchtete, parkierte die Artillerie die ganze Nacht hindurch, marschmäßig ausgerüstet, vor unseren Fenstern.

---

[*] *En pleine carrière*: in gestrecktem Galopp. Die Augustusbrücke, das Nadelöhr des Dresdner Verkehrs, war mit Minen zur Sprengung vorbereitet worden.

Ich war glücklich

Die Soldaten auf den Pferden vor den Kanonen harrten unbeweglich im Sattel und durften nicht absitzen. Sie freuten sich, in uns Preußen zu finden, und wir versorgten sie die Nacht hindurch mit Essen und Trinken. Als der Morgen dämmerte und kein Angriff erfolgt war und die Nachrichten beruhigender klangen, durften die Kavalleristen absitzen und in unserem großen Hof und Stall sich waschen und bei uns frühstücken.

Ein General und mehrere Offiziere wurden von den Großeltern eingeladen und nahmen auch bei uns das Frühstück mit großem Dank an. Dann setzte sich der Tross in Bewegung und zog hinaus zum Großen Garten, wo ein regelrechtes Feldlager mit Zelten etc. auf den weiten Wiesen errichtet wurde. Es bildete eine Sehenswürdigkeit für die Dresdner, die scharenweise hinauspilgerten, sich die Feinde zu besehen.

Inzwischen wütete der Krieg in Österreich und Böhmen; Sachsen blieb unversehrt, nur musste es sich die preußische Besatzung für zwei Jahre gefallen lassen. Das Schmerzlichste für uns war, dass Onkel Otto gleich nach der Mobilmachung nach Berlin musste, eingekleidet wurde und auf den Kriegsschauplatz zog. Er schrieb uns regelmäßig, machte die Schlachten mit, vor allem die Schlacht bei Königgrätz, und hat sogar im Feuer des Waldes bei Sadowa gestanden. Er blieb unverwundet und kehrte Ende Sommer, als wir wieder in Loschwitz waren, zurück, freudigst begrüßt von der ganzen Familie. Die Gräuel des Krieges sind uns damals nicht so gegenwärtig gewesen und vor Augen gestanden, wie heutzutage nach dem großen, hoffentlich letzten Kriege, und meine Ansicht ist in diesem Augenblick diese: Ob Preußen oder Österreicher, ob Deutsche oder Franzosen, ob Sieger oder Besiegte, ganz gleich – das systematische Töten einander gegenüberstehender Menschen auf Kommando ist das niederträchtigste Verbrechen auf der Erde, und ich hoffe, dass sich nie wieder Menschen finden werden, die sich dazu erniedrigen lassen.

Krieg

«In langen Colonnen fuhren die Verwundeten auf gewöhnlichen landwirthschaftlichen und in Lazarethwagen an uns vorüber; die Leichen wurden auf Frachtwagen nach ihren Ruhestätten geschafft und lagen in ihren verschiedenen Uniformen hoch aufgeschichtet bis über die Leitern hinaus. Die Felder zu beiden Seiten waren mit Tausenden von Laubhütten bedeckt, in denselben hatten die österreichischen Jäger und Infanterie den Angriff abzuhalten gesucht. Der Wald war von Kartätschen so verwüstet, als wären die alten Fichten und Kiefern von einem furchtbaren Hagelwetter zerschmettert worden. Chausseegräben und Felder waren bunt übersät mit Leichen von Menschen und Pferden, Tornistern, Helmen und Käppis, mit Kochgeschirren, Bajonetten und Seitengewehren, mit Granaten, Zündnadelgewehren und österreichischen Büchsen – das Alles bunt durch- und übereinander. Furchtbar muß der Zusammenstoß im Gehölz an der Schanze bei Chlum gewesen sein. Hier häuften sich die Leichen auf bedeutenden Strecken oft so dicht, daß man beim Gehen Acht geben mußte, um nicht auf sie zu treten. An dieser Stelle lag ein österreichischer Jäger im Graben, in der linken Hand die Büchse mit dem gespannten Hahn, in der erhobenen rechten zwischen Daumen und Zeigefinger noch das vierfach geschlitzte Zündhütchen zum Aufsetzen, das ich mir zum Andenken mitnahm. Sämtliche Leichen hatten die Augen geöffnet, oft harte Brodstückchen in den Händen und meist wilde schmerzverzerrte Gesichtszüge. Sammt und sonders aber waren sie ausgeplündert, alle Taschen waren umgedreht und hingen noch heraus. Die Portemonnaies und Notizbücher waren geleert und lagen regelmäßig geöffnet neben ihren ehemaligen Besitzern, die Uniformen und Beinkleider waren aufgerissen, damit auch die auf bloßem Leibe befestigte letzte Barschaft gestohlen werden konnte; jeder Tornister war geöffnet, reine Wäsche, das Rasirzeug, Gebetbücher, Kleider, Nähzeug, Instructionsbücher, Patronen, Packete etc. wurden als werthlos zerstreut; selbst Revolver und Feldgläser im Futteral habe ich noch neben Officiersleichen liegen sehen, aber keinen zugeschnallten Tornister und selten eine Tasche bemerkt, die nicht umgekehrt heraushing.»

Schlesischer Gutsbesitzer nach der Schlacht von Königgrätz

Ich war glücklich

Ankunft von Verwundeten in Dresden 1866

«Bitte an edle Menschenfreunde. Unser Sohn, Friedrich Rühmland, Gefreiter bei der zweiten Compagnie des sechsundzwanzigsten Infanterie-Regiments, viertes Armeecorps, siebente Division, ist in der Schlacht von Königgrätz, wie es heißt, im Rücken verwundet worden, bis heute haben wir aber noch keine Nachricht von ihm. Wir sind über sein Verschwinden untröstlich und bitten Alle, die von seinem Leben oder seinem Tode Kenntniß haben, uns ungesäumt hiervon Nachricht geben zu wollen. Kosten werden wir gerne erstatten.»

Die Ackermann-Rühmland'schen Eheleute
zu Hohenwarthe bei Burg (Zeitungsanzeige)

Die sächsischen Familien benahmen sich zum Teil sehr kleinlich und feindsinnig; eine uns nahe befreundete Familie mit mehreren Töchtern ließ bei jeder Einladung anfragen, ob preußische Offiziere zugegen wären, dann kämen sie nicht. Bismarck war für alle das rote Tuch!

Krieg

So erlebten wir folgende Geschichte: Eines Tages waren einige Damen zum Tee bei uns; es war die Rede davon, dass die Cholera, die durch den Krieg in Berlin eingeschleppt worden war, nun auch irgendwo in Sachsen aufgetreten sei. Da sagte eine der Damen ganz indigniert, Bismarck habe die Cholerakranken absichtlich nach Sachsen geschickt, und als wir darüber lachten, rief sie noch indignierter: «Na, Sie meinen wohl, die Berliner wollen die Cholera behalten!»

Durch den Frieden von Prag wurde der Deutsche Bund aufgelöst. Er wurde durch den preußisch dominierten Norddeutschen Bund, ohne Österreich, ersetzt. Preußen erhielt – neben einer österreichischen Kriegsentschädigung von vierzig Millionen Talern – das Königreich Hannover, dessen Armee unter seinem blinden König Georg V. und dessen Generalstab bei Langensalza besiegt worden war. Darüber hinaus fielen Lauenburg, Schleswig und Holstein an Preußen.

Den Fortbestand Sachsens konnte Österreich durchsetzen.

Die von Bismarck in Aussicht gestellten Territorien erhielt das neutral gebliebene Frankreich nicht.

Italien blieb im Besitz des annektierten Venetiens.

Intermezzo Bavarese

Im Sommer 1867 reisten wir wieder nach Gastein, nachdem zwei Jahre lang die Kur von den Großeltern nicht gebraucht worden war. Eine wundervolle Tagestour nach Berchtesgaden und zum Königssee wurde unternommen; ich saß wie immer auf dem Bock, und es war auf dem Rückweg, als plötzlich aus dem Walde ein alter Jäger in fast zerrissenem Rock, sehr hässlich, mit einer Art Geschwulst auf der Stirn, hervorkam und mein Großvater plötzlich die Wagen anhalten ließ und in ehrerbietigster Haltung, mit dem Hut in der Hand, auf diesen Greis zuschritt; wir mussten alle aus dem Wagen steigen, ich sogar vom Bock hinunter, und wurden ihm vorgestellt: Es war der alte König Ludwig I. von Bayern, den Großvater schon lange kannte von Porträtaufträgen her. Königlich wirkte er nicht, aber doch sehr liebenswürdig.*

Auf der Rückreise blieben wir in München, um den versprochenen Besuch bei Familie von Miller zu machen. Wir wohnten wie immer im Bayerischen Hof, wo uns Ferdinand gleich am ersten Tag besuchte und eine Einladung zu seinen Eltern, die sich in ihrer Villa am Starnberger See aufhielten, überbrachte. Gleich am ersten Tag führte er uns in die Königliche Erzgießerei seines Vaters, wo wir von diesem und einigen seiner vielen Brüder, Fritz und Oskar, empfangen und umhergeführt wurden. Hier war in mehreren Teilen, Kopf, Leib und Löwe, die Bavaria gegossen worden, deren Erschaffung in solcher Dimension sich kaum mehr vorstellen ließ.**

---

* König Ludwig I. von Bayern, 1786–1868, hatte nach seiner Affäre mit Lola Montez im Revolutionsjahr 1848 abgedankt.
** Seit der Antike nach dem Entwurf von Ludwig Michael von Schwanthaler die

Intermezzo Bavarese

Da die Einladung für den Nachmittag des nächsten Tages war, holte uns Ferdinand schon am Vormittag bei herrlichstem Wetter ab und fuhr mit uns nach Feldafing, wo wir in dem reizenden über dem See gelegenen Gasthaus zu Mittag aßen. Es war ein heißer Tag, und langsam zogen einige Gewitterwolken herauf, die wir, und besonders unser Gastgeber, sorgenvoll betrachteten, denn er hatte zwei offene Nachen bestellt, die uns am Nachmittag zur Villa seiner Eltern bringen sollten. Eine andere Verbindung nach dort gab es nicht, da damals noch keine Dampfschiffe fuhren und auch an Wagen nicht zu denken war. Es wurde trüber und trüber, und trotzdem mussten wir uns schließlich doch den Nachen anvertrauen und fuhren los.

Aber bald rollte der Donner, und die Blitze zuckten und ein Wolkenbruch ergoss sich über uns. Da es anfing, etwas gefährlich für uns zu werden, legten wir an einer bewaldeten Stelle an und flüchteten unter die Bäume, denn auch unsere Kleidung war nicht auf dieses Unwetter eingerichtet. Trotzdem behielten wir den Mut und die Fröhlichkeit, schon aus Rücksicht auf unseren Ferdinand Miller, der sich diese Fahrt so schön ausgedacht hatte. Ich war glücklich, ob es regnete oder nicht. – Ich war verliebt.

Als der Regen nachgelassen hatte, stiegen wir wieder ein in die nun vollkommen nassen Nachen und landeten bald, aber sehr verspätet und in trostloser Verfassung am Garten der Villa. In dieser Weise eine uns zum größten Teil noch fremde Familie kennenzulernen, war reichlich eigentümlich, aber gerade dieses Missgeschick, an dem niemand schuld war, brachte uns sofort in eine zwanglose und gemütliche Stimmung.

Man führte uns zuerst in die Schlafzimmer, wo wir uns der nassen Kleider und Schuhe entledigten, und dann suchten die Schwestern unter vielem Gelächter aus den Kleiderschränken Mögliches und Unmögliches heraus, mit dem wir notdürftig bekleidet wurden, und als wir

erste rein bronzene Kolossalstatue, für die auch erbeutete türkische Kanonen eingeschmolzen wurden und an der Ferdinand von Miller und seine Werkstatt fünfzehn Jahre lang arbeiteten.

Ich war glücklich

endlich in dieser Maskerade unten an dem reich besetzten Kaffeetisch erschienen, war des Gelächters kein Ende, und so schloss dieser Tag trotz Unwetters in der schönsten und freundschaftlichsten Weise.

Für den anderen Tag hatte mir Ferdinand versprochen, mich mit seinem kleinen zweisitzigen Wagen mit einem Pferd, den er selbst lenkte, zu einer Spazierfahrt abzuholen; er kam auch, und ich war mehr als bereit dazu; aber – aber – man sprach ein Machtwort und fand es nicht passend, dass ich allein mit ihm fuhr. So förmlich gab man sich damals! Ich stand, mit Tränen kämpfend, am Fenster und sah ihn abfahren. Ich habe ihn nie wiedergesehen.

Damen bei Flut und einiges Leid

Borkum wurde nach Norderney das zweite deutsche Nordseebad. Die Anreise gestaltete sich um 1830 noch recht aufwändig: «Sie reisen am besten mit dem auf dem Rhein fahrenden Dampfschiff nach Rotterdam, von dort nach Amsterdam zu Lande; von Amsterdam fährt dreimal wöchentlich ein Dampfer über die Zuidersee nach Harlingen, von wo man dreimal täglich durch Wagen oder Zugschiffe nach Groningen oder Delfzijl gelangen kann. Von hier fahren täglich Schiffe nach Emden, von da kommt man mit dem Wagen nach Norden und Norddeich.»

Seit 1852 erreichte man von Bremen aus mit der Schnelldroschke und sechs Pferdewechseln in knapp zwanzig Stunden die Bade- und Inhalationseilande. Landschaften, Küsten ließen sich noch einigermaßen ruhig wahrnehmen. Die Welt wirkte größer, ja wie unermesslich.

Bald nahm die Westhannoversche Eisenbahn ihren Betrieb auf.

Bald nachdem wir zurück waren, erhielt Mama aus Düsseldorf die Anfrage, ob sie sich mit mir einer Reise nach dem Seebad Borkum, welche Rethels zu ihrer Erholung unternahmen, anschließen wolle. Es waren lange Überlegungen; für Mama wurde das Seebad für gut befunden, aber für mich fand man die nochmalige Unterbrechung meines Unterrichts nach der langen Reise überflüssig; besonders legte Emmy Roquette ihr Veto ein, und so musste meine arme Mutter, die mich liebend gern mitgenommen hätte, allein reisen. Sie war eben daran gewöhnt, nicht selbständig handeln zu dürfen. Meine Mutter, die die Nordsee zum ersten Mal sah, schrieb begeisterte Briefe. Nur zum Schluss ihres Aufenthalts ereignete sich dort ein Zwischenfall, der fast ein schlimmes

Ich war glücklich

Ende genommen hätte. Ich kann ihn nur aus den Erzählungen Mamas wiedergeben:

Eines Tages waren Mama und noch einige andere Düsseldorfer Damen wie üblich nach dem Baden noch längere Zeit am Strand spazieren gegangen, Mama, wie meistens, Muscheln suchend. Es herrschte gerade Ebbe, und sie flanierten auf einem langen, schmalen Streifen dicht am Meer entlang, eifrig ins Gespräch vertieft und nicht darauf achtend, dass mittlerweile die Flut eingesetzt hatte. Da der Strand nicht eben war, sondern viele tiefe Löcher hatte, füllten sich diese langsam mit Wasser, und auch die Stelle, wo der Streifen sich mit dem Strand verband, war bald überschwemmt, und als die fünf oder sechs Damen nach Hause gehen wollten, da es Essenszeit war, entdeckten sie plötzlich, dass sie gänzlich vom Festland abgeschnitten waren, weit und breit kein Mensch, der ihnen zu Hilfe kommen konnte. Es blieb ihnen also nichts weiter übrig, als Schuhe und Strümpfe auszuziehen und direkt durch das Wasser dem festen Land zuzustreben; aber mit Grausen merkten sie, dass das Wasser in den Löchern schon so tief war, dass sie bald bis unter die Arme im Wasser standen und die Kleineren, zu denen auch meine Mutter gehörte, schon anfingen, den Boden unter den Füßen zu verlieren. Sie schrien laut um Hilfe und sahen sich bereits ertrinken.

Da erschienen am Strand die dunklen Gestalten von zwei evangelischen Pastoren, ein großer und ein kleiner; der Kleinere erkannte die Gefahr der Damen, warf den Rock entschlossen ab und watete ins Wasser, verlor zuerst auch den Boden, aber seinen mutigen Anstrengungen gelang es doch, die Hand meiner Mutter zu ergreifen und so die fast Ertrinkende herauszuziehen. Der Große hatte währenddessen sicher auf dem festen Strand auf den Knien gelegen und Gott um Hilfe angefleht, die ja auch gekommen war, aber doch wohl mehr durch die mutige Tat des Kleineren.

Inzwischen war nun auch Hilfe aus dem Dorf herbeigeeilt, und die halbtoten und erfrorenen Damen wurden in ihr Gasthaus und ins Bett gebracht und erholten sich nur allmählich von ihrer Todesangst. Der Zwischenfall soll noch lange das Hauptgesprächsthema auf Borkum gewesen sein. Der kleine Pastor, dessen Name ich leider vergessen habe, erfreute sich noch lange Zeit der größten Dankbarkeit sämtlicher Damen, die ihn mit Geschenken überhäuften; bei uns hieß er nur «der Lebensretter»; auch Mama blieb mit ihm in Korrespondenz, und bei unserem nächsten Besuch in Düsseldorf, einige Jahre später, haben wir den Lebensretter besucht.*

Kalter Guss an der Nordsee

In diesem Sommer lernte ich vernünftigerweise schwimmen; das war in Loschwitz besonders gelungen arrangiert, da auch die Damen in der freien Elbe schwimmen durften, und es war ein Vergnügen, sich vom

---

* Die Reise hätte für Maria Elisabeth Rethel-Grahl mit teils jüdischen Wurzeln wenige Jahrzehnte später bedrohlichst werden können. Ein Reiseführer von 1910 riet «Israeliten» vom Besuch der Insel ab, «da sie sonst gewärtig sein müssen, von den zum Teil sehr antisemitischen Besuchern in rücksichtslosester Weise belästigt zu werden». Bereits vor 1933 intonierten die Kurkapelle und ihre Zuhörer täglich den Hetzsang: «*Borkum, der Nordsee schönste Zier, bleib du von Juden rein, lass Rosenthal und Levinsohn in Norderney allein.*»

Ich war glücklich

hohen Sprungbrett in die sonnige Elbe zu stürzen.* Auf einem schmalen Wiesenweg, wo ich meist große Feldblumensträuße pflückte, gelangte man in zehn Minuten zu der Badeanstalt, wo ich dann meistens meine Freundin Liese Calberla traf.

In diesem Sommer hatte Großpapa es auch für nötig befunden, uns einen Zeichenlehrer zu nehmen; er war ein schon älterer Mann, Gille mit Namen, der sehr bedürftig war und glücklich, diesen Verdienst zu haben und sich bei uns satt essen zu können. Er kam zweimal wöchentlich nach Loschwitz, und wir zogen dann alle, mit Zeichenbrettern und sehr viel Kohle ausgerüstet, hinauf in den Garten, wo wir die alten Baumpartien skizzieren mussten. Er war nach meiner heutigen Beurteilung ein entschieden starkes Talent, und wir lernten viel bei ihm, vor allem eine tiefere Auffassung der Natur. Tante Alexe war die Begabteste, und sie schmierte gehörig drauflos. Außerdem kam schon seit längerer Zeit auch im Winter eine Französin, Madame Humblot, zur Malstunde, bei welcher Mama und die Tanten das Blumen- und Porzellanmalen lernten.

Nun hatten auch meine Singstunden bei Gustav Scharfe festere Gestalt angenommen; meine Stimme entwickelte sich gut, und er hatte viel Freude an mir, da ich leicht lernte und mit Wonne die großen Opern- und Oratorienarien sang. Er hatte die stille Absicht, mich für die Oper vorzubereiten; aber ein ernsterer Beruf kam bei unseren guten Verhältnissen ja nicht in Betracht. Trotzdem studierte ich *Die Schöpfung* und *Die Jahreszeiten* von Haydn, im *Figaro* die Susanne und die Gräfin, die *Freischütz*-Arien, aus der *Euryanthe* die Arie: «Mein Adolar», bei der ich, wenn niemand zugegen war, mit Inbrunst «Mein Ferdinand» sang.

Einige Jahre später engagierte mein Großvater sogar einen jungen angehenden Tenor, mit dem ich zu dessen Studium das große Liebesduett aus dem *Lohengrin* üben musste. Der junge Mann sagte einmal ganz

---

* Wiederum eine sportive Freizügigkeit, insbesondere für Mädchen, die im viktorianischen England und an französischen Stränden und Ufern wohl unvorstellbar gewesen wäre.

Damen bei Flut und einiges Leid

schüchtern zu mir: «Sollten wir uns nicht etwas gruppieren?» Es blieb jedoch beim Nebeneinanderstehen. Er hat später in Bayreuth mitgesungen, ob mit Erfolg, weiß ich nicht.

Da meine Stimme sehr wendig und hoch war, ließ mich Scharfe zur Übung sogar die Partie der Königin der Nacht aus der *Zauberflöte* singen. Er selbst sang oft mit mir die Duette des Papageno und der Papagena, da er selbst, als er noch auf der Bühne stand, den Papageno gesungen hatte. Aus dem jungen Anfänger Gustav Scharfe wurde mit den Jahren ein ganz ausgezeichneter und weit und breit geschätzter Gesangspädagoge, der ungezählte Talente für Oper und Konzert ausbildete. Er starb leider früh.

Im Frühjahr 1868 wurden wie immer die Gartenarbeiten in Loschwitz vorgenommen. Großvater ging fast täglich hinaus, nach dem Rechten zu sehen, und erzählte über die Fortschritte draußen, und sein Gesicht strahlte; er sah trotz seiner siebenundsiebzig Jahre frisch und blühend aus. Er litt aber schon seit längerer Zeit an einem leichten Blasenleiden, welches jedoch unbedenklich war. Da verletzte er sich eines Tages mit dem schon oft gebrauchten Instrument, und es entwickelte sich eine innere Blutung, der Arzt erkannte es sofort als ernst, er musste streng zu Bett liegen. Die beliebte Homöopathie nutzte nichts; auch ein hinzugezogener Chirurg sah keine Möglichkeit, die innere Wunde zu heilen. Er litt unendliche Schmerzen.

Großmama und alle Töchter, auch ich, saßen oft bei ihm im Krankenzimmer, ein Pfleger ging ein und aus – aber es half alles nichts, und im Laufe des Juni erlag der große, starke Mann seinen Qualen. Wir waren alle bei seinem Tod versammelt, und der Todeskampf war schrecklich mit anzusehen. Es war selbstverständlich, dass auch ich junges Ding mit dabei war, denn ebenso, wie es bei uns Sitte war, dass wir Kinder alles Schöne miterleben durften, wurde es auch als natürlich betrachtet, dass wir die schweren Stunden mit den Erwachsenen teilten.

Da meine Mutter durch die lange Pflege und die großen seelischen Aufregungen sehr angegriffen war und dringend einer Luftveränderung

Ich war glücklich

bedurfte, sollte sie mit mir in diesem Jahr eine Reise an die Nordsee machen. Unsere lieben Freunde, Herr und Frau Gonne, beschlossen, uns auf die Insel Norderney zu begleiten.

So reisten wir vier zuerst nach Halle, wo wir übernachteten und am nächsten Tag eine schöne Fahrt zur nahen Burg Giebichenstein unternahmen und gegen Abend an den anmutigen Ufern der Saale entlang zurückfuhren. Am nächsten Tag reisten wir bis Bremerhaven, übernachteten dort und bestiegen am anderen Morgen das Schiff, welches uns nach Norderney brachte.

Auch ich sah das Meer mit Entzücken zum ersten Mal. Es gingen ziemlich starke Wellen, aber desto betörender fand ich es, nahm natürlich von vorneherein an, niemals seekrank zu werden, und so stand ich, in lebhafter Unterhaltung mit einem Leipziger Musiker, Dr. Jadassohn, der sich später als guter Komponist einen Namen machte, ganz vorn an der Spitze des Schiffes.* Ich musste im Stillen über das Ehepaar Gonne lachen, das sich, weil es ihnen geraten worden war, als Mittel gegen die Seekrankheit genau in der Mitte des Schiffes plaziert hatte mit dem beständigen Blick nach oben. Die Gonnes behielten recht, und ich musste leider trotz heftigen Sträubens an die Krankheit glauben und war bald in einem elenden Zustand. «Lieber tot als lebendig seekrank», das war mein Gefühl. Nun, alles hat sein Ende, und so beruhigte sich auch mein aufgewühltes Inneres, als wir in das ruhige Wattengebiet einliefen und das Schiff während der Ebbe sogar einige Zeit still liegen blieb. Ich ruhte auf einer Bank und schlief ein und wachte munter und erfrischt auf, als Norderney in Sicht kam.

Wir wurden ausgebootet und dann von Schiffern in roten Hosen ergriffen und huckepack nach dem festen Strand getragen. Das war für mich äußerst lustig, besonders als Tante Gonne aufgeladen wurde. Dann wanderten wir mit Sack und Pack zum bestellten Quartier, beste-

* Salomon Jadassohn, 1831–1902, kammermusikalischer Komponist und Musikpädagoge, zu dessen Schülern u. a. Edvard Grieg, Frederick Delius und Ferruccio Busoni gehörten.

Damen bei Flut und einiges Leid

hend aus einem reizend in den Dünen verborgenen Fischerhaus, wo uns die freundliche Wirtin in Inseltracht erwartete. Auf der einen Seite des Häuschens hatten Gonnes ihr Zimmer, auf der anderen schliefen Mama und ich. In einem kleinen gemeinsamen Wohnzimmer nahmen wir die Mahlzeiten zusammen ein.

Durch die Dünen gelangten wir sehr schnell an den nahen Strand, wo ich mich in seliger Trunkenheit in Sand, Sonne und Wellen stürzte – es war ein ganz neues, nie gekanntes Dasein und Wonnegefühl. Wir mieteten eine der Badefrauen, deren Beruf es war, in roten Hosen und weißen Jacken mit den Badenden ins Wasser zu waten, da die Wellen oft sehr stark waren und schwächere Menschen leicht umgerissen wurden.

Nun entwickelte sich für uns ein reizendes Strandleben; ich badete täglich, Mama nur selten und Gonnes gar nicht; sie genossen nur die kräftige Luft, ich suchte Muscheln und Seetiere, fand auch dann und wann ein Stückchen Bernstein, an der Nordsee eine Seltenheit. Im nahen Kurhaus speisten wir an der *Table d'hôte* und bummelten dann an den Verkaufsbuden entlang, wo uns vor allem die schönen Bernsteinschnitzereien interessierten, von denen Mama später einige kaufte.[*] Die Abende verbrachten wir meistens im Kurhaus, wo wir den Tanzenden zuschauten. Bald lernten wir am Strand eine Frau Benfey mit ihren Kindern kennen, an deren älteste Tochter Emmy ich mich bald innig anschloss. Sie lebten in Hannover und gehörten zu einer Gelehrtenfamilie in Göttingen. Auch Gonnes machten verschiedene Bekanntschaften, so vor allem mit zwei Herren aus Oldenburg, einem Regierungsrat und einem Amtsrichter Sohrmann, welche beide ein Auge auf meine Mutter geworfen hatten, besonders der Letztere; er hatte aber kein Glück bei ihr und war in meinen Augen die pure Langeweile selbst. Auch ich wurde eines Abends im Kurhaus mit einem Verehrer beglückt, Paul Freiherr von Wolzogen aus Hinterpommern – eine traurige Nummer. Als er es glücklich zuwege gebracht hatte, einmal mit mir zu tanzen

---

[*] *Table d'hôte*: gemeinsamer Gästetisch.

Ich war glücklich

und dann beim Essen neben mir zu sitzen, wagte er die interessante Frage: «Schwitzen Sie auch so, mein Fräulein?»

Als wir schon auf dem Schiff saßen, im Begriff abzufahren, sahen wir noch einen Nachen heranrudern, und siehe da, mein schwitzender Hinterpommer entstieg ihm mit einem immensen Blumenstrauß, den er mir stotternd überreichte und seinen baldigen Besuch bei uns in Dresden ankündigte. So lächerlich er auch wirkte, tat er uns doch leid, denn er war wirklich bis über beide Ohren verliebt und war dem Weinen nahe. Ich sehe ihn noch einsam im Nachen zurückrudern.

Im Frühjahr darauf kam er tatsächlich nach Dresden und machte den schüchternen Versuch, um mich anzuhalten (ich war eben sechzehn Jahre alt geworden), musste natürlich unverrichteter Sache wieder von dannen ziehen.

Ich möchte hier etwas einflechten, was auf meinen eigenen Charakter ein Licht wirft und manches in meinem späteren Leben, auch meinem Mann und meinen Kindern gegenüber, entschuldigen wird: mein höchst selbständiges, oftmals zu selbständiges Auftreten. Da Mama, wie ich schon öfters erwähnte, eine eher versonnene, unentschlossene und unselbständige Natur war, hatte sie es mir von Anfang an überlassen, für alles zu sorgen. Zu Hause war Großmama die Bestimmende, aber auf dieser und allen späteren Reisen musste ich junges Ding uns dirigieren: Ich packte die Koffer, beglich die Rechnung im Hotel, besorgte die Billetts etc., und meine dichtende Mutter ließ sich ganz von mir leiten. Ich tat es gern und kam vorzüglich mit ihr aus. Ich entsinne mich, niemals einen Konflikt mit ihr gehabt zu haben. Sie war mir mehr wie eine ältere Schwester, und ich lernte das Regieren, welches später zu meiner zweiten Natur wurde.

Mignon am Rhein

Düsseldorf, Soiree im Malkasten

Im Revolutionsjahr 1848 hatten sich politisch engagierte Düsseldorfer Künstler, die auf ein demokratisiertes Deutschland hofften, zur Vereinigung Malkasten zusammengeschlossen. Nach der gewaltsamen Unterdrückung dieser Vision und der Auflösung der Nationalversammlung in der Frankfurter Paulskirche widmete sich der Malkasten vornehmlich künstlerischen Belangen. Bei einer Zusammenkunft mit bildenden Künstlern aus anderen deutschen Fürstenstaaten wurde in Düsseldorf die Gründung des Berufsverbands Allgemeine Deutsche Kunstgenossenschaft in die Wege geleitet. Zudem wurde der Malkasten zu einem

Ich war glücklich

kulturell-geselligen Zentrum des Rheinlands. 1867 bezog der Verein ein eigenes repräsentatives Gebäude am Hofgarten. – Im Malkasten lernten knapp zwanzig Jahre später der preußische Rittmeister Armand Léon von Ardenne und seine Gattin Elisabeth den Düsseldorfer Amtsrichter Emil Hartwich kennen. Die Liaison zwischen der Offiziersgattin und dem Juristen führte zum Pistolenduell zwischen dem Rittmeister und Hartwich, der tödlich verwundet wurde. Elisabeth von Ardenne wurde das Vorbild für Theodor Fontanes Effi Briest.

Im Sommer 1869 wurden Mama und ich wieder von Rethels nach Düsseldorf eingeladen, um dort das geplante große Künstlerfest zu Ehren Wilhelm von Schadows und für die geplante Einrichtung eines Cornelius-Denkmals mitzumachen. Rethels wohnten noch in dem hübschen am Hofgarten gelegenen Jägerhaus, in welchem sie für Mama und mich ein schönes Eckzimmer mit Blick in die hohen Bäume freigemacht hatten. Ihr großes Esszimmer, in dem auch der vielbenutzte Flügel stand, lag neben der Loggia, und auf der anderen Seite war das tägliche Wohnzimmer mit dem Blick nach der Straße. Wir trafen gegen Abend ein, und als wir beisammensaßen, kam ein sehr guter Hausfreund, Maler Lüdecke.* Er begrüßte uns, sah mich an und rief: «Na, da hätten wir ja unsere Mignon!» Er erklärte nun meiner Mutter, dass man im Malkasten, dem Künstlerhaus, in großer Verlegenheit sei, weil das einzige junge Mädchen mit schwarzem Haar, welches beim Schadowfest die Mignon nach einem Bild von Schadow darstellen sollte, krank geworden sei; nun wäre ich aber als rettender Engel erschienen, und sie müsse erlauben, dass ich die Rolle übernähme. Ich war sehr erfreut, Mama erst etwas unschlüssig, aber doch geschmeichelt, und so sagte sie zu.

Da die Zeit drängte, wurde ich schon am nächsten Morgen mit in den Malkasten genommen, wo die Vorbereitungen für das große Fest in vollem Gange waren. Alle freuten sich, dass der Ersatz gefunden war; man

---

* Albert Bogislav Lüdecke, 1834–1910, Landschaftsmaler in Stettin und Düsseldorf.

Mignon am Rhein

fand mich besonders geeignet für die Mignon. Dann kam Christian Kröner, um mir Maß für die großen goldenen Flügel zu nehmen, die er persönlich anfertigen wollte. Ein einfaches weißes Gewand wurde schnell zusammengenäht, und schon am anderen Tag konnte ich beides anprobieren und stand sehr schüchtern inmitten der vielen Künstler, die mich lächelnd betrachteten.

Nun begannen auch schon die Proben, die für mich natürlich sehr interessant waren; ich war sehr verlegen, da mich alle erstaunt anstarrten, denn als Tochter Alfred Rethels war ich nicht so ganz alltäglich. Eine liebenswürdige dicke Dame, Frau von Siebel, deren sehr schöne, ebenfalls imposante Tochter die Armida spielte, nahm sich meiner an und betreute mich hinter der Bühne. Diese war auf der sogenannten Kegelbahn errichtet, und da außer der Ehrung des Künstlervaters Schadow auch ein Jubiläumstag der Akademie gefeiert wurde, fand ein großer historischer Zug statt, in dem nacheinander alle an der Akademie gewesenen Hauptgestalten und Gruppen verkörpert wurden.

Im Germanenzug sah ich ahnungslos zum ersten Mal als stattlichen Helden meinen späteren Mann.

Ich selbst als Mignon war fast die einzige Gestalt nach Schadow; ich hatte nur einmal langsam die Bühne zu überqueren; doch war ich ja von Kindheit an daran gewöhnt, bei derartigen Aufführungen der Rolle entsprechend langsam zu schreiten.

In diesem Sinne betrat ich ernst und feierlich die Bühne. Durch den schlagartig einsetzenden starken Beifall fuhr ich erschrocken zusammen, zögerte einen Augenblick und schritt dann gemessen weiter. Dieses Zögern muss besonders gut gewirkt haben, denn ich wurde später von Anerkennung überschüttet.

Als ich die Bühne betrat, stand vorn in der Kulisse ein Kobold in brauner Kutte, der mich sehr intensiv betrachtete; es war mein nachmaliger Schwager Carl Hoff.[*] Der aus über einhundert Personen bestehende Zug

---

[*] Carl Heinrich Hoff, 1838–1890, Porträt- und Genremaler, der durch elegante Erfindung und zartes Kolorit gefiel.

Ich war glücklich

bewegte sich dann durch den ganzen Garten; überall brannten bengalische Flammen und durch die Bäume schwebten Elfen. Diese Elfen, große primitive Figuren mit wehenden Schleiern an langen Stangen, die durch die hohen Bäume von je einem Künstler im Takt der Musik des *Sommernachtstraumes* gedreht wurden, waren eine Erfindung des damals schon verstorbenen Malers Max Hess, die bis in viel spätere Zeiten immer eine besondere Attraktion der Malkastenfeste blieb und die wirklich ungewöhnlich phantastisch wirkte. Nachdem ich mich meiner Flügel und der Mignon-Gewänder entledigt hatte, zogen Mama und ich mit Rethels noch lange durch den himmlischen Garten, und dieser Auftakt unseres Düsseldorfer Besuches blieb für mich unvergesslich.

Am Vormittag jenes denkwürdigen Abends hatte die Enthüllung der Schadowbüste auf dem jetzigen Schadowplatz stattgefunden. Auf der Tribüne saßen Mama und ich auf Ehrenplätzen; mehrere Reden wurden gehalten, und es wurde sogar erwähnt, dass die Witwe und die Tochter Alfred Rethels zugegen seien. An diesem Tag erhielten der Platz und die Straße den Namen Schadows.

Aber auch die folgenden Wochen waren bewegt und aufschlussreich. Mama hatte sich vorgenommen, einige Atelierbesuche zu unternehmen, wozu sie als Frau Alfred Rethels eine gewisse Berechtigung besaß. Onkel Otto meldete uns vorher an, und so besuchten wir nacheinander Ludwig Knaus, der gerade an seinem reizenden Bild *Kinder-Kaffeevisite* malte. Auch bei Eduard Bendemann waren wir, der mich sofort bat, für sein monumentales Werk *Die Flucht der Ägypter* als junge Sklavin, die den blinden König führt, zu sitzen. Ich bin dann einige Male dort gewesen und er hat den Studienkopf meiner Mutter geschenkt.

Zu den allernächsten Freunden von Rethels zählte der damals achtundzwanzigjährige Eduard von Gebhardt, der mir und meiner Cousine Lina ein fröhlicher und täglicher Kamerad wurde. Das herrliche Buch *Max und Moritz* von Wilhelm Busch, welches gerade erschienen war, konnten wir drei Gefährten ganz auswendig aufsagen. Gebhardt war Lehrer Lämpel, wir beide waren die bösen Buben (ich Max), und wir parlierten nur noch in diesen Versen und amüsierten uns und alle übri-

Mignon am Rhein

gen sehr. Man wurde ihren Rhythmus kaum mehr los. «Denn wer böse Streiche macht, gibt nicht auf den Lehrer acht.» Ein junger, sehr begabter Komponist, Franz Knappe, aber äußerlich sehr blond und auch innerlich etwas weichlich, hieß bei uns nur «Witwe Bolte». Tante Emma musizierte viel mit ihm und schätzte seine Musik sehr hoch, sodass meine Mutter ihm den Text für eine kleine Operette nach dem Märchen *Jorinde und Joringel* schrieb. Er gelangte aber nicht zu Ruhm, da er leider sehr früh starb.*

Der Rethelsche Freundeskreis nannte sich Unica und war unter diesem Namen in ganz Düsseldorf bekannt; es umwehte ihn eine poetische, ja arg gefühlsselige Atmosphäre. Am anregendsten waren die Soireen im Malkasten; wir gingen meist nach dem Abendessen für eine Zeit hin; dann saßen die Älteren brav auf dem Damenplatz, der durch die Düssel vom Herrenplatz bei der Kegelbahn getrennt und durch eine kleine Brücke mit ihm verbunden war, und wir Jungen schwärmten durch den stillen dunklen Garten. Zahllose Glühwürmchen schwirrten über die Wiesen, und Freund Gebhardt machte sich ein Vergnügen daraus, mir auf meine dunklen Locken einen Kranz von Leuchtkäferchen zu setzen. Ich glaube, dass nie jemand mit funkelnderen Brillanten geschmückt war.

Damals wurde das Schloss Jägerhof noch vom alten Fürsten Leopold von Hohenzollern bewohnt; er hatte mehrere Söhne; der jüngste, Fritz, war ein netter, flotter Leutnant, der viel auf der Jägerhofstraße hin und her ritt, weil er der hübschen Anna Camphausen, die uns schräg gegen-

---

* Aus dem Düsseldorfer Parnass: Ludwig Knaus, 1829–1910, gefeiert für seine Kinderbilder und frühzeitig als Werbegraphiker tätig; Eduard von Gebhardt, 1838–1925, Maler mit internationaler Schülerschaft, der gleichfalls schon in der Werbebranche bei der Schokoladenfirma Stollwerck tätig war; Franz Knappe, 1848–1888, Musiker und später Musikdirektor in Solingen. *Jorinde und Joringel*, Märchen der Gebrüder Grimm nach Johann Heinrich Stilling, in dem zwei Kinder in Tiere verwandelt und erst durch den Tautropfen einer Blume erlöst werden.

Ich war glücklich

über wohnte, stark die Cour und Fensterpromenade machte, die wir mit Vergnügen beobachteten.*

Wie bei all unseren Rheinreisen fuhren Mama und ich auch diesmal nur für einen Tag nach Aachen, um die Frescobilder im Rathaus wiederzusehen. Da wir außer Düsseldorf noch nichts vom Rhein und seinen Ufern kannten, so beschlossen wir, mit einer kleinen Erkundung unsere Rückfahrt zu beginnen; Onkel Otto und Lina sollten uns begleiten. So fuhren wir von Köln aus mit dem Dampfer rheinaufwärts bis Bingen, wo wir übernachteten. Am anderen Morgen setzten wir nach Rüdesheim über, mieteten für Mama einen Esel und erklommen beim gleißendem Sonnenschein den Niederwald, damals noch ohne Germaniakoloss, was auf alle Fälle schöner war. Auf dem höchsten Punkt erhob sich ein kleiner Aussichtstempel, ringsum niedriger Buchenwald, durch welchen wir wieder hinunterstiegen, dann noch zwischen den Weinbergmauern weiter bis zur nächsten Haltestelle des Dampfers, welcher uns nun ziemlich schnell stromab am Loreleyfelsen vorbei bis Oberlahnstein brachte. Hier nächtigten wir.

* Vermutlich gemeint: der *alte Fürst* Karl Anton von Hohenzollern-Sigmaringen, 1811–1885. Seine Söhne Leopold und Friedrich erlangten kurz weltpolitische Bedeutung. Auf Drängen Preußens sollte schließlich Leopold, gegen den Willen Frankreichs, spanischer König werden; ein Zwist, der den Deutsch-Französischen Krieg von 1870/71 heraufbeschwor.

Feuersäule
und
Deutschlands letzte Sänftenträger

In diesem Herbst erlebte ich noch ein tragisches, aber großartiges Schauspiel. Ich war wie immer zur Klavierstunde in die Stadt gefahren und zu Sara Heinze gegangen. Die Stunde war fast zu Ende, als wir plötzlich die großen Glocken aller Kirchen Sturm läuten hörten, was damals bei jedem größeren Brand Sitte war. Wir sahen auch schon eine große Rauchsäule über den Dächern aufsteigen. Ich stürzte fort, um zum Dampfschiff zu gelangen, und schon als ich auf die Straße kam, hörte ich rufen: «Das Theater brennt!» Ich kam in die Prager Straße, und dort waren die Menschen schon in größter Aufregung, die sich Schritt um Schritt steigerte. In der Seegasse kam mir, bleich wie der Tod, der Schauspieler Koberstein entgegen; es sollte gerade an diesem Abend eine Premiere seines Dramas *Demetrius* stattfinden.[*] Am Altmarkt war schon kaum mehr durchzukommen, alles rief und schrie durcheinander. Und so ging es weiter die Schlossstraße entlang, und endlich quetschte ich mich durch das Georgentor. Man fühlte schon die Hitze des nahen Brandes, und als ich endlich auf dem freien Platz vor der Brücke angekommen war, stand ich starr vor Entsetzen vor dem großartigsten Schauspiel.

Gerade in diesem Moment stürzte das ganze Dach des herrlichen Rundbaus in sich zusammen, und eine Riesenflamme loderte zum Himmel; es war unbeschreiblich schön, aber auch ebenso traurig, dass

---

[*] Carl Ferdinand von Koberstein, 1836–1899, Schauspieler und Dramatiker.

Ich war glücklich

Brand der Semperoper am 21. September 1869

dieses unvergleichliche Bauwerk dem Untergang geweiht war. Ein dichter Aschenregen verdunkelte die Luft, man konnte kaum atmen. Ich eilte hinunter zum Dampfschiff, und noch auf dieses fiel der Aschenregen hinab. Hier hörte ich auch das Nähere, dass vor allem keine Menschen verunglückt waren. Das Feuer sollte durch Lötarbeiten verursacht worden sein. In Aufregung brachte ich die ersten genauen Nachrichten mit nach Loschwitz. Von unserem Berg aus sah man die Riesenrauchsäule über Dresden. Am Abend fuhren wir nochmals in die Stadt hinein, um die Ruinen zu sehen, in deren Innern noch alles rot glühte; es sah wie das erleuchtete Kolosseum in Rom aus.

Nach den Aufräumungsarbeiten wurde sofort damit begonnen, einen großen Holzbau hinter dem Theater aufzurichten, in dem zehn Jahre lang die gleichen wunderbaren Opern und Stücke aufgeführt wurden wie im alten Haus. Keiner aus dem ganzen Betrieb verlor seine Stellung.*

Für meinen ersten Ball hatte Tante Rose schon seit Wochen ein Ballkleid in Arbeit genommen, indem sie auf weißseidenes Band farbige Alpenrosen malte, womit ein weißes Mullkleid mit Volants geschmückt wurde, dazu eine weißseidene Schärpe mit den gleichen Blumenbouquets. Das Gewand war sehr zart und duftig und stand mir sehr gut.

Tante Horsfall, geborene Mendelssohn, die engste Freundin meiner Mutter, sandte zu diesem wichtigen Tage etwas ganz Neues aus Berlin: einen Blumenkranz aus frischen Alpenveilchen, wie eine Krone geflochten. Auf meinen Wunsch wurde für mich eine Chaise bestellt, und als ich fix und fertig im Kreise der versammelten Familie unter dem brennenden Kronleuchter stand und von allen zufrieden betrachtet wurde, hörte man im Entree schwere Schritte: Die Chaisenträger waren mit der gelben Chaise heraufgekommen; die kleine Tür öffnete sich, und ich stieg selig ein, zog die blauen Vorhänge zu, und die kräftigen Männer in gelbem Frack und blauen Hosen und Mützen ergriffen die Tragstangen der Chaise und trugen mich vorsichtig die Treppe hinunter. Dann ging es bei Mondschein und Sternenhimmel durch die ganze stille Stadt, und bei Calberlas in der schönen Etage an der Elbe trugen sie mich wieder die Treppe hinauf und der Freude entgegen.

Die Chaisenträger waren eine Einrichtung, die sich in Dresden viel länger erhalten hatte als in anderen Städten Deutschlands. Sie bildeten eine Zunft, zu der nur untadelige und unbescholtene Leute zugelassen wurden. Sie gehörten zum königlichen Schloss und hatten im Unterbau desselben in der Schlossstraße ihr Domizil, wo sie sich in den freien Stunden mit Schreinerei beschäftigten. Außer den Privattransporten in den Chaisen übernahmen sie auch größere Umzüge. Sie waren alle groß

---

* Gottfried Sempers (erster) Opernbau brannte am 21. September 1869 nieder. Der inzwischen in Wien ansässige Architekt, der dort u. a. das Burgtheater gebaut hatte, durfte wegen seiner Beteiligung an der Revolution von 1849 weiterhin nicht sächsischen Boden betreten. Auf Drängen der Dresdner Bevölkerung entwarf er aus der Ferne das jetzige Opernhaus.

Ich war glücklich

und stark und nahmen ohne weiteres zum Beispiel einen mit Büchern gefüllten Schrank auf ihre Tragriemen und trugen solches Trumm direkt in die andere Wohnung. Da man sich auch in jeder Beziehung auf sie verlassen konnte, so war mit ihnen ein Umzug geradezu ein Vergnügen.

Dresdner Schlossgasse mit Sänftenträgern

Wieder Krieg

Else Rethel war siebzehn, als sich abermals Kriegswolken ballten und entluden.

Mit Argwohn beobachtete Frankreich unter seinem Kaiser Napoleon III. den Aufstieg Preußens, das nach seinem Sieg über Österreich, 1866, tonangebend im Norddeutschen Bund war. Vorbote des Deutsch-Französischen Kriegs war der Streit um die Thronfolge in Spanien. Das spanische Parlament trug den vakanten Thron der katholischen Linie der Hohenzollern an. Dieser Familienzweig, auch jener Prinz Friedrich, den Else Rethel in Düsseldorf beim Kokettieren vor Damenfenstern beobachtet hatte, zeigte nur mäßiges Interesse an solchem Unterfangen. – Frankreich, das eine Umzingelung durch Preußen fürchtete, verlangte vom Gesamthaus Hohenzollern schließlich einen förmlichen Verzicht auf jedweden Thronanspruch in Spanien. Die diesbezügliche Depesche aus Paris wurde dem preußischen König Wilhelm I. durch den Gesandten Benedetti in Bad Ems überreicht. Bismarck kürzte und veröffentlichte deren Wortlaut, sodass Frankreich als erpresserischer Aggressor erschien, was in Frankreich als Ergebnis von Heimtücke und als Schmach empfunden wurde. Auch um von anderen außenpolitischen Misserfolgen vergangener Jahre abzulenken und um sich als europäische Ordnungsmacht zu erweisen, erklärte Frankreich im Sommer 1870 Preußen den Krieg.

Dieses zeigte sich gut gerüstet und konnte wegen französischer Ansprüche auf linksrheinische Gebiete die süddeutschen Staaten auf seine Seite ziehen.

Ich war glücklich

Da brach plötzlich aus heiterem Himmel die Nachricht in den friedlichen Sommer hinein, dass durch einen Konflikt um die Nachfolge eines Prinzen von Hohenzollern auf dem spanischen Thron sich Frankreich sehr errege und mit einem Krieg drohe. Napoleon beorderte den Botschafter Benedetti zum preußischen König, der aber abgewiesen wurde, und man ließ es in Preußen auf einen eventuellen Krieg ankommen. Und so erfolgte am 16. Juli die Kriegserklärung Frankreichs an Deutschland; sie wurde angenommen, und die Rüstungen begannen. Kronprinz Friedrich übernahm den Oberbefehl, er hatte die Generäle Roon und Moltke zur Seite, und es begann eine aufwühlende Zeit.*

Allerorten begann man Scharpie zu zupfen und Binden aus alter Leinwand herzustellen; hygienisch war diese Sache nicht; denn dass die vielen Kinder und Helfer immer alle reine Finger hatten, bezweifle ich, aber man glaubte das Beste zu tun, und jeder dachte und träumte nur vom Krieg, der von vornehere in siegreich für uns verlief. Eine gewonnene Schlacht folgte auf die andere, Weißenburg, Spichern, Metz. Wir fuhren oft nach Dresden, um die Illumination zu sehen, die nach jedem Sieg die mit Fahnen geschmückte Stadt für die jubelnde Volksmenge erstrahlen ließ.

Da erfolgte am 2. September die Kapitulation von Sedan, das Gros der französischen Armee ward kriegsgefangen. Napoleon selbst ergab sich König Wilhelm und wurde am 4. September als Gefangener nach Schloss Wilhelmshöhe bei Kassel verbracht. Der Siegeszug setzte sich fort. Am 27. September kapitulierte Straßburg; Paris war von unseren Truppen bereits belagert, aber bis auch dieses sich ergab, dauerte das Kämpfen noch etliche Monate.

Aus unserer weitläufigen Familie war bisher niemand gefallen. Onkel Otto gehörte zur Belagerungsarmee von Belfort. Auch mein Freund

---

* Kronprinz Friedrich, der nachmalige Kaiser Friedrich III., 1831–1888; Albrecht von Roon, 1803–1879, Heeresreformer und Generalfeldmarschall; Helmuth Karl Bernhard von Moltke, 1800–1891, Generalfeldmarschall, dessen Devise «Erst wägen, dann wagen» bedenkenswert bleibt.

Wieder Krieg

Ferdinand Miller, der als Cheveauleger* den Krieg mitmachte, blieb unverletzt.

Der so triumphal verlaufene Krieg fand am 18. Januar 1871, als Onkel Eduard Simson als Reichstagspräsident König Wilhelm die Kaiserkrone antrug, gewissermaßen seinen Abschluss.** Die Friedensvertragsunterzeichnung fand am 26. Februar statt, und die Siegesparade der deutschen Truppen in Paris folgte am 1. März.*** Danach gestaltete sich das Leben wieder in gewohnter Weise, und wir durften auf Besuch in Berlin allerhand Schönes und Interessantes erleben. Von den fünfundzwanzig Vettern und Verwandten der Familie, die mit im Feld waren, blieben alle unversehrt, ein seltenes Glück.

Im Februar des Jahres begannen die Friedenspräliminarien mit Frankreich, deren Abschluss und das Ende des Blutvergießens man mit Sehnsucht erwartete. Da sandte eines Morgens Onkel Robert Warschauer einen Boten zu uns, wir sollten uns schnell zurechtmachen, denn man habe auf der Börse die freudige Nachricht erhalten, dass um elf Uhr vom Balkon des königlichen Schlosses aus der offizielle Frieden verkündet würde.

In Aufregung eilten wir alle zu dem uns nahe gelegenen Berliner Schlossplatz. Es waren verhältnismäßig wenig Menschen dort, aber in tiefster Erregung sahen alle erwartungsvoll zum Balkon des Schlosses hinauf. Plötzlich begannen alle Glocken zu läuten, und auf dem Balkon erschienen Kaiserin Augusta, Kronprinz Friedrich, Prinz Friedrich Carl, alle königlichen Kinder und die übrigen Damen des Gefolges und in der Mitte der alte Generalfeldmarschall von Wrangel, der seines hohen Alters wegen nicht mit in den Krieg gezogen war. Er entfaltete einen großen Bogen und verlas mit zitternder, aber doch deutlich vernehmbarer

---

* *Cheveauleger*: Kavallerist.
** Mithin die Gründung des Zweiten Deutschen Kaiserreichs. Eduard von Simson fungierte damals noch als Präsident des Norddeutschen Reichstags.
***Dem Vorfrieden von Versailles am 26. Februar folgte am 10. Mai 1871 der endgültige Friedensschluss von Frankfurt.

Ich war glücklich

Stimme die Verkündung der Unterzeichnung des Friedens. Es war ein unvergesslicher, erhabener Augenblick; fast alle Menschen weinten; die meisten fielen auf die Knie, und man sang: «Nun danket alle Gott». Inzwischen hatten sich der ganze Platz und die gesamten Linden mit einer unübersehbaren Menschenmenge gefüllt; alle waren in freudigster Begeisterung. Am Abend fand eine herrliche Illumination statt, die wir uns, im Wagen fahrend, ansahen, die aber noch bei weitem überboten wurde einige Wochen später zu Ehren des ersten Einzuges König Wilhelms als Kaiser, der Prinzen, Bismarcks und Moltkes mit dem Generalstab.

Zu diesem denkwürdigen Tage hatten wir einige Fenster in der Linkstraße gemietet, dicht beim Bahnhof. Es war makelloses Sommerwetter, ganz dem großen Tag entsprechend, und der Jubel war unbeschreiblich, als unter Glockengeläut und Kanonendonner zuerst einige Vorreiter heransprengten und dann im offenen Wagen Kaiser Wilhelm und Kaiserin Augusta vorbeifuhren, gefolgt von Kronprinz Friedrich zu Pferde und der Kronprinzessin mit den Kindern im Wagen, von Prinz Friedrich Carl mit seiner schönen Gemahlin, allen übrigen Prinzen, und dann, unter nicht enden wollendem Gejubel, hoch zu Ross Bismarck, in Kürassieruniform mit goldenem Helm und wehendem Federbusch. Er wurde dermaßen umdrängt, dass er kaum vorankam. Ihm folgte der ernste Moltke, «der Schweiger» genannt, dann Roon und alle übrigen Generäle.

Erst einige Zeit später traf uns die erschreckende Nachricht, dass mein Onkel Otto, der bei Belfort zur Belagerungsarmee gehört hatte, hinterrücks von einem Franctireur[*] angeschossen worden sei und bereits auf dem Transport nach Berlin sei. Es wurde bei uns in der Behrenstraße alles für den Verwundeten vorbereitet, und nach wenigen Tagen wurde er gebracht und untersucht. Die Kugel war schon in Straßburg aus dem Arm entfernt worden, und es bestand keine Gefahr für ihn, nur dauerte es einige Zeit, bis sich die Wunde geschlossen hatte. Er fühlte sich verhältnismäßig wohl und war glücklich, dem Kriegsschauplatz entronnen zu sein.

[*] *Franctireur*: Freischärler.

Wieder Krieg

Der gefangene Napoleon III. und Otto von Bismarck
nach der Schlacht von Sedan, 1870

Das feldzugmäßige und siegreiche Zusammenwirken von Truppen und Befehlshabern der verschiedenen deutschen Staaten in Frankreich hatte eine Dynamik entwickelt, die unter der Federführung Bismarcks zur Kaiserproklamation und zur Gründung des Zweiten Deutschen Reichs in Versailles geführt hatte. Ausgerechnet in einem Herrscherpalast des Gegners – für Frankreich eine besondere und unnötige Demütigung – ein neuartig vereintes monarchisches, national berauschtes Deutschland auszurufen, konnte sich als böses Omen erweisen. Deutschland setzte einen Friedensschluss durch, bei dem Frankreich Elsass und Lothringen abtreten und die immense Summe von fünf Milliarden Francs an Kriegsentschädigung zahlten musste, ein Kapital, mit dem die Gründerjahre befeuert wurden. Für Frankreich, das alsbald auf Rache sann, war die Belle Époque zu Ende. Während der langwierigen Belagerung von Paris, die zu Verwüstung, Elend und Hunger führte, entwickelte sich überdies der Aufstand der Pariser Kommune, ein proletarisches Aufbegehren gegen die bürgerlichen Machtverhältnisse. Die Revolte wurde

Ich war glücklich

von der neuen republikanischen Regierung blutig erstickt. Ein anonymer preußischer Soldat bewegte sich durch die besiegte Metropole: «Bei den Männern mochte das Gewand täuschen, denn etwas Militärisches hatte Jeder an sich und wär' es nur der rothe Streifen an der Hose oder Mütze, auch hatten sie vielleicht weniger gelitten. Aber in die Gesichter der armen Frauen war das bittere Leiden förmlich eingeschnitten, da hatten Hunger und Thränen entsetzliche Furchen gezogen. Überhaupt – wenn der Antheil bei der Vertheidigung von Paris gemessen wird, so gebührt den Frauen und vor Allen den Müttern der größte Theil: sie haben das Ungeheuerste ausgestanden, sie haben ihre Kinder dahinsterben sehen müssen, weil sie für sie keine Nahrung, keine Milch und keinen Ersatz für Milch mehr hatten, kein Ei, keinen Zucker, kein Weißbrod, kein Mehl, keine Butter, und an der rauhen Kost, welche der kräftige Organismus noch leidlich überwand, gingen namentlich Kinder unter einem Jahr über zehntausende zu Grunde!»

Das geschah, dieses Mal, fernab Deutschlands, wo die höchst populäre Zeitschrift Die Gartenlaube *neben patriotischen Gedichten und nachdenklichen Kriegsberichten 1871 auch die Verse eines Dichters mit den Initialen A. V. veröffentlichte:*

«Was ist der Krieg?

Der Krieg ist eine schlimme Lage,
In welche die Gewalt uns preßt;
Der Krieg ist die bescheidne Frage,
Was sich ein Volk wohl bieten läßt.

Er ist ein teuflicher Berather,
Der Böses will und Böses schafft;
Ein unnatürlich schlechter Vater,
Schwächt er der eignen Kinder Kraft.

Wieder Krieg

Der Krieg ist ein Verschwender,
Deß Luxus Niemand kommt zu gut;
Ein Jammer-, Noth, und Sorgenspender
Aus Dünkel und aus Übermuth.

Ein Licht, das selbst in finstern Zeiten
Auch nicht den kleinsten Raum erhellt;
Ein falscher Freund, der, irr' zu leiten,
Sich Volk und Fürsten zugesellt.»

Frieden bei den Mendelssohns
und
Liebesrausch

Eine meiner liebsten Erinnerungen an Berlin ist das alte Haus der Familie Mendelssohn, welches wohl heute noch der Jägerstraße erhalten blieb im Gedenken an eine der vornehmsten, würdigsten Patrizierfamilien des alten Berlin.

Ich war als Kind, junges Mädchen und später auch als junge Frau oft dort, da besonders meine Mutter sehr befreundet mit den Töchtern des Hauses war.

Das Haupt der Familie, Alexander, lebte mit seiner Frau Marianne in der ersten Etage des schlichten, langgestreckten Hauses. Er war der Enkel des Philosophen Moses Mendelssohn, seine Mutter, «Urchen» genannt, lebte noch bei ihm.* Wenn ich mit meiner Mutter zu einer Tasse Tee hinkam, saß Tante Marianne freundlich lächelnd in einem Lehnstuhl am runden Tisch, mit einer dicken weißen Rüschenhaube und einem seidenen Kleid mit feinem weißen Umschlagtuch, dazu Halbhandschuhen, und mit einer hellen Häkelei beschäftigt. Es war feierlich in dem mit grüner Seide bespannten Zimmer mit seinen dunkelbraunen Mahagonimöbeln und den vielen weißen Wachskerzen in Arm- und Kronleuchtern; es wehte eine stille, unbeschreiblich vornehme Luft in

---

* Alexander und Marianne Mendelssohn, geb. Seligmann, 1798–1871 und 1798–1880. Das Bankiersehepaar ragte durch Wohltätigkeit heraus. So umsorgte das Mariannenstift alleinstehende mittellose Frauen, die Henriettenstiftung, benannt nach der Mutter Henriette Mendelssohn, stattete verwaiste Mädchen mit einer Aussteuer aus. Im Unterschied zu seinem Bruder Georg Benjamin konvertierte Alexander Mendelssohn nicht zum Christentum.

Frieden bei den Mendelssohns

diesen Räumen, wie ich es fast nie wieder empfunden habe. Man wagte kaum, laut zu sprechen. Nach einer Weile fragte Tante Marianne meistens, ob wir nicht auch «Urchen» guten Tag wünschen wollten, und dann gingen wir durch mehrere Zimmer bis zum kleinen hintersten, und da saß in einem großen Stuhl eine sehr alte Dame in schwarzem Samtkleid, mit schwarzer Samthaube voller Spitzenbesatz und einem sehr großen, fast schwarzen Zobelmuff auf dem Schoß; sie sprach kaum, denn sie war schon fast neunzig Jahre alt, und auch wir durften kaum reden und mussten bald wieder fortgehen; aber wir hatten sie doch gesehen, die Schwiegertochter des großen Moses, und das wirkte bedeutungsvoll.

Im Parterre desselben Hauses wohnte der Sohn Franz Mendelssohn mit seiner Frau Enole, welche Südfranzösin war, Tochter eines befreundeten Bankhauses in Bordeaux.[*] Hier möchte ich eine nette kleine Geschichte einflechten, die ich vom Hörensagen kenne: Alexander Mendelssohn sandte seinen ältesten Sohn Adolph nach Bordeaux zu dem Bankhaus Biarnez, wo er das Bankgeschäft erlernen sollte. Nach einiger Zeit schrieb dieser seinen Eltern in einem begeisterten Brief von der Tochter des Hauses, Enole, er habe sich so in sie verliebt, dass er sie zu heiraten wünsche. Die vorsichtigen Eltern aber schickten ihren zweiten Sohn Franz nach Bordeaux, der die junge Frau in Augenschein zu nehmen hatte. Doch dann erhielten sie ein Telegramm mit dem Wortlaut: «wenn adolph sie nicht nimmt nehme ich sie.» Darauf heiratete der älteste Sohn die interessante und schöne Enole. Die Ehe war aber nur von kurzer Dauer, denn er starb nach einem Jahr, ohne Kinder zu hinterlassen, und binnen Jahresfrist wurde Enole tatsächlich die Frau von Franz Mendelssohn.[**]

---

[*] Franz und Enole von Mendelssohn, geb. Biarnez, 1829–1889 und 1827–1889. Franz von Mendelssohn wurde 1881 Vorsteher der Berliner Kaufmannschaft.
[**] Ein Kind aus der Ehe von Adolph und Enole Mendelssohn war verstorben.

Ich war glücklich

Wir waren lange nicht in Düsseldorf gewesen und freuten uns, als im Mai 1872 eine Einladung dorthin kam, der Mama und ich freudig folgten. Es war wohl eine Vorahnung, dass diese Stadt noch eine große Rolle für mich spielen sollte.

Die Abende verbrachten wir wieder meist im schönen Malkasten, und ich schwärmte mit Lina im Dunkeln durch den Garten, von den Glühwürmchen begleitet. Wie ich schon früher erwähnte, war der Damenplatz von der Kegelbahn und dem Herrenplatz durch die Düssel getrennt; aber nichtsdestoweniger konnte man gut beobachten, was drüben vorging, und es war wohl natürlich, dass uns die jungen Maler sehr interessierten, und so geschah es denn, dass, als wir auf der einen Seite der Düssel im Dämmerschein auf und ab promenierten, zwei junge Maler, ein dunkler und ein blonder mit rötlichem Bart, auch ihren Abendspaziergang auf der anderen Seite der Düssel machten und oft zu uns herüberschauten. Nun, es wäre wohl widersinnig gewesen, hätten wir nicht auch hinübergelächelt – mit welcher Augenglut, will ich nicht weiter vertiefen. Den dunklen, William Schade, kannte Lina, der andere, sein Freund, war Carl Sohn.*

Diese verhängnisvollen Abendspaziergänge fanden nun fast täglich statt; gesprochen haben wir nie ein Wort miteinander, aber die Augen redeten. Da veröffentlichte der Vorstand des Malkastens eines Tages eine Anzeige, dass am Samstag ein gemeinsames Tanzvergnügen bei der Kegelbahn und in dem daran angrenzenden Saal stattfinden sollte. Der Abend kam, ich wurde dem rotblonden, großen, schlanken Carl Sohn vorgestellt; wir tanzten miteinander und ließen uns nicht mehr los. Was wir sprachen, weiß ich nicht mehr, ich weiß nur soviel, dass wir uns auch ohne Worte fürs Leben gefunden hatten.

Die Eltern Rethel und Lina hatten es natürlich bemerkt, nur meine Mutter, in ihre Dichtungen versunken, war noch ahnungslos. Auch Freund Gebhardt wurde von Rethels eingeweiht; er war innig befreun

---

* William Schade, nicht identifizierbar; Carl Rudolf Sohn, 1845–1908. Sein Vater Carl Ferdinand Sohn und sein Vetter Wilhelm waren gleichfalls Maler.

Frieden bei den Mendelssohns

det mit der Familie Sohn, da Wilhelm Sohn sein Freund und Lehrer war und er eine besondere Vorliebe für den jungen Carl hegte.

So kam es, dass die Freunde der Familie die Vereinigung der beiden Malerfamilien Rethel und Sohn für höchst wünschenswert hielten und besonders Gebhardt sich mit Wilhelm Sohn darüber sehr befürwortend aussprach. Am Donnerstag, an dem die Unica ihren üblichen Kegelabend im Stockkämpchen hatte, einer netten Kaffeewirtschaft mit großem Garten, übernahm es Gebhardt, den jungen Carl Sohn mitzubringen. Wir gingen alle zusammen über Feldwege und durch leuchtende Kornfelder. Wir beide waren sehr still und schüchtern; Carl wurde Mama vorgestellt, die, nichtsahnend, sich weiter nicht verwunderte, dass Gebhardt den jungen Mann mitgebracht hatte. Draußen (die jetzige Prinz-Georg-Straße) war der übliche Kaffeetisch gedeckt. Die Ahnungslosen waren lustig wie immer, aber auf den Eingeweihten lastete eine gewisse Nervosität, und so standen die Älteren bald auf und gingen zur Kegelbahn, während die Jugend sich in den Garten begab, um irgendein Spiel zu spielen. Lina und vor allem mein fünfzehnjähriger Vetter Paul, ein Wildfang, schlugen das beliebte Spiel «Begegnen» vor, das darin bestand, dass man paarweise die Gartenwege entlangschlenderte und es tunlichst vermied, dem einen Einzelgehenden zu begegnen, weil derselbe einem dann die Dame abnahm.

In diesem besonderen Falle aber ließ man uns unbehelligt; niemand versuchte, uns zu begegnen, und so verloren wir uns allmählich in die hinteren Partien des Gartens, und dort, wo eine Brücke über die Düssel führte und eine Bank stand und wo es im Abendsonnenschein heimlich und schön war und die Nachtigallen sangen – da möchte ich den Vorhang fallen lassen ...

Nach längerer, seliger Stunde wurde nach uns gerufen, und endlich entschlossen wir uns, als verlobtes Paar bei den glückwünschenden und jubelnden Freunden zu erscheinen. Meine Mutter hatte man inzwischen etwas vorbereitet, und sie konnte im Moment nur ausrufen: «Aber Else!» und uns beide freudigst in die Arme schließen.

Ich war glücklich

So wurde ich als Jüngste in diese große angesehene Familie aufgenommen. Ein reizender Nachmittag und Abend bei den Sohns besiegelte unsere Verlobung.

Da Carl sich, wie sein Vater, besonders als Porträtmaler ausgebildet hatte, drängte es ihn natürlich vor allem, ein Bild von mir zu malen, und da das Atelier im Haus nicht benutzt wurde, begannen die Sitzungen schon nach kurzer Zeit; wir waren unendlich glücklich; er malte, und ich sah ihn verliebt an, weiter hatten wir ja auch nichts zu tun.

Mein Porträt hatte alsbald in Dresden viel Anklang gefunden, und auf einer kleinen Gesellschaft bei Großmama sah es Herr Wesendonck, der große Kunstfreund und Mann der Mathilde Wesendonck, der Freundin Richard Wagners.* Er bestellte sofort zwei Porträts seiner Söhne, Knaben von ungefähr zwölf und vierzehn Jahren, und ich erhielt von Carl einen beglückten Brief, dass mit dieser Bestellung gewissermaßen der Grundstein für unsere Ehe gelegt sei und dass nun doch allmählich an die Hochzeit gedacht werden könne. Bald darauf kam er nach Dresden, und es wurde die kleine Stube nach der Parkstraße hinaus, die nach Norden lag, für seine Malerei eingerichtet. Wesendoncks wohnten in einer hübschen Villa in der Wienerstraße mit angebauter Bildergalerie sehr nah bei uns.

Wir machten nun einen pflichtschuldigen Besuch, und ich sah bei dieser Gelegenheit die berühmte Mathilde, das Vorbild für Wagners Isolde, wie es hieß. Sie hatte wohl die Absicht, liebenswürdig zu sein, war aber doch so unnahbar, dass mir nicht ganz gemütlich dabei wurde. Sie hatte ein sehr edles Gesicht, sehr hohe Stirne und blaue Augen, das hellbraune Haar etwas phantastisch zurechtgemacht, die Kleidung gewandartig; sie schien auch etwas leidend zu sein. Herr Wesendonck, der bedeutend älter war als sie, war auffallend sympathisch und vertiefte sich

---

* Otto und Agnes Mathilde Wesendonck, 1815–1896 und 1828–1902. Das ursprünglich Elberfelder Kaufmannsehepaar war von seinem Zürcher Domizil 1872 nach Dresden übersiedelt. In der Schweiz hatten der von Otto Wesendonck finanziell unterstützte Richard Wagner und Mathilde Wesendonck in Liebesverbundenheit gelebt.

Frieden bei den Mendelssohns

Carl Rudolph Sohn

sofort mit Carl in ein längeres Gespräch über Kunst und zeigte uns seine sehr beachtliche Galerie. Mathilde zog sich zurück, und mir fiel ein Stein vom Herzen.

Herr Wesendonck kaufte von Carl noch ein kleines, reizvolles Genrebild, eine Mutter an der Wiege darstellend. Wir wurden noch öfters zu ihnen eingeladen, zu einem Diner in kleinerem Kreise, aber vor allem zu einer größeren Abendgesellschaft, für welche an alle Kreise Dresdens Einladungen ergangen waren, vor allem auch an verschiedene der damaligen Sänger der Oper. Ein Gelehrter hielt einen längeren Vortrag. Dann sangen der erste Bariton und eine Sängerin. Mathilde war der Mittelpunkt, sehr angeregt und gar nicht «leidend». Man huldigte der berühmten Frau von allen Seiten, aber trotzdem ließ sie mich in jeder Beziehung kalt. Carl und Herr Wesendonck freundeten sich dank ihrer gemeinsamen Kunstinteressen immer mehr an, sodass einige Jahre

Ich war glücklich

später, als er nach Berlin zog, Carl ihn noch öfters in seinem schönen Haus mit den schönen Bildern besuchte. Im August 1873 sollte unsere Hochzeit stattfinden. Eine Hochzeitsreise verstand sich von selbst, und wir hofften, diese nach Oberitalien machen zu können. Aber davon konnte leider keine Rede sein, denn im Laufe des Sommers brach die große Choleraepidemie in Hamburg aus und verbreitete sich schnell über Deutschland und weiter nach Süden hin. Auch in Dresden gab es viele Fälle. Die Schweiz war das einzige Land, das von der schrecklichen Seuche verschont blieb, und so konnten wir nur die Berge anvisieren.

So nahte denn der große Tag. Aus Berlin kam niemand aus Furcht vor der Cholera; auch wir vermieden es schon seit längerer Zeit, nach Dresden zu fahren. Dennoch musste Carl mit mir zwei Tage vor der Hochzeit zum Standesamt in die Stadt, und der Zufall wollte es, dass der Loschwitzer Kutscher nichtsahnend, irgendeiner Straßensperre wegen, uns geradewegs durch die verseuchten und bereits von den Bewohnern verlassenen Straßen fuhr. Wir erzählten es natürlich erst viel später, um niemanden zu beunruhigen.

Nachdem die Gäste sich mit Kaffee und vielem selbstgebackenen Kuchen gestärkt hatten und die Sonne langsam anfing, die reizende Gegend im Abendglanz zu vergolden, erschien ein Herold in gotischer Tracht und rief das Brautpaar und die Versammelten zu einem Gang durch den Garten. Wir waren, glaube ich, ein schönes Paar, der schlanke blonde Mann und ich, in duftigem Kleid und buntem Blumenkranz um die dunklen Locken, beide still verklärt und in Erwartung des Kommenden. Musik ertönte, und so zogen wir langsam auf dem schmalen Weg an den hohen Wiesenabhängen vorbei, hinein in den sich schon verdunkelnden Park, nur von den rötlichen Strahlen der sinkenden Sonne durchzittert. Da erschien zwischen den Bäumen das erste «lebende Bild», etwas höher hinauf das zweite, und so fort, an jeder Stelle etwas Neues, Reizvolles, bis wir endlich auf der Prärie anlangten, wo sich das eigentliche Festspiel entwickelte. Der lange Blumengang, der von hier aus zwischen den Obsthängen bis zur sogenannten Verlobungsbank

Frieden bei den Mendelssohns

führte und der bisher im Dunkel gelegen hatte, erstrahlte plötzlich in hellstem bengalischen Licht, und auf der Bank saß ein entzückendes Liebespaar und dahinter der blonde Amor mit goldenem Köcher und Bogen. Wie lange der Polterabendzauber dauerte, weiß ich nicht mehr, auch nicht, ob ich in dieser Nacht viel geschlafen habe, aber Erregung und Unruhe in Gedanken an den kommenden Tag lasteten auf mir.

Früh am Morgen wurden wir von den Klängen des Brautchores aus dem *Lohengrin* geweckt; eine Kapelle war bestellt.

So vergingen rasch die wenigen Stunden bis zur Trauung, die für zwei Uhr anberaumt war.

Im Mittagssonnenglanz lag dicht an der Landstraße die kleine, aber entzückende Barockkirche von Loschwitz am Eingang des Dorfes. Längst hatte die Dorfgemeinde die Kirche gefüllt; dichte Scharen von Kindern und Neugierigen standen gedrängt auf allen Wegen und die Rampe hinauf, auf den Brautzug wartend. Da setzten die Glocken ein, und die Wagen nahten langsam: zuerst die Verwandten, dann die ehrwürdige Großmutter, in schwarzem Atlas, mit weißer Witwenhaube und weißem Umschlagtuch; sodann meine Mutter, die Tanten und endlich das Brautpaar – wir! –, die Blumen streuenden Kinder voran und die Brautjungfern und Brautführer im Gefolge.

Ich glaube wohl, dass es ein sehr schönes Bild war und uns jeder, bis zum kleinsten Dorfbewohner, Glück wünschte, denn unsere Familie genoss im ganzen Umkreis größte Verehrung. Wir hörten das Orgelspiel, und unter den brausenden Klängen schritten wir langsam hinein über die Schwelle der Kirche in dem Bewusstsein der endlichen Erfüllung, der so lange ersehnten Vereinigung. Dass der alte bewährte Pastor durch Krankheit verhindert war und statt seiner ein anderer ihn vertrat, der leider stotterte, beeinträchtigte die Predigt und die heilige Handlung ein wenig, aber die vielen von Herzen kommenden Glückwünsche von fast allen Anwesenden waren für uns das Wichtigste. Das Händeschütteln und Umarmen nahm kein Ende und begleitete uns bis hinunter zum Wagen. Im tiefsten Blau wölbte sich der Himmel über uns, die Sonne strahlte, es war für uns wohl das beste Omen für die Zukunft.

Ich war glücklich

Wir gelangten glücklich nach Leipzig, von dort über Frankfurt, Stuttgart und Basel nach Zürich, wo wir im Baur au Lac unseren ersten, etwas längeren Aufenthalt nahmen. Von unterwegs möchte ich noch erzählen, dass wir in Bruchsal zwei Stunden Aufenthalt hatten und sie nutzten, um uns das alte wunderbare Schloss mit seinen berühmten Wand- und Deckengemälden, ich glaube von Tiepolo, anzusehen. In dem großen Saal trafen wir einen alten Bekannten der Sohnschen Familie, den Maler Cederström, der Studien malte und sich sehr mit uns freute. Dann durchwanderten wir noch den weiten Ehrenhof, wo Betten ausgeklopft wurden, und als wir fragten, ob hier ein Krankenhaus sei, sagte man uns: «Ja, für die Cholerakranken.»[*]
Hätten das die ängstliche Mutter und die Großmutter gewusst!

Die Bedrohung durch mögliche zivile Todesarten um 1870 und durch noch unerkannte und unbehandelbare Krankheitserreger hätte Nachgeborene erschauern lassen. Auch je nach sozialem Status, Ernährung und Versorgung, den Lebensverhältnissen in Elendsquartieren oder in lichten Gebäuden suchten neben sonstigen Leiden Diphterie, Rachitis, Ruhr, die Tuberkulose in all ihren Varianten und nicht zuletzt die Cholera in epidemischen Schüben die Menschen des voranstürmenden Jahrhunderts heim. Gegen letztere Geißel empfahl 1866 der medizinische Ratgeber geradezu verzweifelt: «Wer sich in einem Orte aufhält, wo die Cholera wütet, und trägt keine Bauchbinde, ist ein Selbstmörder. Man lasse sich doch gesagt sein, daß durch Warmhalten des Bauches der Ausbruch der Cholera verhütet werden kann. Aber, und das merke man wohl, der Bauch muß ebensowohl bei Nacht wie am Tage, ja vorzugsweise in der Nacht, und ganz besonders in seinem untern Theile gehörig warm gehalten werden. Das ist demnach die beste Bauchbinde,

---

[*] Gustav Cederström, 1845–1933, schwedischer Historienmaler, der in Düsseldorf und Paris studiert hatte. – Die Fresken im Residenzschloss der Fürstbischöfe von Speyer stammen von Giovanni Francesco Marchini, der in Bruchsal mit dem Architekten Balthasar Neumann – welcher in Würzburg mit Giovanni Battista Tiepolo zusammengewirkt hatte – das Treppenhaus gestaltete.

die dies ordentlich thut. Für unruhige Schläfer, bei denen die Binde in die Höhe rutscht und das Deckbette sich öfters lüftet, empfiehlt sich ein Bauchwärmer in Schwimmhosenform. Ein warmer Bauch mit Binde ist nebenbei zur Zeit der Cholera für den Besitzer mit Choleraangst das beste Beruhigungsmittel.»

Nur allmählich wurde verschmutztes Trinkwasser als Überträger des Bakteriums Vibrio cholerae erkannt. Bei der letzten großen Choleraepidemie in Deutschland 1892 mit ungefähr achttausend Toten in Hamburg rief angesichts sanitärer Verhältnisse in den Armenvierteln der Arzt und Bakteriologe Robert Koch aus: «Ich vergesse, daß ich in Europa bin.»

Das zunehmende Reisen mit traditonellen und neuen Verkehrsmitteln in erholsame Regionen kräftigte wohlhabendere Menschen, insbesondere, wenn sie ohnehin glücklich waren.

Solche und solche Hotels

In Zürich genossen wir reizende Tage und uns. Wir fuhren mit dem Dampfschiff über den See bis Rapperswil, dann im Einspänner in die Berge hinein, saßen abends im in den See hinausragenden Garten, dazu Glückseligkeit im Herzen.

In Thun am Thuner See war uns ein Quartier im ersten Hotel Bellevue bestellt; wir konnten uns fast häuslich einrichten. Die Verpflegung war vorzüglich, und wie überall in der Schweiz bestand auch hier die Bedienung ausschließlich aus zuvorkommenden, hell gekleideten Mädchen. Ich hatte dies zufällig in einem Brief nach Düsseldorf erwähnt, und dort soll die gute alte Tante Emma darob entsetzt ausgerufen haben: «*Mon Dieu*, die armen Kinder! Nun sind sie ahnungslos in ein ganz verrufenes Hotel geraten voll weiblichen Personals! Schrecklich!»

Wir lernten schließlich einen kleinen Kurort kennen, dessen Sommergäste unvergesslich bleiben sollten. Es war ein sehr preisgünstiger Ort, der nur von ganz einfachen Bürgersleuten und Beamten besucht wurde, deren Damen sich aber, wie in den mondänen Badeorten, nach Kräften elegant ausstaffiert hatten. Sie promenierten insbesondere nach dem Mittagessen vor dem Hotel stolz auf und ab, gebläht von hinten und von vorne. Dicke Queues füllten die weiten, überall gerafften Röcke, Volants in allen Breiten, unten ringsherum überdies mit Bailleusen gefüttert, schlappten über den Boden durch den Staub oder wurden mit beringten Händen in langen weißen Glacéhandschuhen – zur Mittagsstunde! – möglichst hochgehoben, um die neuen Knöpfstiefel darzubieten. Die dicken Busen waren in enge Fischbeintaillen mit Gigotärmeln gepresst, über die lange unechte Ketten baumelten. Über den recht gewöhnlichen, aber selbstbewussten Gesichtern türmten sich

Solche und solche Hotels

falsche Locken, falsche Zöpfe und Chignons. Die Männer protzten mit üppigen Westen und wehenden Krawatten und Blumen im Knopfloch. So lief die wunderliche Schar schwatzend auf und ab, uns harmlose Bergsteiger verächtlich musternd. Für uns aber war es ein Anblick für die Götter, und hätten wir damals schon einen Photoapparat besessen, hätten wir einzigartige Dokumente für die Geschmacklosigkeit der Siebzigerjahre geliefert.*

Das Wetter war wieder schön, und die Diligence brachte uns am anderen Tag wieder nach Genf zurück. Nah dem Garten des Hotels Beau Rivage befand sich die Landungsstelle für alle Schiffe, und das interessanteste internationale Publikum wechselte sich auf derselben ab.** Wir saßen stundenlang und sahen dem Treiben zu. Wir selbst wohnten in einer reizenden Dependance im Garten mit nur wenigen Leuten zusammen und hatten einen großen Balkon zum See hinaus. Die Mahlzeiten nahmen wir im Haupthaus ein, man aß damals noch an einer langen *table d'hôte*, aber wir fanden das sehr amüsant.***

Eines Tages erschien ein kleiner Herr in hellgrünem Gehrock und mit mächtigem grauen Zylinder; er wurde von allen besonders beachtet und gegrüßt und voller Ehrfurcht behandelt; er hatte einen großen, bedeutenden Kopf, denn er war Thiers, der erste Staatsmann von Frankreich.**** Einen höchst anmutigen Anblick gewährten drei bildschöne junge Engländerinnen, die mit ihren Eltern dort waren und uns auch im Garten am Seeufer durch ihre Anmut große Freude machten. Es war ein

---

* *Queue d'écrevisse/Krebsschwanz*: Stahlfedern, um Röcken Volumen zu verleihen. *Volant*: angekrauster Stoffstreifen. *Bailleuse*: wattierter Saumbesatz. – Handschuhe gehörten zur Abendgarderobe. – *Gigot*-, Puff-, Keulen-, oder Schinkenärmel: Ärmelkreationen mit Watteauffüllung.

** Ebendort wurde fünfundzwanzig Jahre später, 1898, Kaiserin Elisabeth von Österreich-Ungarn ermordet. Und 1987 starb im Hotel Beau Rivage unter bis heute ungeklärten Umständen der Politiker Uwe Barschel.

*** *Diligence*: Postkutsche.

**** Adolphe Thiers, 1797–1877; der französische Staatsmann und Historiker war von 1871–1873 erster Präsident der Dritten Republik.

Ich war glücklich

ständiger Genuss, sich die schlanken, graziösen Gestalten gegen den hellen See abheben zu sehen; sie waren meist am Landungssteg, wo ihre Freunde und Verehrer eintrafen. Auch sie waren von einiger Bedeutung, denn sie gehörten zur Familie Sir William Armstrongs, des englischen Kanonenkönigs.

Bei uns in der Dependance wohnte zudem eine Mutter mit zwei langen Töchtern aus Russland, alle drei in Schwarz, alles lang hängend, Kleider, Haare, lange schwarze Handschuhe, sogar der Hund war schwarz, reichlich unheimlich, gemieden von allen, aber gegen Abend wie Nornen durch den Garten schleichend, wohl nach Anschluss suchend. Alle nannten sie nur den Seetang.

Sehr häufig stiegen wir hinauf nach Lausanne, besahen die schönen Läden und kehrten am Nachmittag in der verlockenden Konditorei Amédée Kohler et fils ein und tranken die himmlischste Schokolade, genauso schmeckend wie die Bonbons in Stanniol. Es war ein Göttertrank, nur mit dem Nachteil, dass er mir zu gut bekam und ich so viel zugenommen hatte, dass alle meinten, als wir heimkehrten, es könnte schon eine andere Folge der Heirat eingetreten sein. Man aß Schokolade, wo man ging und stand; die Bauernkinder bekamen statt Butter eine Tafel Schokolade aufs Brot gelegt.

Wir unternahmen mehrere Touren nach Montreux mit Schloss Chillon, nach Vevey, wo damals viele reiche Mädchen aus Deutschland in Pension waren. Und endlich schlug die Abschiedsstunde. Zum Schluss hatte ich noch einen Verehrer gefunden, der nichts sprach, mich aber recht unverschämt anstarrte und uns zu guter Letzt sogar nachreiste, dem wir aber ein Schnippchen schlugen, indem wir bald umstiegen, sodass er allein weiterfahren musste. In Bern blieben wir noch einen Tag und langten schließlich in Düsseldorf an, von Mama und allen Lieben freudigst in Empfang genommen und zur neuen Wohnung in der Immermannstraße geleitet, wo uns ein Hausmädchen, unsere nette Elise, begrüßte, um mich junge unerfahrene Frau in ihre Obhut zu nehmen.

Else Sohn-Rethel, Gemälde von Carl Rudolph Sohn

Neue Verhältnisse

In dieser ersten Etage des Eckhauses Immermann- und Charlottenstraße begann unser einfaches, aber schönes Eheleben, und da ich mit Carl unendlich glücklich war, spielten die so sehr viel bescheideneren Verhältnisse für mich keinerlei Rolle. Im Gegenteil. Es bereitete mir besondere Freude, mit wenig Geld auszukommen, und ich war stolz, mit den Mk. 150,–, die mir monatlich zur Verfügung standen, den kleinen Haushalt zu bestreiten. Diesen Zuschuss gab mir Mama aus dem Erlös eines gut verkauften Bildes meines Vaters an das Leipziger Museum.

Unser Mädchen Elise verstand es, sehr einfach und billig zu kochen; ich lernte allerhand rheinische Gerichte kennen, die uns besonders gut schmeckten, und ich muss es hier noch einmal dankend erwähnen, dass meine Großeltern von jeher all ihren Kindern einen einfachen Sinn mitgaben, sodass sich alle leicht jeder Lebenslage anzupassen verstanden.

Wir hatten zwei sonnige Wohnzimmer nach vorn heraus, mit dem Blick auf die Wiesen und Felder, die damals die andere Seite der Immermannstraße begrenzten. In der Ferne fuhren die Züge der Kölner und Bergisch-Märkischen Bahn hin und her, dahinter und darüber hinaus waren freie Landschaft und Himmel. Ein kleines Zimmer mit Balkon zur Charlottenstraße grenzte an das Schlafzimmer, an welches sich wiederum die Küche und eine kleine Vorratskammer anschlossen. In der zweiten Etage lag das große Atelier. Das eine Wohnzimmer war mit unseren alten Schränken und Truhen und vielen Bildern eingerichtet, das zweite Zimmer modern mit hellen Eichenmöbeln; es war mein eigentlicher Bereich mit vielen Blumen am Fenster.

Carls Cousin und Lehrer Wilhelm arbeitete damals noch im sogenannten Wunderbau in der Pempelforterstraße. Ein Besuch bei ihm war

Neue Verhältnisse

ein besonderes Ereignis, da er fast niemandem einen Einblick in sein Arbeiten gewährte. Er malte damals schon jahrelang an einem großen, von der Nationalgalerie bestellten Bild, darstellend, wie einer Sterbenden im Kreise ihrer Familie das letzte Abendmahl gereicht wird. Er zeigte uns dasselbe nur ausschnittweise, indem er abwechselnd kleine Vorhänge auf- und zuzog. Dass das Bild ganz besonders ergreifend sei, hatte uns Carl erzählt, und die wenigen Figuren, die wir sehen durften, waren allerdings von unerhörter Harmonie in Farbe, Zeichnung und Ausdruck. Unzählige angefangene Skizzen davon standen im Atelier herum und zeugten von der jahrelangen Beschäftigung mit diesem Hauptwerk. Wilhelm lebte im Kampf zwischen seiner seltenen Begabung für die Farbe und dem beständigen Einfluss Eduard von Gebhardts, für den Form und Ausdruck das Entscheidende waren, und durch diesen inneren Konflikt wurde das Bild fortwährend geändert und blieb zuletzt unvollendet. Erst nach seinem Tode viele Jahre später wurde es der Nationalgalerie ausgehändigt, wirkte aber etwas verquält und aus der Zeit gefallen. Wir alle litten mit ihm, aber keinem war es gelungen, ihm zur Vollendung des Bildes zu verhelfen.

Carl begann nun vor allem mit der Arbeit im neuen Atelier und nahm zuerst das begonnene Porträt von mir im schwarzen Kleide in Angriff. Dass ich ihm mit Freuden saß, brauche ich wohl nicht zu erwähnen. Das Bild gelang ihm und wurde wohl eine seiner besten Arbeiten. Viele gute Kritiken erschienen; er stellte es bei Schulte aus, und es gefiel allgemein. Ich lasse hier eine Kritik folgen:

«Carl Sohn aber bricht ohne Zweifel die Palme mit seinem Porträt einer jungen, lieblichen Frau, welches zu den besten gehört, die in unserer Kunststadt geschaffen worden sind. Hier ist es wieder einmal recht anschaulich bewiesen, daß man einfach sein kann, ohne nüchtern zu werden, schmucklos, ohne ärmlich, edel, ohne starr zu werden, daß man fein ausführen kann, ohne in ängstliche Tüftelei zu verfallen. Besonders erfreulich ist die gute Durchführung bei den Haaren, die jetzt im allgemeinen mit einigen breiten Pinselstrichen und großen Glanzlichtern abgetan werden. Gestalt, Kopf und Hände stehen in schönster Harmo-

Ich war glücklich

nie, nur will uns die erhöhte Lage der Hände zu wenig motiviert erscheinen, da die feste Unterstützung fehlt. Was die malerische Wirkung im Ganzen betrifft, so setzt sich die Gestalt zu sehr als Silhouette ab und würden einige Lichter auf dem tiefschwarzen Kleid ihr mehr Rundung verleihen. Ein großes Wagnis ist es, den Kopf mit dem zart gelblichen Kolorit auf einem ganz ähnlich gefärbten Hintergrund abzuheben, ein Wagnis, welches, so glücklich gelöst, von der besonderen malerischen Begabung des Künstlers Zeugnis ablegt.»

Kunstsalon Schulte, November 1873

Binnen kurzem erhielt Carl den erfreulichen Auftrag, die Frau des französischen Konsuls Comte de Fontenay zu malen, was ihm auch vorzüglich gelang. Sie war eine Südfranzösin mit feinem, elfenbeinfarbenem Gesicht, dazu machte sich ein bunter türkischer Schal sehr gut. Es waren sehr liebenswürdige Menschen, er lustig und anregend, mit zwei reizenden Kindern – ein hübscher, dunkeläugiger Junge von zehn Jahren und ein pikantes kleines Mädchen mit einem Stupsnäschen –, und es reizte Carl, diese drei zusammen, den Vater mit einem Kind in jedem Arm, ihnen zum Geschenk zu malen. Auch dieses Bild gelang ihm trefflich, und der Graf war uns sehr dankbar.

Unser Leben floss nun still und glücklich dahin, Carl war immer fleißig, auch ich meist mit einer künstlerischen Arbeit beschäftigt. Ich absolvierte täglich meine Singübungen, denn ich hatte die Absicht, meine bereits ausgebildete Stimme auch ordentlich zu nutzen, und meldete mich bald als Mitglied beim Städtischen Musikverein an.

Es war Sitte, dass die Neuangemeldeten in einer Pause der Probe vorsingen mussten, weil dann erst die Aufnahme erfolgen konnte. Da ich die Arien aus der *Schöpfung* von Haydn sehr gründlich studiert hatte, wählte ich die erste: «Nun beut die Flur das frische Grün dem Auge zur Ergötzung dar», und sang frisch drauflos und nahm mit besonderem Vergnügen das mir leicht werdende hohe C. Nun, keiner hatte wohl erwartet, eine noch recht junge, aber fertige Sängerin zu hören, und so erntete ich lauten Beifall und wurde bald die erste Kraft des Vereins.

Neue Verhältnisse

Tausch schmunzelte, denn er hatte es nicht anders erwartet, und ließ mich von da ab häufig in den Proben die Soli in den Oratorien von Haydn, Mendelssohn etc. singen.

Ich hatte eine sehr hohe Stimme, denn zu meinen täglichen Übungen bei meinem Lehrer Scharfe gehörten die Arien der Königin der Nacht und die Variationen von Proch und Rohde, die sich alle bis zum hohen C, D, E hinaufschwangen.* Mein Singen wurde bekannt in Düsseldorf, und so gab es keine Gesellschaft, zu der wir geladen wurden, bei der ich nicht zu singen gebeten wurde. Ich erinnere mich noch besonders an einen Abend bei Direktor Eduard Bendemann in der Jägerhofstraße, wo ich, von unserem Freund Ernest Preyer begleitet, verschiedene Lieder sang. Mit besonderer Freude begrüßte mich der junge Maler Wilhelm Beckmann, der im März 1872 beim Brand der alten Akademie am Rhein den großen Karton meines Vaters *Sturz der Irminsul* unter Lebensgefahr gerettet hatte. Mama schenkte ihm damals aus Dankbarkeit eine Studie von Karl dem Großen von der Hand meines Vaters. Er freute sich natürlich sehr, mich kennenzulernen.

Unser häusliches Leben floss ruhig dahin. Carl ging noch häufig, seiner alten Gewohnheit gemäß, am Abend in den Schellfisch auf der Flingerstraße, wo er mit seinen Freunden sein Glas Bier trank. Die beiden Wirtstöchter, die spätere Frau Maler Wünneberg und Frau Carl Mücke, wurden von allen umschwärmt. Carl bevorzugte Elise, und ich habe ihn viel mit ihr geneckt. Um, wie er sagte, mich nicht zu verwöhnen, ließ er mich oft allein, und ich habe manchen Abend bis in die Nacht hinein sehnsüchtig am Fenster gestanden und auf ihn gewartet, sogar nicht ohne Angst, da es damals in dem einsamen Hofgarten sehr unsicher war; es wurde häufig jemand angefallen, und eines Tages fand man dicht bei der Jägerhofstraße sogar einen Erschlagenen.

---

* Heinrich Proch, 1809–1878, österreichischer Kapellmeister und Komponist; Wilhelm Rohde, 1856–1928, Komponist aus Schleswig-Holstein.

Ich war glücklich

Die alte Akademie in Düsseldorf

Ich schloss mich mehr und mehr der Familie Hoff an, wo die reizenden Kinder meine ganze Wonne waren. Jeden Samstag musste ich kommen und beim Baden zusehen und sie dann in den Betten mit dem üblichen Milchreis füttern. Je mehr Fruchtsauce ich darüber verteilte, desto besser. Zum Abendessen blieb ich dort, Carl holte mich, vom Malkasten kommend, ab, und die Gespräche mit meinem Schwager Hoff bildeten eine ständige Anregung für uns.

Carl Hoff war ein Freigeist in jeder Weise, sowohl was die Politik betraf als auch die oft so engherzige künstlerische Richtung der vielen Kollegen im Malkasten, deren Bilder oft nur schmückten, ohne zu be-

Neue Verhältnisse

rühren, und die vor seinen sarkastischen Bemerkungen keinen Augenblick sicher waren. Hoff ist der Mann, der einen schon von Kindheit an in mir schlummernden Funken des Freigeistes und der Auflehnung gegen alle Konvention angefacht hat; ihm verdanke ich auch meine jetzige sehr starke republikanische Einstellung, und ich bin ihm noch heute dankbar dafür.

Im Laufe des Frühjahrs stellte Carl mein Porträt im schwarzen Kleid und das Porträt meiner Großmutter in Berlin aus, und siehe da, es hatte auch dort großen Erfolg, sodass uns ein schöner Auftrag von Onkel Otto Oppenheim, seine Tochter Enole Mendelssohn-Bartholdy zu malen, nach Berlin rief. Sehr liebenswürdig wurden wir in der bequemen Wohnung am Leipziger Platz aufgenommen, und es begann für uns nun eine abwechslungsreiche Zeit mit all den Verwandten, die mir fast wie Geschwister nahestanden.

Auch im Theater sahen wir viel Neues, den Niemann, die Lucca und Mallinger, die Raabe etc., alle befanden sich auf ihrem künstlerischen Höhepunkt. Doch ein Abend vor allem wird immer in meiner Erinnerung weiterleben, als wir nämlich den Italiener Rossi als Othello sahen. Von der Größe, der Wildheit und zwingenden Gewalt dieses Heros kann man sich keine Vorstellung machen; neben ihm verblich alles und jeder andere. Ich war so fassungslos, dass ich auf dem Nachhauseweg in der Droschke weinend und schluchzend in Carls Armen lag und er mich kaum beruhigen konnte.

So verging der Winter. Ich sang fleißig im Musikverein, besuchte Gesellschaften, und dann und wann hatten wir auch einige Gäste. Da ich im Februar das Kind erwartete, konnten wir zu Weihnachten nicht mehr nach Dresden fahren, aber Mama kam stattdessen zu uns, und so war der erste Weihnachtsabend im eigenen Haus besonders familiär. Meinen Tisch schmückte vor allem die kleine Ausstattung für das Kind, und die Wiege stand daneben. Wie glücklich waren wir in dieser Aussicht! Da ich mich noch sehr wohl fühlte, besuchte ich mit Carl den Festabend im Malkasten, wo, wie üblich, die Heiligen Drei Könige auf der Bühne

Ich war glücklich

erschienen und alsdann alle an verschiedenen Tischen rings um den großen Saal beisammensaßen. In der Mitte war so viel Raum gelassen, dass getanzt werden konnte, und ich wurde sogar noch vier Wochen vor Alfreds Geburt von einem ahnungslosen Jüngling um einen Tanz gebeten. Er hatte offenbar keinen Blick für den Grund meiner reichlich umfangreichen Erscheinung.

Fastnacht fiel 1875 auf den siebten Februar. Am fünften ging ich noch mit Carl zur Generalprobe der großen Malkasten-Redoute in der Tonhalle und sah mit Vergnügen den Vorbereitungen zu. Meine Mutter weilte schon einige Tage bei uns; die Hebamme, Frau Röder, war avisiert, ebenso der bewährte Dr. Eckhardt. Carl ging im Domino noch am Samstag zur Redoute; wir hatten jedoch zur Sicherheit unseren Ausläufer, den zuverlässigen alten Louis, zu uns bestellt, für den Fall, dass die Wehen einsetzen würden. Wir konnten Louis aber nach Hause schicken, als Carl nach zwei Uhr heimkehrte und mich schlafend fand. Er ging zu Bett und schlief ein, da es aber ein Fastnachtskind werden sollte, meldete es sich leise bereits um vier Uhr; ich glaubte noch nicht daran, aber allmählich nahmen die Schmerzen doch zu. Carl flog in die Kleider und stürzte in die Nacht hinaus, Hebamme und Doktor zu benachrichtigen. Im Morgengrauen trafen beide ein, fanden aber, dass die Sache noch lange dauern könne. Dr. Eckhardt frühstückte bei uns und ging dann fort; nur Frau Röder musste auf Wunsch meiner ängstlichen Mutter bei uns bleiben.

Erst am späten Nachmittag begannen die Schmerzen stärker zu werden, sodass ich mich niederlegte. Es folgten schwere Stunden; das Kind hatte den einen Arm über dem Kopf liegen, was die Geburt erschwerte und verlängerte; ich half ordentlich mit, und um halb ein Uhr war der Junge glücklich auf der Welt. Es war ein sehr zartes, kleines Kind mit unheimlich großen blauen Augen, einer langen Nase und langem Haar. Dr. Eckhardt taxierte ihn auf nicht mehr als etwa drei Pfund; er war um vierzehn Tage zu früh gekommen. Frau Röder blieb die Nacht über da und sah nach dem Rechten. Ich soll am Morgen den eigentümlichen Ausspruch getan haben, ich wünschte mir noch recht viele Kinder.

Neue Verhältnisse

Wenigstens wunderte sich die gute Frau darob sehr, das habe ihr noch nie eine Frau nach der Geburt gesagt. Den Namen Alfred hatten wir schon lange für den ersten Jungen bestimmt.* Leider konnte ich ihn nicht nähren, da er zu zart war und meine Milch nicht reichlich genug für ihn floss, und so musste eine Amme gesucht werden. Carl fuhr deshalb verschiedentlich über Land und brachte endlich die richtige mit; sie hieß Marie und war herzlich und anstellig. Nachdem ich mich wieder erholt hatte, konnten wir die Taufe feiern.

Schon der März bescherte warme Tage, sodass Mama sich oft mit dem Kind, gut verpackt in den Steckkissen, in denen bereits ich in Rom gelegen hatte, vor unserer Haustür in die Sonne setzen konnte, da wir geradezu wie auf dem Lande wohnten. Als Mama schweren Herzens wieder nach Dresden gereist war, lebte ich ganz der Pflege und in der Freude an dem Kinde.

Wegen meiner Vorliebe für das Theater gingen wir auch öfters in das damals am Markt gelegene kleine Theater, in welches man durch ein Tor im Rathaus und über einen verwahrlosten Hof gelangte. Es war denkbar primitiv, aber dort wurde gut gespielt und gesungen. So sahen wir auch *Romeo und Julia*; mir ist vor allem die Balkonszene erinnerlich, als Romeo auf einer gewöhnlichen Anstreicherleiter hinaufkletterte und fast herabstürzte. Man hatte aber bereits höheren Ortes beschlossen, ein neues, würdigeres Theater zu bauen. Es wurde eine Konkurrenz ausgeschrieben, die Prof. Giese aus Dresden gewann, ein alter Freund des Hauses Grahl.

Mit dem herannahenden Sommer rüsteten wir uns wieder für Loschwitz, denn man wartete dort mit Ungeduld auf den kleinen Alfred.

---

* Alfred Sohn-Rethel, 1875–1958. Der erste Spross der Familie wurde später gleichfalls namhafter Maler, dessen Ehe wiederum der marxistische Sozialphilosoph und Wirtschaftswissenschaftler Alfred Sohn-Rethel, 1899–1990, entsprang.

Ich war glücklich

Das Kind wurde freudig in Empfang genommen, und alle bewunderten seine schönen Augen, die graublau waren und lange schwarze Wimpern hatten. Zu diesem glücklichen Dasein gesellte sich der Porträtauftrag, die drei kleinen Töchter des Grafen von Ysenburg und seine Frau, eine Prinzess Ysenburg-Büdingen, auf Schloss Meerholz bei Frankfurt a. M. zu malen. Carl erhielt für jedes Bild Mk. 2000,– und reiste bald ab. Die Ruhe sollte aber leider durch die schwere Erkrankung unseres Herzensschatzes gestört werden. Die Amme fing an, die Milch zu verlieren, der Kleine nahm nicht mehr zu; andere Milch wurde zugegeben, auch das neuartige Kindermehl von Nestlé; doch auch dieses versagte. Das Kind bekam noch Durchfall und schrie Tag und Nacht, war kaum noch zu erkennen, und wir sahen schon dem Schlimmsten entgegen, denn zuzusetzen hatte der kleine Kerl nichts. Der renommierte Geheimrat Winkel vom Dresdner Krankenhaus wurde konsultiert; er zuckte die Achseln und verordnete als letztes Mittel eine dünne Bouillon von Kalbsfüßen mit Gerstenschleim. Das Kind trank zum ersten Mal nach vielen Tagen einen Strich der Flasche und behielt diese Tropfen bei sich. Wir hofften wieder. Es waren schwere Tage und Nächte. Von dem Glücksgefühl der eintretenden Genesung kann man sich kaum eine Vorstellung machen.

Die Aufträge rissen nicht ab, und wir konnten getrost in die Zukunft sehen.

In diesem Frühjahr gab Anton Rubinstein ein Konzert in der Tonhalle; er war damals im Zenith seiner Karriere und erntete tosenden Beifall. Wir waren völlig hingerissen von dem grandiosen Spiel und meinten, Großartigeres könne es kaum geben. Und trotzdem erlebten wir drei Wochen später Franz Liszts Magie, neben der das Spiel von Rubinstein vollkommen verblasste.* Da Ratzenberger auch ein Schüler von

---

* Anton Grigorjewisch Rubinstein, 1829–1894, Komponist, Dirigent, Pianist und Star des frühen internationalen Musikbetriebs; Franz Liszt, 1811–1886, die andere vergötterte Musikkoryphäe, war Rubinstein freundschaftlich verbunden. Rätselvoll ist Liszts hier dezidiert erwähnte Begleiterin Frau von Loé oder Loë, geborene Hatzfeld. Über eine Verbindung des Komponisten mit einer Frau aus

Neue Verhältnisse

Liszt war, hatten wir es ihm zu verdanken, dass Liszt sich bereit erklärt hatte, für ein zweitägiges Lisztfest anzureisen. Am ersten Tag wurde ein Oratorium von ihm aufgeführt, worin ich als erste Stimme im Sopran mitsang. Ich werde nie vergessen, wie unter rauschendem Applaus der Meister den Saal betrat und langsam und feierlich in seiner ganzen Größe und Erhabenheit, im langen schwarzen geistlichen Gewande und mit dem markanten Kopf, hereinschritt und sich dicht vor uns in der ersten Reihe im für ihn bekränzten Stuhl niederließ. Neben ihm saß seine ständige Begleiterin, eine Frau von Loé, geb. Hatzfeld, die auch in Rom bei ihm lebte. Er schien mit der Aufführung zufrieden zu sein und spendete selbst Beifall. Seine Schüler, auch Lina Scheuer, umringten ihn und geleiteten ihn zum Wagen. Für den folgenden Tag hatte ich mit Frau Lork zusammen Plätze genommen, das Billet zu Mk. 10,–. Carl hatte es für sich als zu teuer befunden. Der erste Teil war mit Einzelwerken von Liszt ausgefüllt, und dann hoffte man, dass er selbst spielen würde; ein bekränzter Flügel war für ihn aufgestellt. Man saß in atemloser Erwartung, und tatsächlich, er erhob sich wirklich, nahm umstandslos Platz, überlegte einen Augenblick und begann ein einfaches Stück von Schubert zu spielen und noch ein zweites – aber wie er es spielte, ist in Worten nicht auszudrücken. Viele weinten, man war geradezu fassungslos.

Aber dann brach der Sturm los; mit seinen langen schmalen Fingern entfesselte er ein Brausen und Toben, wie ich es auf einem Flügel niemals zuvor gehört hatte. Er spielte *Der Heilige Franziskus von Padua auf den Wogen schreitend*; es war ein Naturschauspiel; man glaubte, auf den Wellen zu sein, die Blitze zuckten, und der Donner rollte, es war einfach unbeschreiblich. Wie man ihn umjubelte, brauche ich nicht zu sagen; auch Carl hatte ihm von draußen durch das Fenster gelauscht, kam dann herein und war mit uns begeistert. An das Spiel von Rubinstein dachte niemand mehr, es verblasste, wie gesagt, völlig neben diesem Einzigen. Seine Begleiterin, Frau von Loé, die mit Frau Preyers dieser Familie ist nichts bekannt. In Rom lebte Liszt mit der Fürstin zu Sayn-Wittgenstein zusammen.

Ich war glücklich

Franz Liszt und Anton Grigorjewitsch Rubinstein

Eltern in Bonn befreundet war, brachte ihn nach dem Konzert noch zu Preyers, und wir durften uns auch einfinden, und so sahen wir ihn noch in engerem Kreis und wurden ihm vorgestellt. Er war trotz seiner großen Ermüdung unendlich liebenswürdig; ich sehe ihn noch vor mir, wie er hochgewachsen und ehrwürdig im Lehnstuhl sitzt, eifrig meist Französisch sprechend. Frau Preyer musste ihm noch einige Lieder von Heine zitieren. Wie dankbar bin ich, dass ich diesen Mann leibhaftig erleben durfte.

Wir waren in diesem Frühjahr reich gesegnet mit seltenen Musikereignissen, denn Kapellmeister Tausch hatte auch mit Rubinstein vereinbart, dass im Mai er selbst dessen Oratorium *Der Turm zu Babel* bei uns aufführen werde. Es gab viele und anstrengende Proben; ich bekam eine kleine Solopartie, die erste Stimme in den Quartetten, die von den Völkerschaften beim Überschreiten des Jordans zu singen hatten. Die zweite Stimme gab Fräulein Rosa Knecht, die eine recht tüchtige Kraft des Vereins war, mit der ich oft zusammenwirkte. Rubinstein reiste einige Tage zuvor an und war nach der ersten Probe mit dem Gehörten

Neue Verhältnisse

nicht einverstanden; die Tempi waren alle zu langsam genommen, aber dank seines unermüdlichen Anfeuerns und unserer Begeisterung kam doch eine opulente und schwungvolle Aufführung zustande, und der Erfolg von *Babel* war immens.

Es war damals allgemein Sitte, dass die Mitwirkenden frische Blumen mitbrachten, um sie am Schluss den Solisten zuzuwerfen, und da wir alle nun für Rubinstein schwärmten, hatte fast jede der Choristinnen einen Korb voll Blumen neben sich stehen, und er wurde unter dem Jubel des Publikums unter Blumen schier begraben. Er saß nachher, vollkommen aufgelöst von der Anstrengung und dem Erfolg, mit offener Weste und in Schweiß gebadet auf den Stufen des Pultes und reichte uns allen, die wir uns um ihn drängten, dankend die Hände und schenkte uns Blätter aus seinem Lorbeerkranz. Das Werk selbst war sehr effektvoll und großzügig und hatte viele mitreißende Stellen; es hat sich aber leider nur kurze Zeit gehalten; für unsere heutige Zeit ist es viel zu pomphaft und äußerlich.

Mit Kleister für Kaiser und Reich

«Es gibt einen Beruf, bei dem man viele Töpfe braucht. Und in jedem dieser Töpfe liegt ein verborgenes Wunder, und wenn du mit einem Pinsel hineintunkst, dann kannst du dir die ganze Welt anstreichen, wie du willst, in allen Farben. Und so konnte Johann Jakob Schäufele, nachdem er sich drei Jahre in den sechs Hauptfarben Schwarz, Weiß, Rot, Grün, Blau und Gelb gründlich erprobt hatte und die schwierigsten Mischungen vorgenommen, indem er aus Schwarz und Weiß das schönste Grau zauberte oder aus Rot und Gelb ein Orange herstellte, als wohlausgebildeter Gehilfe gelten. Denn das hatte er mit der Zeit auch eingesehen, wenn man alle sechs Grundfarben zumal ineinanderrührt, daß es dann eine rechte Wüstenei gibt ...»

Karl Stirner: Der Dekorationsmaler. Erzählung

Schon brieflich hatten wir gehört, dass sich in Düsseldorf allerhand großartige Dinge anbahnten. Ein Künstlerfest sollte im September 1877 zu Ehren des alten Kaisers im Malkasten stattfinden, weil derselbe mit seinem gesamten Stab sowie den Prinzen und Fürstlichkeiten des ganzen Reiches in der Golzheimer Heide ein vierzehntägiges Manöver abhalten wollte. Er war zu diesem Zweck im Schloss Benrath angemeldet. Hoff war mit Professor Hünten bereits nach Berlin gefahren, um den Kaiser persönlich einzuladen, und er hatte die Zusage erhalten. Nun hieß es, wirklich etwas Erstklassiges, noch nie Dagewesenes zu schaffen. Hoff schrieb das Festspiel, und man hatte ihm die ganze Leitung und Regie übertragen; er war der richtige Mann dazu.

Gleich am ersten Tag, als wir nach unserer Rückkehr in den Malkasten kamen, fanden wir bereits auf dem Platz vor der Kegelbahn alle

Mit Kleister für Kaiser und Reich

Herren des vielköpfigen Komitees versammelt. Hoff, den wir noch nicht gesehen hatten, kam uns erfreut entgegen, schloss mich in die Arme und sagte: «Ich ernenne dich zu meinem Adjutanten, du bist die Richtige.» Da hörte ich erst von den Plänen und willigte begeistert ein, das Amt nach besten Kräften auszufüllen; ich war glücklich, meinem geliebten Hoff helfen zu können.

Ganz Düsseldorf hatte sich in den Dienst dieser großen Sache gestellt; alle bekannten Künstler wie Andreas Müller und Oswald Achenbach, Camphausen, Grotjohann usw. arbeiteten nur dafür.* Ich brauche die Namen nicht einzeln anzuführen, da das Fest ein historisches wurde und jeder in der Chronik des Malkastens und der Stadt darüber nachlesen kann. Ich will nur das erzählen, was mich persönlich betraf.

Hoff schrieb das Festspiel und musste die ersten Schauspielerinnen dafür gewinnen. So veranlasste er meine Mutter, in Dresden die Tragödin Anna Haverland für die Rolle der Germania aufzufordern; dieselbe nahm an, ebenso die Irschik, die für die Rolle der Clio ausersehen war. Für die Sage forderte man ein Fräulein Schaumburg auf, die in Barmen tätig war und sehr schön sprach; die Poesie war ein entzückendes junges Fräulein Hoffmann. Die neun Musen im Gefolge der Clio gehörten zum Vorspiel; ich war als Muse der Musik ausersehen und mit mir eine Reihe schöner Frauen und Mädchen.

Ganz Düsseldorf drängte sich natürlich zur Mitwirkung, aber fürs Erste wurden die Hauptrollen nur denen übertragen, die sich besonders dazu eigneten. Obgleich wir noch im Mai waren, begann schon ein intensives, fast wildes Arbeiten. Alles andere blieb liegen; jeder sprach nur vom Fest; die Maler, vor allem Oswald Achenbach, der doch schon ein bejahrter Mann war, standen wochenlang mit krummen Rücken und malten die große Wanddekoration, die eineinhalb Stunden lang abgerollt werden sollte.

---

* Andreas Müller, 1811–1890; Oswald Achenbach, 1827–1905; Wilhelm Camphausen, 1818–1885; Philipp Grot Johann bzw. Grotjohann, 1841–1892.

Ich war glücklich

Was ich selbst in den drei Monaten geleistet habe, ist mir heute noch ein Rätsel; aber es war unvergesslich turbulent. Die Kinder waren bei einer Wärterin wohl verwahrt; auch Carl blieb meist zu Hause; er musste sich schonen und überließ mir gern die auswärtige Arbeit.

Hoff beauftragte mich nun, in seinem Namen die attraktivsten Frauen zum Mitwirken aufzufordern, in erster Linie die durch ihren Liebreiz bekannten Nichten des Konsuls Kniffler aus Krefeld. Für mich hatte er außer der Muse im zweiten Teil des Festes noch den Part einer der singenden Nixen auf dem Felsen des Teiches ausersehen. Die Musik für den ganzen Abend komponierte Julius Tausch. Noch heute spielt man bei jeder festlichen Gelegenheit seinen sogenannten Malkastenmarsch.

Mit den Mitwirkenden musste ich nun die Kostüme besprechen, Stoffe aussuchen und anprobieren. Ich arbeitete von morgens bis abends, aber mit Freude und Begeisterung. Die gesamte Stadt stand im Banne des Kaiserfestes. Die Künstlerschaft wurde in verschiedene Gruppen eingeteilt, und jede derselben wirkte und lebte nur für ihre Aufgabe. Die Herren, die für die Ausschmückung des großen Saales verantwortlich waren, an der Spitze der Maler Hermann Krüger, beauftragten mich, drei große Banner herzustellen, die von der Galerie herabhängen sollten. Die Decken wurden aus grober, rotgefärbter Sackleinwand hergestellt, mit je einem kaiserlichen Adler in der Mitte, der mir fertig geliefert wurde. Um denselben herum sollte ich ein goldstrotzendes, plastisches Ornament entwerfen, dessen Vorzeichnung direkt auf dem Stoff mir nicht schwerfiel. Um diese Formen nun plastisch werden zu lassen, erfand ich eine Technik, die sich nicht nur für diese Arbeit, sondern auch noch später für manche andere als höchst praktisch erwies.

Ich hatte die Decken im großen Wohnzimmer aufgehängt. Es war zur Werkstatt geworden, und so konnte die (kaiserliche) Schmiererei losgehen. Ich kaufte einen Packen sogenannter geleimter Wattetafeln, ließ Eimer voll Mehlkleister kochen, tauchte ein Stück der Watte ein, formte diese mit der Hand und presste sie direkt auf die flüchtige Zeichnung.

Mit Kleister für Kaiser und Reich

Das ging sehr schnell, und nach kurzer Zeit war das ganze Ornament auf der einen Decke bereits fertig, sodass, als Carl und Hoff eintraten, sie bass erstaunt waren und das Resultat sehr lobten. Nun trocknete aber diese Masse bald in der warmen Stube zusammen und musste noch einige Male mit frischer Leimwatte nachmodelliert werden. Ich formte sogar kleine Putten und befestigte noch allerhand Dinge, wie Perlmuttermuscheln, mit Draht dazwischen, sodass wirklich ein erstaunlich dekoratives Arrangement entstand. Als alles getrocknet und nachgeformt war, bestrich ich es mit «Dammarlack», einem sehr starken Klebstoff, und dann wurde nach Herzenslust vergoldet, versilbert und bronziert, bis endlich die Decken zur Zufriedenheit aller wie alte, ehrwürdige Goldstickerei wirkten. Als sie schließlich kurz vor dem Fest im Malkasten aufgehängt wurden, erfreute man mich mit allgemeinem Bravo und Beifall. Die Decken haben ungefähr vierzig Jahre unverändert gehangen; die Ornamente waren so hart wie Holz geworden und wurden nur dann und wann, wenn Hausputz war, frisch vergoldet.

Bereits im Juni baute man auf dem großen Rasenplatz vor dem Malkasten ein festes Bühnenhaus in griechischem Stil, nach vorne offen, und gegenüber auf der Terrasse die Logen und verdeckten Plätze für den Kaiser und die fürstlichen Gäste. Die Ulmenallee, durch welche der kaiserliche Zug zum Fest auf dem Teich geführt werden sollte, war als Dom gedacht, und es sollten von Baum zu Baum und auf beiden Seiten auf großen Transparenten die sechs Rheinsagen dargestellt werden, die von den Künstlern gemalt wurden. Als das Bühnenhaus im Rohbau fertig war, begannen die Proben der einzelnen Züge unter der Oberaufsicht von Hoff; er waltete mit strenger Hand und hat wohl auch manchen vor den Kopf gestoßen. Aber um etwas Erstklassiges zuwege zu bringen, war es nicht anders möglich, und er konnte auf die Wünsche und den Ehrgeiz einzelner keine Rücksicht nehmen. Zufällig erzählte vierzehn Tage vor dem Fest eine Dame aus den Ostseeprovinzen, die zu Besuch weilte, von der Sitte in ihrer Heimat, zu Festen Teppiche aus frischen Blumen zu wirken. Kaum hatte sie davon erzählt, waren wir uns einig, am Teich einen solchen für das Kaiserpaar auszubreiten.

Ich war glücklich

Eilbriefe und Depeschen gingen nach Erfurt, Holland, Dresden und Loschwitz für Astern, Dahlien und Georginen. Auf der Terrasse in einer der großen Logen saß Hoff und dirigierte den ganzen Hergang; er schrie und wetterte gehörig, und man bangte, dass er zu energisch würde. Der Andrang für die Eintrittskarten war enorm; da der Garten aber klein war, so gab es nur eine ganz beschränkte Anzahl, denn Hoffs Hauptbestreben war es, den gesamten Weg, den der kaiserliche Zug zu passieren hatte, von Gedränge freizuhalten. Es blieb also nichts anderes übrig, als das Publikum in den Gebüschen stehend zu verteilen und mit Draht und durch Polizisten abzusperren; trotzdem war jeder glücklich, mit dabei sein zu dürfen. Aber die Zeit eilte; der September nahte; die fieberhafte Tätigkeit ganz Düsseldorfs steigerte sich von Tag zu Tag.

Immer mehr Fürstlichkeiten wurden angemeldet, denn die Manöver in der Golzheimer Heide sollten in größtem Maßstab vonstattengehen.

Am 3. September trafen der Kaiser und die Kaiserin, das Kronprinzenpaar, Prinz Friedrich Carl und Frau, Fürsten und Generäle, an der Spitze Moltke, in Schloss Benrath ein, und bereits am nächsten Tag fand die große Parade statt. Der Zug, der die Herrschaften von Benrath brachte, fuhr mit einer blumengeschmückten Lokomotive über den Köln-Mindener Bahnhof direkt zum Manöverfeld. Von der glanzvollen Parade sahen wir nichts, da im Malkasten noch zu viel vorzubereiten war. Wir vernahmen nur den Donner der Geschütze und das Läuten der Glocken bei der Fahrt durch die Stadt.

Leider hatte sich das Wetter geändert, sodass am 5. September zur Generalprobe der Regen strömte. Es war sehr schmerzlich für alle, besonders für Hoff und die Verantwortlichen. Es half nichts; wir wurden nass und froren; ich hatte zum Glücke einen weißwollenen Mantel, in den ich mich einwickeln konnte. Der Beleuchtungszauber am Teich wurde gestrichen, zum Schaden der vielen Zuschauer.

Der Himmel hatte ein Einsehen, und schon am Tag darauf, an dem das Ständefest stattfand, wurde es sonnig, und das sogenannte Kaiserwetter hatte sich eingestellt.

Mit Kleister für Kaiser und Reich

Am Nachmittag um fünf Uhr trafen die Herrschaften auf dem über und über geschmückten Bahnhof ein, von allen Stadtvätern und Würdenträgern empfangen. Dann fuhren sie unter dem Jubel der dichtgedrängten Menschenmenge durch die Königsallee bis vor die Tonhalle; dort war abermaliger Empfang im reich dekorierten Kaiserzimmer. Dann wurde die hohe Gesellschaft weitergeleitet durch den Ritter- und Verbindungssaal bis zum Kaisersaal, in dem das große Bankett stattfand.

Es war ein eigentümliches Gefühl, am nächsten Morgen mit dem Bewusstsein aufzuwachen, dass jetzt der große Tag, für den wir monatelang gearbeitet hatten, angebrochen war. Die Sonne schien hell, das stimmte froh und glücklich. Ich musste mit Tante Lexe, die als Holzsammlerin im Jagdzug mitwirkte, schon beizeiten im Malkasten sein, denn um sieben Uhr sollte das Fest beginnen.

Alles stand bereit; die Festwagen mit ihren Pferden harrten unter der Bühne in Reih und Glied; das Publikum saß bereits um sechs Uhr auf seinen Plätzen und füllte stehend die Gebüsche; eine musterhafte Ordnung herrschte im gesamten Garten, und das strenge Regiment von Hoff bewährte sich. Kurz vor sieben Uhr hörte man bereits an dem Brausen der jubelnden Menge, dass der kaiserliche Zug herannahte.

Ein Raunen ging durch den Garten. Alle erhoben sich, man wusste, dass der Kaiser und die übrigen Gäste Platz genommen hatten. Hoff gab das Zeichen, und der Vorhang rauschte empor. Ich gebe die Worte von Maler Wilhelm Beckmann aus dessen Niederschrift wieder:

«Am Saum eines Gartens, bei später Abenddämmerung, sehen wir neun weißbärtige Männer im Kreise sitzen. Rasch tritt ein Jüngling mit Malgerät auf; in erregter Stimmung berichtet er seltsame Dinge von dröhnendem Hufschlag und Waffengeklirr; im Fackellicht sprengt auf weißem Ross eine gewappnete Gestalt heran; schon ist sie da, von sechs in deutsche Farben gekleideten Pagen begleitet. Sie entbietet den Neun, die man den Vorstand nennt, ihren Gruß und fordert von ihnen, dem kaiserlichen Herrn, der gekommen ist, Heerschau zu halten, am Abend eines mühevollen Tages die Zeit zu kürzen ...

Ich war glücklich

Es ist Germania. Den Wunsch erfüllend und den Beistand der Genien der Kunst erflehend, verwandeln sich die neun Ältesten in die Lichtgestalten der neun Musen. Clio, die Muse der Geschichte, tritt auf; ihr gesellen sich die Sage und die mit Rosen bekränzte Poesie zu, dazwischen tritt der Genius der Kunst. Dann treten die Musen, liebreizende Gestalten, nach beiden Seiten herab, lagern sich um den erhöhten Sitz der Germania und bilden so ein lebendiges Bild der klassischen Zeit griechischer Kunst. So bleiben sie ruhig bis zum Ende der Bühnenspiele auf ihren Sitzen. Von unsichtbarem Orchester dringen nun Melodien herüber, der Wolkenvorhang zieht vorüber, und das erste Bild, der Germanenzug, erscheint.»

Unser idealer Platz gestattete es uns, nicht nur den Hergang des Festzugs zu beobachten, sondern auch das versammelte Publikum, die Loge des Kaisers und die sichtliche Begeisterung aller. Dass wir Musen einen Augenblick in ernstlicher Lebensgefahr schwebten, bemerkte das Publikum nicht.

Als im Raubritterzug der vorderste Ritter in schwerer Rüstung auf einem Rappen auf die Bühne sprengte, scheute das Pferd und wäre um ein Haar auf uns herabgesprungen, wenn nicht Herr Brentano, der ein sehr guter Reiter war, es noch im letzten Augenblick zurückgerissen hätte. Man hielt es für Absicht, und die Wirkung war so stark und spontan, dass brausender Beifall erscholl. Wir aber und diejenigen, die die Sache durchschauten, zitterten; wir wären unfehlbar zermalmt worden. Zum Schluss des Ganzen ertönte ein Beifallssturm, der keine Grenzen kannte, und selbst der ernste Moltke soll Tränen in den Augen gehabt haben.

Man führte nun die Gäste in den Saal zurück, wo ein reichhaltiges Büfett aufgestellt war. Ich wurde von Hoff geholt und zum Teich gebracht, wo meine zweite Rolle begann. Auf dem Felsen saßen bereits die beiden Sängerinnen, und der Chor stand im dunklen Gebüsch bereit, und in nicht gelinder Aufregung harrten wir des Kaiserzuges.

Da ertönte Musik, und langsam schritten, voran die sechs Pagen mit den leuchtenden Bouquets, durch den hell strahlenden Dom Kaiser und Kaiserin und alle sonstigen Gäste. Wir sahen, wie das hohe Paar sich

Mit Kleister für Kaiser und Reich

beinahe weigerte, auf den Blumenteppich zu treten. Als Ruhe eingekehrt war, begann Fides Keller mit ihrer Altstimme, und Wally Schauseil und ich als erster Sopran fielen im Duett ein; der unsichtbare Chor tönte dazwischen, und die Elfen schwebten hoch durch die dunklen Bäume.

Gleichzeitig erschien aus einer Höhle des Felsens, von zwei erleuchteten Schwänen gezogen, die Gondel und glitt langsam zwischen großen, hellen Wasserrosen heran; die Perlmuttermuschel bildete den strahlenden Hintergrund für die beiden schönsten Kinder Düsseldorfs: Clara Vautier und Gerda Lork als Nixen, die dem Kaiser einen Kranz entgegenstreckten. Als sich dann im Saal die Gäste mit dem Publikum zusammenfanden, wurden wir Musen und viele andere Mitwirkende dem Kaiser und der Kaiserin vorgestellt.

An mich richtete der Kaiser einige besonders freundliche Worte, weil man ihm gesagt hatte, dass die Goldteppiche von mir seien. Ich musste ihm erklären, wie ich sie gemacht hatte, und als ich etwas befangen sagte, sie wären aus Watte und Kleister hergestellt, hatte ich das Gefühl, dass er keine Ahnung davon hatte, was Kleister sei.

Es war nun bereits zehn Uhr geworden, und das Kaiserpaar musste in Ruhe nach Benrath kommen. Wir hörten noch lange das Hochrufen der Menschen draußen bei der Abfahrt. In dem wonnevollen Gefühl, dass nach aller Mühe und Arbeit ein wohlgelungenes Fest, der würdigsten Veranlassung gemäß, stattgefunden hatte, blieben wir noch bis spät in die Nacht in glücklichster Stimmung beisammen.

Es dauerte einige Zeit, bis wir wieder in ein ruhiges, normales Leben hineingefunden hatten; aber da alles so glänzend verlaufen war, so konnte man das Fest noch einmal in der Erinnerung genießen. Es erschienen in allen in- und auswärtigen Blättern euphorische Artikel, die man mit Stolz las. Ich stürzte mich wieder mit Feuereifer in die so lange vernachlässigten Musikstudien und ging gerne in die Proben des Musikvereins. Man forderte mich auf, in Neuss in der *Schöpfung* die Partie des Gabriel zu singen; ich nahm es an, musste aber einer Erkältung wegen leider absagen.

Ich war glücklich

Am 6. Februar 1878 gab der Bach-Verein im Kaisersaal ein Konzert, in dem Clara Schumann spielte und ich sang. Direktor Schauseil begleitete mich. Nachdem die legendäre Clara wundervoll gespielt hatte, setzte sie sich in die vorderste Reihe, und es war natürlich für mich als Dilettantin nicht leicht, ihr gewissermaßen vorzusingen. Ich sang auf Chamissos Verse *Frauenliebe und -leben* von Schumann und einige Lieder von Brahms, für den ich eine Vorliebe hegte. Ein kurzes, aber sehr leidenschaftliches Lied nach Uhland musste ich zugeben: *O brich nicht, Steg.* Clara Schumann drückte mir die Hand und schien befriedigt zu sein. Ich kannte sie schon lange vom Sehen, auch aus Loschwitz, war sie doch die Tochter des alten Herrn Wieck, der dort lebte. Auch ihre Schwester Marie Wieck hörte ich öfters in Konzerten; sie war als Pianistin aber nicht mit Clara zu vergleichen.

Mit Kleister für Kaiser und Reich

Schon im November 1877 plante man im Malkasten wieder eine Opernaufführung unter der Leitung von Schauseil, und zwar *Das goldene Kreuz* von Ignaz Brüll, eine aufwendige Oper, die einen Theaterabend füllte. Ich bekam die Hauptrolle der Christine, die ein Jahr später im Stadttheater von Therese Malten aus Dresden gesungen wurde. Mein Partner, ein junger Bauer, sollte von Max Achenbach gesungen werden, der erst später der berühmte Max Alvary wurde.* Wir hatten schon einige Proben absolviert, und es war eine Wonne für mich, mit diesem idealen Sänger zu üben. Aber leider wurde die Aufführung verschoben, und später konnte Achenbach es nicht weiter übernehmen, da er selbst in Weimar engagiert wurde.

Im März aber hatten wir noch allerhand Fastnachtstrubel, ein großes Zigeunerfest in allen drei Sälen der Tonhalle. Unsere Kostüme wirkten sehr echt und malerisch. Ich hatte mich mit allerhand gelben Lappen zurechtgemacht. Ein temperamentvoller Maler, Bernatschek aus Ungarn, der sehr dunkel war und in seiner äußeren Erscheinung ganz zu mir passte, machte mir deutlich den Hof. Wir verbrachten den ganzen Abend zusammen und tanzten improvisierte wilde Tänze, fortwährend umringt von einem Kranz von Zuschauern, die sich offenbar nicht sattsehen konnten. Leider nahm seine Verehrung für mich etwas zu starke Züge an, denn von diesem Tag an beglückte er uns täglich mit seinem Besuch. Er war ein begabter Maler, auch interessant und anregend, aber er wurde uns, vor allem Carl, etwas lästig.

Ich hatte genug mit den Proben für *Das goldene Kreuz* zu tun, und die Aufführungen nahten. Wie Bernatschek es fertiggebracht hatte, sich unter die Bauernburschen der Oper zu mischen, weiß ich nicht; aber schon bei jeder Probe brachte er mir eine Blume zum Anstecken und quälte mich mit seiner Eifersucht. Es nützte ihm aber alles nichts, denn

---

* Ignaz Brüll, 1846–1907, österreichischer Komponist, dessen erfolgreiche Oper *Das goldene Kreuz* andere seiner Bühnenwerke wie *Der Bettler von Samarkand* oder *Das Steinerne Herz* in den Schatten stellte. – Maximilian Achenbach, 1851–1898, Sohn des Malers Andreas Achenbach, s. S. 153.

Ich war glücklich

ich fühlte nicht die leiseste Sympathie für ihn. Seine Leidenschaft nahm später leider solche Formen an, dass er eines Tages zu Carl aufs Atelier kam, um ihn zu veranlassen, sich von mir scheiden zu lassen; natürlich wurde er von ihm eines Besseren belehrt. Einige Tage darauf war er Gott sei Dank abgereist und blieb von da an als sehr tüchtiger Maler in Wien. Erst nach mehreren Jahren kehrte er als vernünftiger Mensch kurz zurück, und wir konnten freundschaftlich mit ihm verkehren.*

* Der feurige Magyar aus der Völkerviefalt der K.u.K. Monarchie war möglicherweise der tschechische Maler Josef František Bernášek, 1831–1906.

Goltsteinstraße

Schon seit längerer Zeit gingen wir mit dem Gedanken um, ein eigenes Haus zu besitzen. Wir sahen uns allerhand an, machten sogar Pläne zum Bauen; ein hübscher Platz in der Duisburgerstraße reizte uns dazu, Baumeister Saal beriet uns. Eines Tages war ich bei Hoffs zum Tee eingeladen und traf dort unter anderen Damen auch Frau Maler Vautier, die auf der Goltsteinstraße ein schönes Haus bewohnte. Es kam die Rede auf unsere Absicht zu bauen, und da sagte sie, nahe bei ihnen wäre ein nettes Haus zu verkaufen. Ich lachte und meinte, in unseren kleinen Verhältnissen sei es doch ausgeschlossen, jemals in diese vornehme Straße zu kommen. «Na», meinte Frau Vautier, «ansehen können Sie sich's doch allemal.»

Ich stürzte voller Aufregung nach Hause, und schon am Morgen gingen wir hin und betraten zum ersten Mal unser Haus. Eine ältere Dame, Frau Bicheroux, die dort mit ihren vier Kindern wohnte, führte uns herum. Es gefiel uns ungemein, besonders das nach hinten gelegene große Zimmer, ebenso der Anbau, durch welchen so viel mehr Raum war, als man angesichts der Fassade vermutete. Nur war alles sehr verwohnt, und wir gebrauchten dieses als Vorwand zu einer nochmaligen Überlegung und verließen Frau B. in dem Bewusstsein, dass es wohl nichts für uns wäre. Innerlich hatten wir jedoch die stille Hoffnung, dass der Preis nicht zu hoch sein möge, denn wir waren von dem Haus restlos entzückt.

Wir gingen umgehend zum Agenten Henning, hörten den nicht zu hohen Preis vom Mk. 45 000,–, die Anzahlung war auch gering. Saal, mit dem wir die Sache besprachen, berechnete die Renovierung mit ca. Mk. 6000,–. Ich telegrafierte an Großmama, ob ich eventuell die

Ich war glücklich

Summe der Anzahlung vorgestreckt bekommen könne. Die Rückantwort war bejahend; wir sagten zu, und schon am anderen Tag waren wir die glücklichen Besitzer unseres Hauses Goltsteinstraße 23. Frau Bicheroux hatte das Nachsehen; sie hatte sich nicht entschließen können und soll sehr erzürnt gewesen sein. Lange Jahre sah sie weg, wenn wir uns begegneten.

Den kleinen Zuschuss, den ich monatlich von Mama erhielt, benutzte ich nun, um Großmama die Zinsen für das gelieferte Kapital zurückzuerstatten. So war alles sehr korrekt geordnet, auch bezahlten wir im Lauf der nächsten Jahre pünktlich die noch restierende Summe. Carl verdiente recht gut; er hatte einige Bilder verkauft und hatte auch mehrere Porträtaufträge. Herr Saal machte nun den Plan für einige bauliche Änderungen. Es musste das Atelier untergebracht werden, und er erledigte diese Sache einfach und geschickt.

Wir suchten Tapeten aus und fanden vor allem eine herrliche Velourstapete, die ausgezeichnet zu allen Bildern passte; sie kostete allerdings Mk. 18,– die Rolle, wir konnten aber nicht widerstehen.

Zu dieser Zeit erteilte die Zeitschrift Die Gartenlaube *dem deutschen Bürgertum Ratschläge zur perfekten Hauseinrichtung … an die man sich in einem turbulenten Künstlerhaushalt gewiss nicht gehörig halten konnte.*

«Doch Geduld! Eine Flügelthür thut sich auf: treten Sie ein in die ‹gute Stube›! Ja, die gute Stube! Hier also ist das eigentliche Heiligthum des Hauses, der Raum, in welchem wir uns an Sonn- und Feiertagen mit der Familie zusammenfinden, um nach harter Arbeit der Muße und Erholung zu pflegen, die Stätte, wo wir aus festlicher Veranlassung unsere Gäste begrüßen. Sollte man nicht annehmen dürfen, daß alle Sorgfalt und aller Geschmack aufgeboten sei, um wenigstens diesen Raum würdig und elegant herzurichten? Und wie sieht er zumeist in Wirklichkeit aus! Zunächst die Möbel! Es ist nicht leicht, die vorhandenen Stücke so zu vertheilen, daß jedes einzelne an einer passenden Stelle seinen Platz finde und der Gesammteindruck dadurch ein angenehmer werde.

Goltsteinstraße

Freilich ist dazu auch unbedingt nothwendig, daß Einheit in Form und Farbe vorhanden sei. Es ist schlechterdings unmöglich, daß ein hellpolirter Schreibtisch neben einen dunkelgefärbten Schrank zu stehen komme. Es giebt ‹gute Stuben› wo die Sophas, Kommoden und Servanten in Paradestellung aufgepflanzt sind, wie die preußischen Grenadiere. Ein massives Musikinstrument macht sich dicht am Fenster breit, ein winziges Spieltischchen verschwindet in der dunkeln Ecke dahinter. Vor einem blauen Sopha steht ein schwarzer Tisch, auf dem eine gelbe Decke liegt; darunter ein in allen Regenbogenfarben schillernder Teppich. Der Divan ist nach französischer Art gepolstert, so daß kein Holz sichtbar wird, die Fauteuils zeigen schwerfällige Holzlehnen.

Nicht besser steht es um den sonstigen Schmuck. Tapeten in schreienden Mustern, faustdicke Rosenbouquets in metergroßen Zwischenräumen beleidigen das Auge; ein centnerschwerer Kronleuchter droht ein ovales Tischchen mit zierlich geschweiften Beinchen zu erdrücken. Der Stolz jeder braven Hausfrau sind weiße Gardinen. Weiße Gardinen – unverzeihlich geschmacklose Erfindung einer alten Jungfer, deren Seele so rein war, wie die Vorhänge ihrer Fenster! Das einfallende Licht zu dämpfen, nicht es aufzufangen, es zurückzuweisen, es in hundert Falten und Spitzen widerzuspiegeln, ist die Aufgabe der Fensterverhüllungen.

Wie traulich ist ein Gemach mit dunkeln, zweifarbigen oder bunten Gardinen! Und wie bequem für die Hausfrauen! Sie haben nicht nöthig, mit ängstlichen Blicken dem Brande jeder Cigarre zu folgen, die der rücksichtslose Gatte im Heiligthume zu rauchen sich erkühnt. Sie brauchen auch nicht die gespenstischen weißen Fahnen alle vier Wochen herunter zu nehmen, um sie zu waschen.

Selbstverständlich darf in einer Putzstube der Bilderschmuck nicht fehlen. Wenn nur eine Spur von Kunstgeschmack in einem Hause ist, an diesem Punkte müßte sie sich doch zeigen. Aber wie unverantwortlich wird hier gesündigt! Es ist eine unbedingte Geschmacklosigkeit, Oeldruckbilder neben Oelgemälde, Kupferstiche und Photographie durcheinander aufzuhängen. Photographien gehören überhaupt nicht an die

Ich war glücklich

Wände, sondern in die Mappen, um vorkommenden Falls hervorgeholt und betrachtet zu werden.»
Nach dem Sohn Alfred wurde Carl Sohn und Else Sohn-Rethel 1877 das Kind Otto Wilhelm geboren. Fünf Jahre darauf folgte Karli. Alle drei wurden – Maler.

Unsere Kinder entwickelten sich in diesem Sommer ganz nach Wunsch. Alfred war nun schon drei Jahre alt, und der einjährige Otto fing bereits an zu laufen, und seine alte Wärterin Gretchen brachte ihm sehr früh das Sprechen bei. Schon mit neun Monaten konnte er außer Papa und Mama das schwere Wort «Engel» sagen; das rührte daher, dass über seinem Wickeltisch zwei kleine Kupferstiche der Holbeinschen und der Sixtinischen Madonna aus Dresden hingen, durch die ihm das erste Kunstverständnis einfloss.

Im Juni fand zu Pfingsten das Niederrheinische Musikfest abermals in Düsseldorf statt, und wir probten schon seit längerer Zeit unter Tausch und Schauseil. Tausch hatte für dieses Fest Joseph Joachim als Hauptdirigenten und seine Frau Amalie als Hauptsolistin gewonnen.[*]

Ein solches Pfingstfest war damals ein Ereignis allerersten Ranges, und besonders Düsseldorf hatte vor den anderen Städten Aachen und Köln den Vorzug des herrlichen Gartens an der Tonhalle, unter dessen schattigen Bäumen in den Pausen das zahlreiche Publikum sich erholend erging und über das Gehörte disputierte.

Die musikalischen Leistungen des damaligen Pfingstfestes standen weit über dem Durchschnitt der einzelnen Konzerte des Winters; nicht nur dass ein auswärtiger namhafter Dirigent und die besten Solisten des In- und Auslandes dazu verpflichtet wurden, auch Chor und Orchester wurden durch die Mitwirkung aller Nachbarstädte so verstärkt, dass das große Podium kaum genügend Platz bot.

---

[*] Joseph Joachim, 1831–1907, herausragender Geigenvirtuose, Dirigent, Komponist und prägender Musikpädagoge. Amalie Joachim, 1839–1899, geb. Schneeweiß, Altistin.

Goltsteinstraße

Die beiden ersten Tage waren einem klassischen Oratorium und einigen neueren Werken gewidmet. Der letzte und beliebteste Tag brachte ein reiches und oft nicht enden wollendes Programm, denn jeder Solist sang und spielte seine Glanzstücke. Da es drei Hauptproben, drei Generalproben und drei Konzerte gab – alle vor zahlendem Publikum – und wir also von Donnerstagmorgen neun Uhr bis Dienstagabend spät immer parat sein mussten, waren die Anstrengungen immens, aber im Bewusstsein, mitzuwirken, kannte man nur Begeisterung und keine Müdigkeit.
Der enorme Fremdenzustrom kam meist aus Holland und Belgien. Proben und Konzerte waren wochenlang zuvor ausverkauft. Das letzte Dienstagskonzert endete tief in der Nacht, Zugabe folgte auf Zugabe, und der allgemeine Jubel des Publikums und der Blumenregen für die Solisten nahmen kein Ende. Ich entsinne mich gut, dass wir oft im ersten Frühlicht im Hofgarten die Nachtigallen schlagen hörten und die ersten Knospen der Pfingstrosen aufbrechen sahen.

Nun waren die Baulichkeiten und die innere Renovierung unseres Hauses vollendet, und Mitte Juli bezogen wir dasselbe. Wir waren täglich neu beglückt, es unser Eigen nennen zu können. Da kam eines Tages an Hoff die Anfrage aus Karlsruhe, ob er geneigt sei, den Posten des Direktors der dortigen Kunstschule zu übernehmen. Das traf uns wie ein Blitz aus heiterem Himmel, nicht nur mich speziell, sondern auch alle, die den genialen und einzigartigen Menschen als Freund oder Verwandten kannten und liebten. Auch ihm wurde der Gedanke, Düsseldorf und alle Lieben hier zu verlassen, sehr schwer; aber die sichere Anstellung gab doch schließlich den Ausschlag, und Carl Hoff nahm den ehrenvollen Ruf an.
Hoff war Badener, stammte aus Mannheim, sein Vater hatte dort eine sehr renommierte Konditorei; er war ein besonders kluger und aufgeklärter Mann, sehr liberal auch in politischer Hinsicht, in welchem Sinne auch seine Söhne und Töchter erzogen waren. Ich erwähnte schon früher, dass ich durch meine Freundschaft mit Hoff in meinem mir angeborenen Freiheitsdrang sehr bestärkt wurde.

Ich war glücklich

Er hatte sich in den letzten Jahren noch besonders dafür eingesetzt, dass die Stadt um einen zoologischen Garten bereichert wurde; es war sein inniger Wunsch, einen geeigneten Platz dafür zu finden. Wir durchwanderten daher zusammen, meist sonntags, wenn Emmy und Carl frei hatten, die Umgebung, das heißt, wir stapften durch brachliegende Felder und Wiesen ohne Weg und Steg, über unbebautes Terrain, wo sonst kein Mensch hinkam. Schon ein Jahr vorher hatten wir den jetzigen Platz als den besten ausgesucht, die Arbeiten wurden bald in Angriff genommen; und wir gingen noch oft hinaus, um die Fortschritte des Tiergartens in Augenschein zu nehmen.

Das Hoffsche Haus in der Oststraße stand nun zum Verkauf; nur sein Freund Adolf Seel, der Orientmaler, der sein Atelier im Gartenbau hatte, blieb wohnen. Der beliebte Porträtmaler Sinkel kaufte das Haus; da dieser aber sehr ultramontan war, so ließ er es, ehe er einzog, von der Geistlichkeit ausräuchern, um den revolutionären und unkirchlichen Freiheitsgeist Hoffs daraus zu vertreiben.

Kann man sich lächerlicher aufführen?

Wie ich schon früher erwähnte, gehörte unser Nachbarhaus, das älteste der Straße, Herrn und Frau Hasenclever; er war der Hauptvorstand der Altkatholiken, und sie war die Tochter Wilhelm von Schadows und eine selten geistreiche Frau, die viel schriftstellerte und vor allem Dante übersetzte. Wir pflegten gute Nachbarschaft und waren bei jedem geselligen Abend im Nachbarhaus zu Gast. Sie veranstaltete von Zeit zu Zeit Leseabende, an denen sie ihre Übersetzung des Dante vorlas, immer in größerem, geistig angeregtem Kreis, durch auswärtige Gelehrte und Künstler bereichert. Sie hatte auch sehr viel Sinn für die rheinische Fastnacht und spielte manche Rolle mit viel Humor. So entsinne ich mich eines Abends, wo sie selbst als Putzfrau die Tür ihren Gästen öffnete und bis zuletzt in Putzgewandung Platt redete.

Carl hatte bald darauf das große Glück, zwei Bilder an die Galerie Goupil & Cie in Paris und das rote Kostümbild von mir an Schulte zu verkaufen. Diese Einnahmen ermöglichten es uns, eine Erholungsreise

Goltsteinstraße

nach Ostende anzutreten, auf welcher uns Mama begleitete. Auch unsere Freunde Kiesel*, die sich mittlerweile auch zwei kleine Söhne Carl und Curt zugelegt hatten, reisten mit ihrem Mädchen Minna, einem Original, mit uns. Wir hatten unsere alte Wärterin Gretchen fortgeschickt und eine jüngere Belgierin Elise, die glänzend Deutsch sprach, engagiert, und da sie noch in Vervier weilte, stieg sie auf der Hinreise zu uns in den Zug und war uns sofort sehr sympathisch und sehr hilfreich durch ihr Französisch, nahm uns alles Unbequeme mit den Kindern ab, sodass wir in bester Ordnung in Ostende im schönen Hotel Mertian eintrafen.

Das Hotel lag einige Schritte vom Strand entfernt und bot den Vorteil, nicht dem Sturm ausgesetzt zu sein, was wir oft als sehr angenehm empfanden. Wir buchten in Pension und zahlten täglich für alle und alles vierzig Francs. Das Essen war köstlich. Ostende war damals das von den Düsseldorfern am meisten besuchte Seebad und ist im Laufe der vielen Jahre auch das interessanteste geblieben. Andreas Achenbach und Camphausen logierten dort als Stammgäste.** Schon damals gab es die wundervolle, hochaufgeschüttete Digue mit dem herrlichen Kurhaus an der Ecke. Nach den Badestunden wurden die Badekarren fortgeräumt, sodass die Meereswogen sich bei Flut bis hinauf auf die Digue ergossen und man bei starkem Wellengang einen berauschenden Anblick genoss.

Außerdem war Ostende als Stadt interessant, vor allem das Hafenviertel mit dem großen Brückenkopf, wo die Dampfer und Segelschiffe ein- und ausliefen. Es war stets etwas Außergewöhnliches, dies

---

* Conrad Kiesel, 1846–1921, Künstler in den Sparten Malerei, Architektur, Skulptur. Die eleganten Porträtbilder Kiesels, der später nach Berlin zog, reüssierten auch auf internationalen Ausstellungen in Wien, Paris, London.
** Andreas Achenbach, 1815–1910, Maler und Bruder von Oswald Achenbach, s. S. 137. Beide international renommierten Brüder wurden als «das A und O der Landschaftsmalerei» bezeichnet. In einer Art von Ressortaufteilung versorgte Andreas Achenbach Bilderkundschaft im Süden mit südländischen Sujets, während Oswald Achenbach Nordländer mit nördlichen Motiven erfreute.

Ich war glücklich

zu erblicken. So entsinne ich mich eines Abends, an dem nach starker Flut das Meeresleuchten bis weit hinaus dermaßen stark war, dass sogar die Fischer und Schiffer an den Strand kamen, um das seltene Schauspiel zu betrachten. Die prächtigen Laternen auf der Digue verschwanden angesichts der goldenen Meeresunendlichkeit. Carl konnte dabei sogar gut Zeitung lesen.

Unser Arzt in Düsseldorf, Dr. Eckhardt, hatte uns streng eingeschärft, nur gelegentlich zu baden; besonders Carl musste sich sehr in Acht nehmen. Die Kinder wurden ausschließlich mit Seewasser gewaschen und tummelten sich meist im heißen Dünensand.

Eines Tages begegnete uns auf der Digue König Leopold von Belgien mit seiner jüngsten Tochter Stephanie und deren Bräutigam, dem Kronprinzen Rudolf von Österreich. Sie ahnte gewisslich nicht, welch trauriges Eheleben ihr bevorstand.*

Es war natürlich der sehnlichste und innigste Wunsch meiner Mutter, ganz zu uns nach Düsseldorf zu ziehen in eine eigene Häuslichkeit; aber sie hatte nicht die genügende Energie, diesen Wunsch bei Großmama durchzusetzen – wieder ein Beweis für die beiden so ganz entgegengesetzten Charaktere; erst viele Jahre später setzte ich die Sache energisch durch.

Wenn mir auch die Wochen in Ostende sehr gut bekommen waren, so fand mich Dr. Eckhardt im Laufe des Herbstes doch etwas blutarm und empfahl mir, das Reiten zu lernen. Unser Bankier Scheuer, mit dem wir freundschaftlich verkehrten, redete auch sehr zu, da er selbst täglich ritt; und so wurde ich in der Reitbahn v. Hensen angemeldet. Ein nicht gut sitzendes dunkelgrünes Reitkleid wurde im Hause von Agathe Schnigge angefertigt, ein Herrenhut gekauft, und das Wagnis konnte

---

* Kronprinz Rudolf von Österreich-Ungarn, 1858–1889, und Stephanie von Belgien, 1864–1945, wurden 1881 verheiratet. Die Ehe zwischen dem sensibel-depressiven Habsburger und der erzkonservativ-dünkelhaften Belgierin verlief unglücklich. Rudolf erschoss seine Geliebte Mary Vetsera und sich selbst in Schloss Mayerling.

Goltsteinstraße

beginnen. Die Reitbahn lag in der Oststraße. Biancha, das schöne schneeweiße brave Tier, stand für mich bereit; Herr Hensen bot seine Hand dar, die ich ergriff, ich wurde hinaufgeschoben, natürlich Damensattel mit Gabel und Steigbügel. Wir ritten erst langsam, dann etwas schneller; ich kam mir großartig vor und fand es herrlich. Eine Stunde dauerte das Vergnügen, und mit wehen Sitzmuskeln kam ich nach Haus. So geschah mir zweimal die Woche à Mk. 3,–.

Ich lernte zur Verwunderung der Düsseldorfer Damen flink, da ich Courage besaß, und ein Oberst von Lützow von den Ulanen, der gleichzeitig Pferde einritt, behauptete, er wäre froh, wenn seine Rekruten das Reiten so schnell lernten. Ich wagte mich sogar ans Springen und vor allem an den Spanischen Tritt, eine Spezialität von Biancha. Ich genoss das freie Ausreiten im Grafenberger Wald. Gleichzeitig mit mir erlernte eine Offiziersgattin zur dringlichen Beruhigung ihrer Nerven das Reiten. Die Ärmste hatte in siebzehn Jahren Ehe sechzehn Mal den Standort wechseln und umziehen müssen.

Zu jener Zeit wurde gleich am Eingang der Industrie-Ausstellung erstmals eine Riesenkanone von Krupp präsentiert. Jeder bestaunte das Ungetüm, aber im Vergleich zu späteren Kanonen wirkte sie eher harmlos. Im Laufe des Sommers traf aus England zur Besichtigung der Ausstellung eine Abordnung der «Iron and Steel Company» von tausend Personen ein, und die Künstler hatten zur Ehrung dieser Ausländer ein Abendfest arrangiert.

Es bestand in einer großen Illumination des ganzen Teiches mit erleuchteten Gondeln. Ich musste abermals herhalten, indem ich als Prinzessin mit Ernst Roeber als Prinz in einer mit Papierblumen reich geschmückten Gondel auf dem Wasser umherfuhr. Plötzlich fingen die Blumen und Stoffe unserer Gondel an zu brennen; es war unbeabsichtigt und wir drohten Feuer zu fangen. Da tauchte aber aus dem Dunkel ein Nachen mit zwei Raubrittern auf (Prinz Bentheim und Herr v. Prittwitz), in echten Rüstungen, beide ruderten neben unseren Kahn, rissen mich aus dem brennenden Boot, schafften mich ans Ufer, schleppten

Ich war glücklich

mich hinauf auf die erleuchtete Bühne, wo sich noch ein Kampf um mich entspann. Das Ganze soll absurd dramatisch gewirkt haben, und die Engländer waren von der Ausstellung und dem Fest restlos begeistert.

Gewerbe- und Kunstausstellung, Düsseldorf 1880

Fräulein Scheuer ehelicht Herrn Toeplitz

Drangen die unregelmäßigen Wogen von Judenfeindlichkeit nicht an die Häuser Oppenheim und Mendelssohn heran? Wurden Else Sohn-Rethel mit ihren teils jüdischen Vorfahren in jungen Jahren solche Bedrohlichkeiten verheimlicht, oder blendete sie später mögliche Anfeindungen aus?

Das Ende der Vielstaaterei und die Reichsgründung von 1871 beglückten viele Deutsche, zugleich ebneten sie einem immer ungehemmteren Nationalismus die Bahn. Das aus der geschichtlichen Mottenkiste gezauberte Germanentum – oft nur eine grobschlächtige Illusionswelt – wurde bedrohlich. Früherer und bewährter deutscher Kosmopolitismus geriet in die Defensive.

Deutsche Juden hatten sich im Laufe des 19. Jahrhunderts durch einen modernen Lebensstil und Taufe zunehmend assimiliert. Diese Entwicklung führte innerhalb der jüdischen Gemeinden zu der inneren Zerreißprobe, ob man dem Glauben und den Sitten der Ahnen treu bleiben oder den Traditionen weitgehend oder sogar völlig entsagen sollte. Viele Juden, ob ungetauft oder getauft, somit neue Christen, wurden durch den Wunsch, nicht nur angestammte, sondern endlich auch gleichberechtigte Bürger zu werden, zu – wie es hieß – «den besten Deutschen». Sie fühlten sich in der deutschen Kultur beheimatet und engagierten sich oft mustergültig für das Gemeinwohl.

Da im neuen Massen- und Industriezeitalter Glaubensfragen in den Hintergrund zu treten schienen, mochte sich eine liberale Stimmung, auf die natürlich insbesondere Juden und andere Minderheiten hofften, durchsetzen und die Konfession zur Privatsache werden. Der Antijudaismus schien zu verebben.

Ich war glücklich

Mit der Reichsgründung, sodann vor allem durch den Börsenkrach von 1873, die sogenannte Gründerkrise, entflammte die Diffamierung neu und sogar viel stärker. Jüdische Bankiers und Industrielle mussten als Sündenböcke für die Wirtschaftsflaute herhalten. «Jüdischer Liberalismus» schien die «völkische Geschlossenheit» zu untergraben; sogar Otto von Bismarck wurde als «Judenfreund» verunglimpft. Der Berliner Hofprediger Adolf Stöcker hetzte gegen Juden als «Vergifter des Volkswohls». Eugen Dühring, der sich als «Wirklichkeitsphilosoph» bezeichnete, verbreitete sich über «die Schändlichkeit der Juden», die auch trotz Taufe «verwerflich und selbstsüchtig» blieben und die es «loszuwerden» gelte. Der Journalist Wilhelm Marr steigerte schließlich den früheren Antijudaismus, der sich vornehmlich auf die Religion beschränkte, zum Antisemitismus, der in biologisch irrwitziger Weise, aber folgenschwer, eine Rasse, eine vermeintliche, natürlich nie beweisbare Bluteigenart verdammte.

Noch hielten die bürgerlichen Konventionen und auch die christliche Nächstenliebe den Schüben von Hass stand. Vor allem der Historiker Theodor Mommsen brandmarkte – in einer Reaktion auf die Parole seines Kollegen Heinrich von Treitschke: «Die Juden sind unser Unglück» – den neuen Antisemitismus als Ausgeburt geistiger Rückständigkeit, Idiotie und als «selbstmörderisches Treiben des nationalen Gefühls».

Scheuers waren strenggläubige Juden; der geistig besonders hochstehende Rabbiner Dr. Wedell nahm die heilige Handlung vor. In dem großen, ganz verdunkelten Esszimmer war der Baldachin aufgestellt, darunter ein kleiner Tisch mit Spitzendecke, auf demselben brennende Kerzen, ein goldener Kelch und der heilige Stab. Rings um den mystisch angestrahlten Baldachin standen zwölf Älteste der jüdischen Gemeinde, darunter Herr Scheuer und Herr Fleck, Dr. Landauer, der Bräutigam der zweiten Tochter Anna, und andere. Dann trat Dr. Wedell im langen schwarzen Talar unter den Baldachin und nach ihm das Brautpaar, Lina unter Schleiern verhüllt. Die Rede war selten eindringlich, weil sie von einem Freund und ganz aus dem Herzen kam, alles Konventionelle fehlte; dann tranken beide aus dem Kelch, der weiße heilige Gebetsschal Tallit wurde über beide gebreitet, sie küssten sich, und die heilige Handlung war beendet. Es war unbeschreiblich feierlich und malerisch, man war vollkommen entrückt. Ein allgemeines Gratulieren folgte, dann gingen alle in den reizenden Garten, und währenddessen wurde in dem nun strahlend hellen Esszimmer die Tafel gedeckt, mit Blumen reich geschmückt, und bald saß die heitere Gesellschaft beisammen und ließ sich das im Haus zubereitete Essen schmecken. Die alte Christine, das Faktotum des Hauses, band Vater Scheuer die Serviette um, ihr tägliches Amt, weil der reichlich wohlbeleibte Herr sich leicht bekleckerte. Es wurden viele muntere Reden gehalten; mein lieber Hoff hielt sogar eine hebräische Ansprache, die sehr bewundert wurde und bei denen, die sie verstanden, großen Jubel auslöste. Man blieb noch lange zusammen, und ich muss hier noch einmal betonen, dass es wenige Familien gab, die es so verstanden, es ihren Gästen angenehm und gemütlich zu machen, da jeder Zwang fehlte. Das junge Paar reiste nach Wien, wo er einen Buchhandel besaß, und wir mussten versprechen, sie dort zu besuchen.

Jüdische Hochzeit, Gemälde von Jozef Israëls

Der neue Turm von Paris
und
Das wilde Internat

In diesem Frühjahr konnte ich gestrost eine Reise zur Vernissage des Salons nach Paris antreten. Freund Anders begleitete uns. Durch Empfehlung unserer Putzmacherin Frau Modes, Schwägerin des Malers Otto Erdmann, fanden wir eine passable Pension mit Mittagessen im Hotel de Gand et de Germanie in der Rue de la Michodière, dicht bei der Großen Oper gelegen, also sehr bequem. Der «Salon» im Grand Palais neben dem Eiffelturm war hochinteressant. Letzteren sah ich zum ersten Mal, staunend fuhren wir in die Höhe, überwältigt von den Riesendimensionen. Eine besondere Attraktion war die Ausstellung in einem speziellen Pavillon, nicht weit vom Opernplatz, wo besonders ein Riesenbild von *Christus vor Pilatus* einen großen Eindruck auf uns machte. Der Maler lebte damals in Düsseldorf, und wir trafen öfters mit ihm zusammen. In jeder Weise angeregt durch diese einzigartige Stadt kehrten wir nach Haus zurück.

Seit einem Jahr ungefähr hatten wir unser Parterre vermietet, da die Mieter aber sehr unpünktlich bezahlten und schließlich alles schuldig blieben und eines Tages wie in Luft aufgelöst waren, hatten wir rundum das Nachsehen. Aber siehe da, im Sommer meldete sich unsere Nachbarin, Fräulein Ida Keller, die zwei Häuser weiter ein Mädchenpensionat unterhielt. Sie wünschte unsere Parterreräume, damals noch vier Zimmer, nur als Schlafzimmer für ihre Pensionärinnen zu mieten. Es war uns sehr recht, und der Kontrakt wurde unterzeichnet.

Nach Ferienschluss wurden für acht junge Mädchen, einschließlich einer siebenzehnjährigen Lehrerin, die Betten gebracht. Jeden Abend

Der neue Turm von Paris

um neun Uhr erschien die junge Schar und begab sich schnell und brav zu Bett. Um zehn Uhr erschien Fräulein Keller selbst, sah nach dem Rechten, wünschte «gute Nacht», die Lichter wurden gelöscht. Kaum war sie jedoch fort, so ertönte unten helles Lachen. Alle standen samt der Lehrerin wieder auf und trieben allerhand Unfug. Wir konnten dieses Treiben von unserem Anbauzimmer aus gut beobachten; die Fenster unten standen offen, und die Jugend vergnügte sich in Nachthemden und oft noch spärlicher bekleidet. Es war vielleicht indiskret von uns, aber doch begreiflich. Es spielten sich allerhand Liebesgeschichten ab, Briefe wurden geschrieben und empfangen, und es stellte sich etwas später heraus, dass unsere sonst sehr nette und brauchbare Köchin Marie mit der Jugend unter einer Decke steckte und die Korrespondenz beförderte. Das lustige Spektakel da unten währte oft bis in die späten Nachtstunden. Die Miete erhielten wir von Ida sehr pünktlich, aber, o Schrecken, im nächsten Herbst wurde die Wohnung wieder von ihr gekündigt, da nur ein kleiner Teil der auswärtigen Schülerinnen wiederkam. Die Eltern hatten davon erfahren, dass ihre Töchter die Nacht in einem anderen Hause verbrachten. Wir fanden es begreiflich.

Und ich möchte noch eine andere Begebenheit aus besagter Pension erzählen, die sich etwas früher ereignete: Unsere alte liebe Freundin Jenny Lind-Goldschmidt hatte ihre junge reizende Tochter bei Fräulein Keller in Pension gegeben.[*] Diese besuchte mich eines Tages; sie war mit ihrem goldroten Haar ein entzückendes Mädchen. Der Zufall wollte es nun, dass ein junger Engländer namens Woodville sie kannte und verehrte und mit seinem Freund, einem jungen Reichenheim aus Berlin, bald unsere Straße unsicher machte. Sie waren beide höchst talentvolle Schüler der Akademie. Die Pension Keller besaß, wie auch unser Haus, einen Garten mit niedriger Mauer, und es war ein Leichtes, über diese in den Kellerschen Garten zu klettern zu einem zärtlichen Rendezvous.

---

[*] Die Sängerin Jenny Lind, s. S. 24 u. S. 32, hatte 1852 den Komponisten Otto Goldschmidt geheiratet.

Ich war glücklich

Unser Nachbar, der Maler Ireland, und die Nachbarin Witwe Kindler hatten schon öfters beobachtet, dass die jungen Leute nächtlicherweile zu besagtem Zwecke über die Mauer stiegen.

Da, an einem schönen Mondscheinabend, ertönten plötzlich einige Schüsse und darauf helle Hilferufe von Frauenstimmen, und Ida, gefolgt von ihrer jungen Schar in Gewändern der Nacht, stürzten in den Garten, um sich den Räubern entgegenzuwerfen. Diese waren aber längst verschwunden; getroffen war niemand, da Herr Ireland nur blind geschossen hatte; aber die ganze Pension und die Nachbarschaft waren in heller Aufregung.

Am anderen Morgen stand die ganze interessante Begebenheit im Morgenblättchen, und, noch schlimmer, an jeder Straßenecke und Litfaßsäule war das Wort «Ida» mit schwarzer Farbe verewigt. Die arme altjüngferliche Dame durfte sich tagelang nicht sehen lassen.

Die Pension Keller war in jedem Falle ein bemerkenswertes Unternehmen.

Else Sohn-Rethel, Fächerentwurf

Aus dem Leben eines Porträtisten

Schloss Arolsen

1. Deutsches Vorspiel

Victoria – Regentin des Vereinigten Königreichs von Großbritannien und Irland, Kaiserin von Indien, Herrscherin über ein Fünftel der Menschheit – war 1882 dreiundsechzig Jahre alt und nach ihrer glücklichen Ehe mit Albert von Sachsen-Coburg und Gotha seit einundzwanzig Jahren verwitwet. Das älteste ihrer neun Kinder, Victoria Adelaide, hatte 1858 den preußischen, sodann deutschen Kronprinzen Friedrich, den nachmaligen Kaiser Friedrich III., geheiratet.

Für das achte Kind, Leopold George, Duke of Albany, bahnte sich gleichfalls eine Ehe mit einer Prinzessin aus dem reichhaltigen Vorrat deutscher Fürstenhäuser an. In Betracht kam Helene aus dem Hause zu Waldeck-Pyrmont, deren Schwester Emma seit 1879 bereits Königin der Niederlande war. Im nordhessischen Arolsen residierte die fürstliche Familie in ihrem prächtigen, ja überdimensionierten Schloss.

Im Jahre 1881 erhielten wir eines Tages einen Brief aus England mit einem feinen schwarz-goldenen Monogramm auf dem Couvert. Beim Öffnen stellte sich zu unserer größten Überraschung heraus, dass derselbe im Namen der Königin Victoria von England von deren Privatsekretär Herrn Dr. Hermann Sahl geschrieben war.[*]

Er enthielt den Auftrag der Königin, einige Bilder oder Porträts von Carl zur Ansicht nach London zu schicken, da einige Kinder des Herzogs von Teck, Verwandte der Königin, gemalt werden sollten.[**] Freudigst überrascht überlegten wir, was er nun wohl hinschicken könnte. Da es eilte, blieb Carl nichts anderes übrig, als das nach mir gemalte Porträt als Spanierin, ganze Figur, aber kleines Format, hinzuschicken. Herr Sahl hatte in seinem Brief noch bemerkt, dass auch ein anderer Düsseldorfer Künstler dazu aufgefordert worden wäre, und wir hörten, dass es sich um Hermann Schmiechen handelte, der ein liebenswürdiger Mensch war, aber als Maler sich keines besonderen Rufes erfreute; man nannte ihn meistens «Schmierchen»; er malte etwas süßliche Kinderbilder.[***] Er schickte einige davon hin, und siehe da, er schoss dieses Mal den Vogel ab und erhielt den Auftrag. An Carl schrieb Herr Sahl einen äußerst liebenswürdigen Brief: Der Königin habe das Bild sehr gefallen und sie werde später darauf zurückkommen und eventuell einen größeren Auftrag erteilen.

[*] Hermann Sahl, 1832–1896.
[**] Herzöge von Teck, Nebenlinie der württembergischen Zähringer und durch einen Enkel Georges III. mit dem englischen Königshaus verwandt. Das Haus Teck nannte sich im Ersten Weltkrieg in *Cambrigde* um; ihm entstammte die spätere Queen Mary.
[***]Hermann Schmiechen, 1855–1925.

Ich war glücklich

Nun, wir glaubten nicht anders, als dass es so wäre wie bei jedem, der sich in einem Laden etwas zeigen lässt, es nicht nimmt und verspricht wiederzukommen. Und wir dachten nicht mehr an die Sache. Aber es kam anders. Anfang Dezember 1881 kam ein direkter Auftrag im Namen der Königin Victoria, ob Carl die Verlobte des Herzogs Leopold von Albany, die fürstliche Prinzessin Helene von Waldeck, im Schloss Arolsen bei deren Eltern malen wolle. Wir waren sehr glücklich, und Carl nahm dankend an. Er erhielt sehr bald aus Windsor Castle von Hermann Sahl die näheren Bestimmungen und die Mitteilung, dass es sich gleich um zwei Kniestücke der Prinzessin handele, von denen das eine als Pendant zu einem anderen im Frühstückszimmer von Windsor Platz finden sollte.

Dass der Privatsekretär ein Darmstädter war, lag daran, dass Königin Victoria dank ihrer überaus glücklichen Ehe mit dem verstorbenen Prinzgemahl Albert eine solche Vorliebe für Deutschland hegte, dass sie sich vornehmlich mit Deutschen umgab; ihre Kammerfrau stammte aus Darmstadt, ihre einflussreichste Hofdame aus Hannover, und auch die Künstler, die herangezogen wurden, waren meistens Deutsche. So stammten viele der Porträts, die schon in englischen Schlössern hingen, von Winterhalter, dem Wiener Angeli und anderen.*

Carl reiste am 5. Januar ab, seiner zaghaften und bescheidenen Natur entsprechend mit einem etwas beklommenen Gefühl. Sehr bald erhielt ich den ersten Brief, dass er gut angekommen sei: «Ich wurde mit der Extrapost abgeholt und wohne hier sehr schön im Schloss, habe einen großen Salon und ein Schlafzimmer zur Verfügung. Die Abende habe ich mir reserviert, diniert wird zusammen, aber im Überrock. Heute aß ich um Viertel vor acht Uhr mit dem Hofmarschall und einem Hofrat auf meinem Zimmer. Während des Diners kam die Rede darauf, dass gegen Ende des Monats zu Ehren des Brautpaares lebende Bilder gestellt werden sollten, und zwar dachten sich die Herrschaften, vor allem die

---

* Franz Xaver Winterhalter, 1805–1873, und Heinrich von Angeli, 1840–1925, höchst erfolgreiche Porträtmaler des 19. Jahrhunderts.

Aus dem Leben eines Porträtisten

Fürstin, als dafür sehr passend das *Dornröschen* mit Prolog, verbindendem Text und Musik. Ich habe meine Hilfe nur sehr bedingungsweise zugesagt, denn viel beschäftigen kann ich mich nicht damit, sonst würden die gemalten Bilder leiden. Vielleicht kann ich Kolitz für Dekorationen etc. gewinnen, er könnte ja auf zwei Tage herüberkommen und sich evtl. einen Orden verdienen. Für den Text hätte Mama vielleicht eine gute Idee, es brauchten ja nur einige Wort zu sein. Ich wurde später heraufbefohlen, warf mich schnell in den Frack und fand die ganze Familie besammen; die Hauptperson ist die Fürstin, entschieden regierend. Die Prinzessin Helene ist sehr hübsch gewachsen, eine dankbare Aufgabe.»

Professor Louis Kolitz war in Kassel an der Kunstakademie angestellt und ein sehr guter Freund von uns; auf Carls Anfrage sagte er seine Hilfe zu. Auch für meine immer lyrisierende Mutter war es ein Leichtes, den Prolog und einen begleitenden Text zu dichten. Mich selbst beauftragte Carl, möglichst rasch aus unseren reichen Stoffen und Kostümstücken Geeignetes herauszusuchen, und nach wenigen Tagen gingen Mamas Verse und zwei große Körbe mit Kostümsachen nach Arolsen ab. Inzwischen schrieb Carl, dass Königin Victoria die ihr zugeschickten Skizzen der Prinzessin sehr gefallen hätten und dass sie sich eine davon schon habe rahmen lassen. Außerdem erhielt Carl den Auftrag, den Bräutigam, Herzog von Albany, als Pendant in schottischer Uniform zu malen. Da er gehört hatte, dass das Malen mit dem Stillsitzen in England schwierig sei, bot er an, auch dieses Porträt gleich in Arolsen zu malen, wenigstens Kopf und Hände, die Uniform könne er später in Ruhe im Atelier vollenden, er wolle sich dafür eine Photographie machen lassen.

Inzwischen war der Herzog eingetroffen, und Carl schreibt weiter: «Ich male ihn in Uniform mit dem blaugrünen Plaid, dem prächtigen Helm in der Hand und sonst roter Uniform; sie ist ausgesprochen malerisch und steht ihm gut. Die neue weiße Toilette ist sehr hübsch ausgefallen, weißer Damast, mit Spitzen und Schneeglöckchen garniert. Die Prinzess ist ein reizender Mensch, höchst liebenswürdig und einfach.

Ich war glücklich

Ihr Vater, der Fürst, murmelt fortwährend etwas Verbindliches in den Bart, geht morgens schon um fünf Uhr auf die Jagd und hat wohl wenig zu sagen. Äußerlich merkt man das zwar nicht, aber die Fürstin ist allein die Bestimmende. Sie ist eine kluge Frau, hat für alles Mögliche Sinn. Sie verlangt am deutlichsten die fürstliche Behandlung: Ihre Hofdamen, zwei ältere junge Mädchen, hässlich, haben es darum oft recht schwer. Ein etwas tollpatschiger siebenzehnjähriger Sohn ist auf dem Gymnasium in Kassel mit einem unbedeutenden Erzieher. Jetzt ist noch zum Besuch eine Tochter, Prinzess von Bentheim; sie erwartet und ist infolgedessen in jeder Beziehung geschwollen. Samstag war Ball mit zweihundert Personen und vorher Galadiner mit hundert Personen; ich habe mich aber nach einer Stunde gedrückt. Alle Frauen der kleinen Beamten waren dekolletiert und in den wundervollsten, komischsten Toiletten aus längst vergangenen Zeiten, eigentlich sehr amüsant, aber Du kennst ja meine Angst vor solchen Aufläufen.

Am 28. Januar ist die Aufführung von *Dornröschen*, bis dahin muss ich fertig mit der Hauptsache der Bilder sein, weil die Herrschaften evtl. am 1. Februar auf zehn Tage nach England fahren.»

Mündlich erzählte Carl mir noch, dass zu allem Zeremoniell im Innern des Schlosses es auch sehr originell wirke, dass am Haupteingang zwei Kanonen postiert waren, neben jeder ein Schilderhaus, und dass, wenn Fürst oder Fürstin erschienen, aus diesen zwei Soldaten mit geschulterten Gewehren herausstürzten, strammstünden, präsentierten und zwei andere Soldaten einen längeren Trommelwirbel schlügen, damit jeder im Schloss und im Umkreis wisse, wann die fürstlichen Herrschaften ein- und ausgingen. Er schrieb sodann: «Am Donnerstag kommt die Kronprinzess von Preußen zum Geburtstag des Fürsten, an dem ich wohl nicht vorbeikommen werde. Gestern wiederum war ein Wohltätigkeitskonzert, Entree 1,– Mk. (Arolser Verhältnisse). Unsere Hofdamen und Herr York haben auch gesungen, Letzterer sehr komische Lieder, eines, bei dem er immer niesen muss, und eines, wobei er einschläft: ‹I am so sleepy› Der Herzog ist wieder ganz fidel, humpelt aber noch an Krücken.» In einem späteren Brief: «Eben habe ich mich in Gala

Aus dem Leben eines Porträtisten

geworfen zum Diner mit der Kronprinzess. Sie fuhr mit zwei vierspännigen Wagen unter ‹Heil dir im Siegerkranz› und mit Flaggenschmuck ein. Am meisten interessiert mich, dass sie das Porträt nicht schlechtredet, was sie sehr gut können soll. Es ist nun glücklich fertig, ich bin nicht unzufrieden, aber auch nicht das Gegenteil, es ist doch schwer, nach einem nervenkrank aussehenden Mann einen gesunden Dickeren zu malen. Gestern und heute Abend war ich im Parterre geblieben, da die Fürstin das Bett hütet, was öfters vorkommt und was die anderen nicht als unangenehm empfinden. Ich verbrachte mit meinem Shakespeare ein paar gemütliche Abende. Wie ich in den Königsdramen schwelge, kann ich Dir gar nicht sagen, ich werde von nichts so sehr gepackt, obgleich ich sie doch immer wieder lese.»

Nun nahte das Ende von Carls Aufenthalt in Arolsen. Auch wenn er von dem oft kleinbürgerlichen und oft zu sparsamen fürstlichen Haushalt erzählte, war doch sein Haupteindruck der Familie von Waldeck der größter Herzlichkeit. Über die Krankheit des Herzogs von Albany berichtete er, dass derselbe ein sogenannter Bluter war, ein Mensch, der eine Haut weniger hat als andere, und dass ein solcher sich vor jedem Stoß oder Fall hüten müsse. Der Herzog hatte sich nur leicht am Kinn verletzt, wodurch eine Blutung einsetzte, die äußerste Ruhe erforderte.

Die fast vollendeten Bilder trafen bald in Düsseldorf ein und mit ihnen die Uniform und alle dazugehörigen Gegenstände. Es war nun für uns alle sehr amüsant, die interessanten und z.T. sehr wertvollen Objekte einer echten Highlander-Uniform auszupacken. An dem breiten Ledergürtel hing ein großes Besteck mit Löffel und dolchartigen Messern und Gabeln, alle reich mit goldenen Ornamenten verziert, und auf jedem Griff ein riesiger gelber Topas. Dazu der mit Federbusch geschmückte Helm. Carl hatte nun Zeit und Ruhe, die Bilder im Atelier zu vollenden; wie immer saß ich viel bei ihm oben und hörte noch manches Interessante und Intime, was er in den wenigen Briefen nicht erwähnt hatte. Als Abschluss dieser Zeit füge ich noch ein persönliches Schreiben der Fürstin hinzu. – Es lautet:

Ich war glücklich

Lieber Herr Professor!

«Arolsen, den 21. 4. 1882

Morgen verlässt meine Tochter Helene die Heimat, und Donnerstag um Viertel nach ein Uhr wird die Trauung stattfinden. Sie sind hier Zeuge ihres Glücks gewesen und haben mit dem Ihrigen beigetragen, so schön die Brautzeit zu verherrlichen. Ich bin vom Fürsten beauftragt, zur Erinnerung an jene Zeit die Andenken abzuschicken, welche mit diesem Brief abgehen, und Sie zu bitten, dieselben für sich und die Ihrigen entgegennehmen zu wollen. Wir hoffen, dass auch unbekannterweise Ihre Frau Schwiegermutter das Vögelchen mit dem Ölzweig, Ihre Frau Gemahlin das Medaillon zur Erinnerung an unsere liebe Tochter tragen und zwar an ihrem Hochzeitstag einweihen werden. Für Sie, lieber Herr Professor, haben wir das Doppelbild des Brautpaares beigefügt in der Überzeugung, dass Sie auch künftighin ihnen Interesse und gute Wünsche schenken wrden. Die kleinen Andenken sollen Ihnen immer sagen, welche Freude Ihr lieber Besuch für uns gewesen ist, Ihrer selbst wegen als auch in Erinnerung an Ihren Vater. Der Fürst und meine Tochter schicken Ihnen mit mir die herzlichsten Grüße, und ich bleibe

Ihre treu ergebene
Helene Fürstin zu Waldeck-Pyrmont»

2. Die Queen und der Zulukönig

Um die Mitte des 19. Jahrhunderts hatten die Briten sich die Burenstaaten Südafrikanische Republik und Oranje-Freistaat in Südafrika weitgehend untertan gemacht. Ein sowohl die Buren als auch die Briten stets störender Faktor bei ihrer Machtkonsolidierung waren die selbständigen Gebiete der Zulus, die selbst erst ein Jahrundert zuvor aus dem zentralen Afrika ins Kapland eingewandert waren. Unter ihren Häuptlingen und ihrer Königin Dingane wussten sich die Zulus gegen die

Aus dem Leben eines Porträtisten

Europäer oft effektiv zu wehren. Anfang 1879 besiegten ihre Krieger britische Truppen, von denen sie jedoch wiederum im Sommer entscheidend geschlagen wurden. Die Zulus verloren einen Gutteil ihrer Unabhängigkeit und ihre Eigenstaatlichkeit. Gleichwohl entschloss sich ihr König Cetshwayo zu einem spektakulären Freundschaftsbesuch bei Queen Victoria, die den schwarzen Herrscher mit überraschender Sympathie für längere Zeit in ihren Residenzen Osborne House und Windsor als Gast empfing.

Anfang Juli 1882 erhielt Carl den Auftrag, in England ein Brustbild der Prinzess Beatrice, der jüngsten Tochter Königin Victorias, zu malen.[*] Einerseits freuten wir uns des neues Verdienstes, andererseits war uns der Gedanke an eine abermalige Trennung schmerzlich, besonders da ich nach der Geburt Karls am 8. Mai noch immer nicht recht in Ordnung war und meist liegen musste. Carl nahm selbstverständlich den Auftrag an, schrieb aber, im Augenblick könne er mich noch nicht verlassen, und erhielt darauf von Herrn Sahl folgendes Schreiben vom 27. Juli: «Ihre Mitteilung, dass Sie wegen der Erkrankung Ihrer Frau Gemahlin nicht wie gewünscht in dieser Woche schon nach der Isle of Wight kommen konnten, hat hier viel Teilnahme erregt. Hauptsächlich wegen der bedauerlichen Änderung in Ihrem Reiseplan. Ich habe den Auftrag, Ihnen zu sagen, dass Ihre Majestät Anteil nimmt an den Sorgen, die Ihnen aus der Erkrankung Ihrer Frau Gemahlin erwachsen, und dass sie die aufrichtige Hoffnung hegt, dass Sie recht bald durch eine günstige Wendung in dem Gesundheitszustand Ihrer Familie von der auf Ihnen lastenden Angst und Besorgnis befreit werden möchten.»

Da ich mich bald erholte, konnte Carl endlich reisen. In seinem ersten Brief aus Osborne, dem Schloss der Königin auf der Isle of Wight,

---

[*] Beatrice Mary Prinzessin von Großbritannien und Irland, 1857–1944. Sie beharrte auf ihrer Liebesheirat mit dem verarmten Heinrich Moritz von Battenberg, 1858–1896. Als Gegenleistung für die Zustimmung Victorias zum Ehebund hatte das Paar, das sich im Ersten Weltkrieg in Mountbatten umbenannte, lebenslang im Umkreis der Queen zu weilen.

Ich war glücklich

schreibt er: «Nun bin ich glücklich in dem prachtvollen Osborne und fühle mich nach einer sehr gut verschlafenen Nacht ausgezeichnet.» Weiter schreibt er von der langen, aber schönen Überfahrt bei Mondschein, leichter Seekrankheit, dass er in Dover schon das dritte Billet über London nehmen musste, um endlich auf der Isle of Wight anzugelangen, dort aber von elf bis drei Uhr in der Sonnenhitze, aber immerhin am Meer, ausharren musste, ohne etwas zu essen zu bekommen, da Sonntag war, ein toter Tag in England, er schließlich mit der Bahn von einer Station abfuhr, als einziger Passagier ausstieg und ihm der Schaffner die Richtung nach Osborne nur ungefähr angab, sodass er noch eine Stunde zu Fuß gehen musste.

«In der Nähe des Schlosses frug ich einen Polizisten nach dem Eingang, ich nannte meinen Namen, von dem er wusste, und so war ich glücklich da, aber völlig erschöpft, erhitzt und schmutzig. Sahl empfing mich liebenswürdig, ich wusch mich bei ihm, lunchte noch ordentlich, dann gingen wir in dem Park spazieren, er erinnerte mich täuschend an Nervi, nur sind die Gebäude viel schöner, wundervolle Terrassen und Treppen. Alles von Tannengrün umgeben. Für gewöhnlich hat Sahl es so eingerichtet, dass wir und ein Doktor, der auch Deutsch spricht, gemeinsam dinieren. Das ist sehr angenehm. Beim heutigen Spaziergang begegnete uns der Herzog von Albany mit Gemahlin, sie stiegen aus und begrüßten uns. Nach dem Essen gingen wir ins Rauchzimmer, tranken Brandy und Sodawater, ein prachtvoller Schlaftrunk. Ich wohne in einem Cottage im Park ganz für mich, habe dort eigene Bedienung, zwei Zimmer, gutes Frühstück, kurz, sehr angenehm. Heute male ich noch nicht, ich will die Prinzessin Beatrice erst sehen und alles vorbereiten. Es wird ein lebensgroßes Brustbild. Ich gehe jetzt hinüber, um mir die Pendants von Angeli anzusehen, ich sah noch viele hervorragende Bilder, wurde dann aber zur Prinzessin befohlen. Sie ist sehr angenehm und lässt sich gut malen, die Toilette roter Atlas mit Spitzen. Nachmittags machte ich eine Skizze nach der Natur mit schwarzem Spitzenschal, vom Haar ausgehend, die der Königin, der ich nachmittags vorgestellt wurde, sehr gefiel.»

Aus dem Leben eines Porträtisten

Hier muss ich von dieser Vorstellung berichten, was mir Carl mündlich erzählte. Als die Königin mit Herrn Sahl eintrat, richtete sie das Wort zuerst an Sahl, er möge das Gesagte Carl mitteilen. Was dieser Sahl antwortete, tat Sahl wiederum der Königin kund. Und so bewegte sich die Unterhaltung wie über ein Medium einige Minuten hin und her, bis schließlich Carl der Königin einfach direkt antwortete, und somit war diese eigentümliche Zeremonie kühn außer Kraft gesetzt, und Carl wurde sogar freundlich aufgenommen. Er schreibt weiter. «Ich vergrößerte mir noch eine Photographie, fast Profil, und malte heute Morgen die ganze Leinwand frisch zu, sehr ähnlich und allen sehr gefallend, sodass die Königin gleich noch ein Porträt des Prinzen von Wales in gleicher Größe bestellen will oder bestellt hat.[*] Das habe ich nicht recht verstanden, es wird wohl darauf ankommen, ob er sitzen will.

Du kannst Dir denken, dass ich über meinen Erfolg sehr froh bin und die rechte Courage habe zu weiterem Malen. Es wird mir hier auch viel leichter gemacht als im komplizierten Arolsen und ist viel ungenierter, und furchtbar viel Interessantes ist zu sehen und zu erleben. Heute muss ich zum ersten Mal den Frack anziehen, es ist Konfirmation der beiden Söhne des Prinzen von Wales.»

Über ein solches offizielles Essen möchte ich noch anfügen, dass es sich möglichst schnell abspielen musste. Es wurden meist acht verschiedene Gänge serviert, jeder mit drei Variationen, also vierundzwanzig verschiedene Gerichte. Fast hinter jedem Teilnehmer stand ein Lakai, der die Teller sehr schnell wechselte. Man kam also kaum in den Genuss der Speisen und stand oft hungrig auf. Die Königin saß stets an einem separaten Tisch im engsten Familienkreis und wurde ausschließlich von ihrem Leibdiener und Kutscher John Brown bedient, mit dem sie von Jugend an eine aufrichtige Freundschaft verband. Brown stammte aus Schottland und war ihr vom ersten Tage ihrer Thronbesteigung treu ergeben. Er trug ein für allemal die Highlander-Tracht mit Kilt und

---

[*] Prinz von Wales und Thronfolger war der nachmalige Edward VII., 1841–1910.

Ich war glücklich

kniefreien Strümpfen. Ich komme später noch auf dies eigene und seltsame Verhältnis zurück.*

Mit Prinzess Beatrice hatte sich Carl von Anfang an regelrecht angefreundet; sie sprach fließend Deutsch und war ihm in jeder Beziehung sympathisch, nicht direkt hübsch, aber doch reizvoll, immer bereit, ihm zu sitzen, deshalb kam er auch so schnell voran. «Heute habe ich, denke Dir, den Hintergrund vom Profilbild der Herzogin von Albany geändert und eine Luft mit Bäumen auf Extrawunsch der Königin hinzugefügt, es sei sonst das einzige Bild im Speisesaal von Windsor ohne Himmel. Zuerst stöhnte ich sehr, nun ist es aber fertig und gefällt der Königin ausnehmend. Der Prinz von Wales sieht nach einer Stunde Sitzung schon fast fertig aus, er bestellte mir heute, seine Söhne auf ein Bild in Wiesbaden zu malen, dann soll ich auch noch den König von Dänemark malen, kurz, an Aufträgen fehlt es mir nicht, vorläufig muss ich sie annehmen.» Im nächsten Brief: «Ich hoffe heute auf den Prinzen von Wales, das heißt, seinen Kopf abzuschließen, ich müsste sonst nach Homburg fahren, wohin er morgen abreist. Er malt sich sehr gut, eine kräftige gesunde Farbe, auf hellem Grund mit einer weißen Blume im dunklen Sommeranzug mit weißseidener Krawatte. Seine Söhne sollen im Marineanzug auf ein Bild, aber auch ohne Hände, das müsste ich dann in Wiesbaden anfangen.» Mündlich berichtete er mir, dass bei der letzten Sitzung des Prinzen seine Frau zugegen war, die das Bild sehr ähnlich fand, nur die Bemerkung fallenließ: «Können Sie nicht mehr Haar sehen?» – Da nimmt Carl den Pinsel mit brauner Farbe und streicht ihm kühn über die stark gelichtete hohe Stirn einige kräftige Striche, sie ist entzückt und ruft: «Ach ja, so hat er sie gehabt.» Gelegentlich bewunderte der Prinz sogar Carls gutsitzenden Frack, und das bedeutete viel bei dem so sehr für die modernste und eleganteste Toilette berühmten Mann!

---

* John Brown, 1826–1883.

Aus dem Leben eines Porträtisten

Carl schreibt später: «Neulich war der Erzbischof von Canterbury hier, der den höchsten Rang von allen in England innehat und gleich hinter der königlichen Familie rangiert, ein sehr interessanter Kopf, ich habe auch mit ihm Deutsch gesprochen. Morgen kommt Ketschewajo[*], ich bin sehr gespannt.»

Dieser war Zulukönig aus Südafrika, der mit seiner schwarzen Umgebung nach England aufgebrochen war. Am folgenden Tag berichtet Carl: «Die Sache mit Cetevajo amüsiert mich sehr, er muss sehr spannend zu malen sein. Er sieht klug aus und soll es auch sein, er hat sich hier alle Kunstsachen besonders angesehen. Er hat aber doch sehr viel, besonders in der Haltung, von einem Wilden. Er selbst besitzt gar nichts und hält sich auf Staatskosten hier auf. Ich hoffe, heute kommen die Photographien an, sodass ich Montag im Buckingham-Palast in London beginnen kann!

Gestern haben wir mit der Königin eine Partie zur Inselhauptstadt von Wight unternommen, sie hatte dort einem Regiment Fahnen zu verleihen, eine sehr feierliche Zeremonie mit Volk, Wagen, Reitern, wie bei einem englischen Wettrennen, eine reizende Fahrt, alte Städtchen bei hinreißendem Licht. Heute tagt in Osborne der Staatsrat, so werde ich Gladstone und seine Minister sehen, also viel Interessantes.»[**]

An dieser Stelle möchte ich noch einfügen, was mir Carl über das Regieren der Königin erzählte. Sie war nicht nur die gewissenhafteste Regentin ihres Volkes, sondern auch bis ins Kleinste hinein eine erstklassige Hausfrau. Sie stand morgens um sechs Uhr auf und erledigte alles Häusliche selbst, machte den Küchenzettel für den ganzen Tag. Und zum Beispiel hat sie angeordnet, dass Carl, weil er ein Deutscher war, auch einen deutschen Wein trinken müsse, und so bekam er täglich

---

[*] Die Schreibweise des Namens von Cetshwayo variiert vielfältig in rheinischer bzw. europäischer Nonchalance oder Ahnungslosigkeit. – Cetshwayo kaMpande, 1826–1884, Sohn des Zulukönigs Mpande und letzter souveräner Zuluherrscher.
[**] William Ewart Gladstone, 1809–1898, viermalig britischer Premierminister liberaler Regierungen und bis zu seiner Ertaubung dreiundsechzig Jahre lang Mitglied des Unterhauses.

Ich war glücklich

Johannisberger Kabinett Auslese, die Flasche zu ungefähr 40,– Mk. Es kam auch zu kleinen humoristischen Schwächen bei ihr, denn zu diesem Essen mit Gladstone, mit dem sie sich damals gerade in einem kleinen politischen Konflikt befand, bestellte sie Hammelragout, weil der Premierminister dies nicht liebte. Als Carl eines Tages stark erkältet war, sandte sie ihm einen Wagen, damit er die zwanzig Minuten vom Cottage zum Schloss nicht in der Morgenluft zu gehen brauchte. Allmorgendlich zwischen acht und neun Uhr spielte die Kapelle des Highlander-Regiments, dessen Oberst sie war, vor ihren Fenstern auf den Dudelsäcken eine sehr originelle Musik.

Am nächsten Tag schrieb Carl weiter: «Wenn ich keine Adresse angebe, so adressiere nach hier, ich weiß noch nicht, wo ich in London wohnen werde, wahrscheinlich in Cetevajos Nähe, aus London wird ein Herr erwartet, der mir alles arrangieren soll. Gestern musste ich noch einmal in den sauren Apfel beißen und an einem großen Diner teilnehmen. Der Herzog von Albany ist immer noch krank. Gestern sollte das junge Paar auf einem dazu hergerichteten Schiff nachträglich die Hochzeitsreise antreten, aber darauf besteht wohl noch lange keine Aussicht, er ist nierenleidend, hütet das Bett und sieht sehr schlecht aus, ich habe ihn ein paarmal besucht.

Mein kleines Bild von Prinzess Beatrice soll der Kaiserin Eugénie von Frankreich geschenkt werden; beide Damen sind sehr befreundet. Nun habe ich auch noch zu guter Letzt das Porträt der Königin selbst in Angriff genommen, leider ohne Sitzung, nur nach Photographie und Erinnerung, sie sitzt nicht mehr zum Malen. Wie ehedem Friedrich der Große. Gestern konnte ich den Brief nicht mehr abschicken, da Sonntag war und hier keine Post geht. Am Sonntag geht in England gar nichts.» Montagmorgen: «Gleich reise ich nach London ab. Wenn der Königin ihr Porträt gefällt, so wird sie mir doch sitzen, sagte mir meine Freundin, die Prinzess.» Wenig später aus London: «Um noch zu Cetevajo zu gehen, ist es zu spät, morgen kommt ein Herr aus dem Buckingham Palace, der wird mir die ganze Sache einrichten. Ich bin sehr begierig, was der König zu seinem (nach dem Photo) angefangenen Bild sagen wird, es ist

Aus dem Leben eines Porträtisten

erschreckend ähnlich, jetzt schon hat es in Osborne viel Aufsehen erregt, besonders unter seiner Dienerschaft.» Sodann: «Eben komme ich zurück von meiner ersten und wohl einzigen Sitzung, die mir dieses hochinteressante Wesen bewilligt hat. Zuerst wollte Seine afrikanische Majestät durchaus nicht, da brachte ich mein begonnenes Bild, wofür er sich interessierte, und so willigte er endlich, immer noch widerwillig genug, ein, saß wohl auch eine Stunde, d. h. er sprach mit anderen, lachte, dass die Wände schütterten, gab nebenher Audienzen, es wurden ihm verschiedene mechanische Kunststücke vorgezeigt, singende Vögel, Uhren, verschiedenes Kinderspielzeug, nur um ihn gutwillig zu erhalten. Ich habe ihn übrigens soweit in dieser Zeit gebracht, dass er zu Hause fertig gemacht werden kann. Ich male in einem richtigen Atelier, er hat das Haus eines Malers bezogen. Die Sitzung war wohl die interessanteste, die ich je erleben durfte. Ich muss gleich wieder hin, um aus dem Kopf zu malen. Er kommt nur ab und zu ins Atelier, so kann ich ihn wenigstens sehen, auch wenn er nicht sitzt. Ich muss gleich zur Königin, um ihr Bericht zu erstatten.»

Zwei Tage später schreibt Carl: «Eben komme ich von einer Sitzung zurück, die Ketschevajo mir geben sollte, aber nicht gab, er war wenigstens so launisch, dass ich abbrach. Wenn ich akkurat den Sessel hinrückte, schob er ihn extra anders, gerade wie ein Kind, das mochte ich mir denn doch nicht gefallen lassen und ging mit ziemlichem Gepolter entrüstet ab. Die Umgebung entschuldigte sich bei mir, aber wenn er so wäre, so ließe sich nichts dagegen tun. Gestern malte ich den Körper nach einem anderen aus seinem Gefolge.» Mündlich berichtete Carl mir noch: Cetevajos äußere Erscheinung war äußerst imponierend, denn er war fast doppelt so breit und groß als ein anderer Mensch, mit einem enormen Brustkasten, er hätte unbedingt königlich gewirkt, für seine Rasse ein entschieden schöner Mensch. Ein einziges Mal hätte Carl körperliche Furcht vor ihm empfunden, als ob er sich auf ihn stürzen könnte. Er trug moderne Kleidung, nur auf dem Kopf einen dicken schwarzen Gummireif, sozusagen sein Trauring, durch den ihm zweiundzwanzig Frauen angetraut waren. In seinem Ohrläppchen hatte er

Ich war glücklich

ein größeres Loch, in welches ein kleiner Kasten für den Tabak eingehängt war. Sein Gefolge aus circa zehn Schwarzen in Nationaltracht saß bei den Sitzungen auf der Erde um ihn herum, und sie stießen von Zeit zu Zeit zusammen eine Art von Schlachtruf aus als Zustimmung zu seinen Reden. Bei der ersten Sitzung verlangte er fortwährend, hinter Carl zu stehen, um zusehen zu können, weil ihn das Malen entschieden interessierte. Nach einer Weile wurde ihm auf einer silbernen Platte sein Lunch hereingebracht, auf einer silbernen Platte einige Stücke rohes Fleisch, das er genussvoll verzehrte.* Das Bild zeigte den nackten Oberkörper, leicht drapiert mit einem Tigerfell, um den kräftigen Hals eine Kette Zähne selbst erlegter Löwen. Es machte sich alles in allem sehr malerisch, und das Bild hat sowohl in England als auch in Deutschland in den Ausstellungen enormen Erfolg gehabt. Alsbald erschien in England in einem humoristischen Blatte eine längere Darstellung mit dem Titel *Der Maler und der König*. Carl musste in Düsseldorf noch viel und oft von diesen Sitzungen erzählen, und noch lange Zeit danach wurde er im Malkasten mit dem Schlachtruf des Ketschevajo empfangen. Ich füge eine Kritik des Bildes vom Zulukönig in Düsseldorf an:

«In Schultes Kunstausstellung ist augenblicklich auf kurze Zeit das Porträt des Zulukönigs Cetewajo ausgestellt, welches Carl Sohn im Auftrag der Königin von England gemalt hat. Es stellt den Negerfürsten in halber Entblößung des Oberkörpers dar, so daß die herkulische Muskulatur zur vollsten Geltung kommt. Die rechte Schulter bedeckt ein schwarzes Pantherfell, das mit seiner fein abgetönten natürlichen Zeichnung in reizvoller Weise von dem fast gleich tiefschwarzen Pigment des Körpers absticht. Den Hals des tapfern Königs schmückt eine Kette von riesigen Löwenzähnen, während eine große Öffnung im linken Ohr gewöhnlich durch eine Tabaksdose geschmückt wirkt. Im übrigen macht der Dargestellte ganz den Eindruck einer schrullenhaften

---

* Der offenbar bestaunte Imbiss des afrikanischen Herrschers unterscheidet sich nur unwesentlich von einem Tartar oder einem gelungenen Roastbeef, wie es der Europäer schätzt.

Aus dem Leben eines Porträtisten

Intelligenz, und man vermißt nicht ohne Erstaunen gewisse widerliche Züge, die man sonst an seinesgleichen zu finden gewohnt ist.* Sohn hat sich seiner Aufgabe in einer Weise zu entledigen gewußt, als ob es sich um die Ehrenrettung eines Othello handelte. Seine farbige Majestät soll denn auch von dieser schmeichelhaften Auffassung höchstlich erbaut gewesen sein, und wenn er jetzt, in seiner Heimat kühler als je empfangen, mit Bedauern an die schönen Tage von Aranjuez zurückdenken mag, wird er sich auch wohl gern des Malers erinnern, der seine Züge der Nachwelt in so liebenswürdiger Durchgeistigung überlieferte.»

Carl Rudolph Sohn,
Der Zulukönig Cetshwayo

---

* Sein Wissen um *widerliche Züge* afrikanischer Gesichter verdankt der Bildbetrachter gewiss dem ebenso vielfältigen wie tumben Rassismus mindestens jener Epoche. Umso ungewöhnlicher und schätzenswerter bleibt die *liebenswürdige Durchgeistigung* und die natürliche Hoheit, mit der Carl Sohn den König der Zulus erfasste.

Ich war glücklich

3. Knopfwirrnis im Taubenschlag

Nach einem kurzen Aufenthalt in Düsseldorf musste Carl, wie zuvor vereinbart worden war, zuerst nach Homburg, um das Porträt des Prinzen von Wales zu vollenden, und nach Wiesbaden für das Doppelbild der beiden jungen Prinzen.* Aus London erhielt er noch ein Schreiben vom Sekretär des Prinzen: «S. K. H. der Prinz von Wales teilte mir mit, dass er wegen des Rahmens für das Bild seiner Söhne mit Ihnen bereits gesprochen hat, und er trägt mir auf, Ihnen zu schreiben, dass derselbe in den Ecken Anker haben soll und in den übrigen Teilen Taue, wie er Ihnen vermutlich bereits angegeben hat. Ich glaube, dass auf den Jakken, welche die Prinzen beim Porträtieren tragen, Anker vorgestellt waren. Sie können demnach dieselben auf dem Rahmen anbringen lassen. Zur Vorsorge schicke ich einen Knopf, wie ihn englische Seeleute an der Uniform tragen, und der Prinz überlässt es Ihnen, ob der Anker mit oder ohne Krone sein soll. Wenn die Krone auf den Jackenknöpfen ist, glaube ich, sollte sie auch auf dem Rahmen wiederkehren.»

Carl schrieb mir: «Die Dänen haben jetzt kein Geld, die Königin war hier und bewunderte auch meine Schnelligkeit, sie malt selbst. Auch der König von Griechenland war wieder da, die kommen alle die hohen steilen Treppen des Hinterbaues zu meinem Atelier hinauf, mit dem ich übrigens sehr zufrieden bin, ich glaube doch, dass ich hier freigehalten werde, da die Prinzess von Wales mich frug, ob ich auch gut logiere und das Hotel angenehm sei.

* Albert Victor, Duke of Clarence und Avondale, 1864–1892, und George, Duke of York, 1865–1936, ab 1910 König George V.

4. Die liebende Witwe

Ende September 1882 reisten wir nach Oberitalien und verlebten dort einige Wochen zu meiner Erholung. Als wir erst wenige Tage in Venedig waren, traf uns eine Depesche aus London von Herrn Sahl, die Carl, wenn möglich, sofort nach London rief, um den vom Ägyptischen Feldzug zurückgekehrten Herzog von Connaught unverzüglich zu malen. So leid es uns tat, den venezianischen Aufenthalt abbrechen zu müssen, folgte Carl doch diesem Ruf. Er fand bei uns in Düsseldorf noch folgenden aufklärenden Brief des Herrn Sahl, er schreibt darin: «Als weiteren Beweis, wie groß das allerhöchste Wohlgefallen ist, wollen Sie den Auftrag auffassen, den ich, in Ihrer Majestät Namen, Ihnen zu stellen habe: Der Herzog von Connaught, der zweitjüngste Sohn der Königin, kommt in einigen Tagen aus dem Ägyptischen Feldzug zurück, gebräunt und bärtig. Sowohl die königl. Mama wie die treue Gattin wünschen gar sehr, daß Sie von ihm ein Conterfey malten, ehe die Spuren der Campagne verwischt sein werden, was natürlich sehr bald der Fall sein wird.[*] Leinwand würde ich vorbereiten. Hoffentlich sind Sie wieder daheim, wenn nicht, so wird Ihnen dieser Brief doch wohl sogleich nachgeschickt, denn hier ist man auf schleunigste Antwort gespannt.»

Es wäre uns damals ein Leichtes gewesen, Reichtümer in England zu sammeln, denn man war in ganz London auf Carl aufmerksam geworden. Auch boten sich später öfters Agenten an, ihn mit Aufträgen zu überschütten, aber wir hätten nach London übersiedeln müssen, das widersprach aber gänzlich unserem einfachen Sinn und unserer Liebe zu Düsseldorf.

---

[*] Arthur William, Duke of Connaught and Strathearn, 1850–1942, einer der Befehlshaber bei der Niederschlagung eines Aufstands gegen die britische (und französische) Wirtschafts- u. Finanzvormacht in Ägypten, nach welchem das Land des Suezkanals, das offiziell noch zum Osmanischen Reich gehörte, gänzlich unter britische Kontrolle geriet, allerdings nicht zur *Kolonie* degradiert wurde.

Ich war glücklich

Carl reiste dieses Mal über Vlissingen, und er schreibt: «Der Herzog von Connaught ist sehr reizend, ich wurde freundlich empfangen und machte dann noch eine Skizze nach einer Photographie. Später ging ich ins Alhambra und sah Johann Strauß' *Lustigen Krieg*, aber lange nicht so gut wie damals in Wien unter Strauß selbst. Es herrschte so dicker Nebel, dass ich kaum den Weg finden konnte. Sonntag habe ich gehungert, weil nichts zu bekommen war, ein solcher Tag ist furchtbar langweilig, endlich fand ich im Hotel einen Imbiss.»

Einige Tage später berichtet er: «Ich frühstücke in Windsor Castle, und wenn ich keine Sitzung habe, wandere ich durch die Galerien, das Schloss ist voll davon, ganze Säle mit van Dycks, ebenso Rubens, Holbein, Rembrandt etc. Leider ist es in dem alten Gemäuer zu früh dunkel, um lange zu schauen. Morgen ist Verleihung des Bath-Ordens, mit großer Zeremonie, die Königin ist in ihrem Element, sie strahlt vor Ruhm und Wohlbehagen. Am Sonntag male ich noch ein Skizzchen von ihr, aber ohne dass sie sitzt. Ihre Sitzung werde ich mir für das Porträt selbst aufsparen. Nein, Du solltest das Schloss sehen, sich darin nur einigermaßen zurechtzufinden ist mir nicht möglich, überall muss ich mir einen Lakaien mitnehmen. Manchmal bei prachtvollem Mondschein wird man von der Großartigkeit derart hingerissen, dass man alles andere vergisst. Alles kommt einem aber wie nichts vor gegen die herrliche Natur. Alte Bäume, Wiesen, Wasser.

Am Sonntagnachmittag ging ich mit Fräulein Bauer, der deutschen Hofdame, auf Wunsch der Königin ins Mausoleum von Prinz Albert, sehr delikat und verschwenderisch ausgestattet, doch ohne ernste Wirkung, wozu Düsseldorfer Fresken von Ittenbach und Deger beitragen. Das Beste ist eine Gruppe von Bildhauer Böhm, den ich auch kennenlernte, von der verstorbenen Alice von Hessen mit ihrem Töchterchen, ganz naturalistisch schlafend, das Kind an sich gedrückt, ein unvergesslicher Eindruck. Böhm modelliert jetzt die Königin.»[*]

---

[*] Zwei Mitglieder des Düsseldorfer Kunst- und Dekorationsimperiums: Franz Ittenbach, 1813–1879; Ernst Deger, 1809–1885. Joseph Böhm, 1834–1890, gebürtiger Wiener, avancierte zum Starbildhauer des viktorianischen Englands.

Aus dem Leben eines Porträtisten

Im März 1883 erhielt Carl abermals aus Windsor von Sahl ein Schreiben: «Vorgestern ist nach einer ganz rasch verlaufenden Krankheit (Kopfrose) der langjährige Diener der Königin John Brown gestorben, und der Verlust geht Ihrer Majestät ausnehmend nahe. Gewohnheit ist eben eine sehr gewaltige Macht – welche von manchen unterschätzt wird. Nun wäre es der Königin, wie Sie wohl verstehen werden, gar lieb, wenn Sie ein gutes Bild von dem Verstorbenen besitzen könnte, ich soll Sie fragen, ob es Sie es freundlichst unternehmen wollen, nach Photographien ein Porträt von ihm so weit vorzubereiten, dass Sie es nach einiger Zeit hierher brächten und unter den Augen der Königin und nach ihrer eigenen Angabe die letzte Hand anlegten. Ich hoffe, Sie entschließen sich hierzu und rechtfertigen das Vertrauen, welches Ihre Majestät in Ihr Können setzt nicht minder als in Ihre Bereitwilligkeit, ihr einen Gefallen zu tun.»

Am nächsten Tag schreibt Sahl für den Fall, dass das gestrige Schreiben verloren gegangen sei oder Carl noch wankend sei zu kommen: «Wenn Sie wüssten, wie groß die Trauer der Königin über den Verlust dieses langjährigen Dieners ist, und wie lebhaft sie sich der Hoffnung überlässt, von Ihrer Hand ein gutes Bild von ihm zu erhalten, gewiss, Sie würden keinen Augenblick zögern, Ja zu sagen. Ihre Frau Gemahlin hat vielleicht ein noch innigeres Verständnis für alles, was sentimental im Frauenleben ist – und sie wird Ihnen gewiss gern Urlaub geben und Sie noch anfeuern zu kommen.»

Carl begann sofort mit der Untermalung. Er begriff den fast unersetzlichen Verlust des treuen Mannes, denn wie sehr die Königin Victoria an ihm hing und wie viel sie auf seinen Rat gab, konnte er vielleicht eher beurteilen als viele andere, weil er infolge seiner Tätigkeit öfters mit den beiden allein im Garten spazierte oder sie vom Fenster des Ateliers aus betrachten konnte. Brown stand meist hinter ihr, mit Tuch oder Mantel überm Arm, immer in Ehrfurcht ihres Befehls gewärtig, er war Diener und Kutscher und trotzdem ihr Ratgeber und hat ihr sicher, als Mann aus dem Volk, oft klügeren Rat erteilt als viele höherstehende Personen. Wie aus ihren Jugenderinnerungen hervorgeht, die sie später

Ich war glücklich

Carl persönlich zum Abschied schenkte, war er schon als sechzehnjähriger Jüngling ihr ständiger Begleiter und Führer ihres Maultieres bei den vielen Hochlandtouren in Balmoral gewesen. Im Volk hat man sie öfters Mrs. Brown genannt und versucht, einen Schatten auf diese Freundschaft zu werfen. Aber Carl wies diesen Gedanken absolut von sich und sprach meist mit besonderer Anerkennung von derselben, und gerade nach dem Tod des Prinzgemahls, den sie doch abgöttisch liebte, bedurfte sie noch stärker eines Vertrauten und Beraters, da sie eben, infolge ihrer so unbedingt eigenmächtigen Persönlichkeit, fast allein stand. Sie schenkte zum Andenken an Brown all ihren Enkeln und Urenkeln sein Porträt, d. h. eine Photographie mit ihrer eigenen Unterschrift: *Mein bester Freund.* Ich meine, das besagt doch genug. Ein Neffe von ihm wurde sein Nachfolger. Die alteingesessene Familie Brown aus dem Hochland gehörte partout zum Hausstand der Königin.

Carl schreibt in seinem ersten Brief aus Windsor: «Den anderen Morgen wurden die Bilder ausgepackt und im Atelier aufgestellt. Bald kam die Königin, an Krücken, wegen eines verstauchten Beines, verweilte längere Zeit in der Türe und sagte nur: ‹Ausgezeichnet, ausgezeichnet.› Nähertretend begrüßte sie mich, ließ sich einen Stuhl geben und blieb über eine Stunde, das Bild besprechend und alle möglichen Photos und Bilder von John Brown herbeiordernd. Der Teint ist nicht rot und wettergebräunt genug, ich bekomme noch ein Gemälde von Angeli, mit dem sie aber gar nicht zufrieden ist. Der Rock Browns soll offen und flotter sein. Es war ein sehr aufregender Tag für mich, sodass ich schlecht schlief.»

Alsbald meldet er: «Sogleich habe ich die erste Sitzung der Königin höchstselbst, ich bin aber nicht einmal aufgeregt, so schnell gewöhnt man sich an die Hofluft. Allerdings bin ich auch sehr gut jetzt angeschrieben, das Porträt von John Brown gefällt ungeheuer. Es ist im Wesentlichen fertig. Alle finden nur die zu wenig rote Nase auszusetzen – na, die bleibt so. Die Dienerschaft kann sich auch nicht hinwegsetzen über die paar pikanten Zipfelchen, die vom Kilt, der eigentlich gerade sitzen muss, herunterhängen. Die Königin sitzt oft lange vor dem Bild und ist sehr ergriffen, sie wollte mir eigentlich jetzt nicht gerne sitzen, weil sie zu verweint aussehe. Ich finde aber, sie sieht sehr gut aus, gar nicht rot.

Zwei neue Aufträge habe ich und bekomme wahrscheinlich gleich noch einen vom Herzog von Edinburgh. Auch noch ein Hundeporträt für das kleine Bild von John Brown muss ich machen, was ich wahrscheinlich im Freien tun werde.»

Aus Carls Erzählungen möchte ich nun anfügen, dass, selbst wenn die Königin Zeit fand, eine halbe Stunde zu sitzen, es doch eine sehr aufreibende Arbeit war, da sie beständig Audienzen erteilte und sich lebhaft unterhielt.

«Ich bin jetzt furchtbar gehetzt, nehme mir aber vor, alles gehen zu lassen und in Ruhe zu arbeiten.»

Carl Rudolph Sohn, John Brown und Queen Victoria

Ich war glücklich

Für den Grabstein John Browns verfasste Englands poeta laureatus Alfred Tennyson die Inschrift: «Friend more than servant, loyal, truthful, brave! Self less than duty even to the grave!» Der Gedenkkult der betagten und sonst öffentlich auf größte Zurückhaltung bedachten Queen nahm ein staunenswertes Ausmaß an: Für die Times schrieb sie höchstpersönlich einen Nachruf, sie veröffentlichte Ausschnitte aus ihrem Tagebuch und ließ Büsten und Statuen zu Ehren John Browns errichten.

Nach ihrem Tod ließ ihr Sohn Edward VII., der den Einfluss John Browns kritisch beurteilte, die meisten dieser Denkmäler beseitigen.

5. Die zweite Witwe

María Eugenia Ignacia Augustina Palafox de Guzmán Portocarrero y Kirkpatrick war eine der schillerndsten Frauengestalten des 19. Jahrhunderts. Die gebürtige Andalusierin, Tochter eines Weingroßhändlers und Konsuls der Vereinigten Staaten und einer Halbschottin, war mit dem Schriftsteller, Historiker und Archäologen Prosper Mérimée, Autor auch der Novelle Carmen, befreundet. Die strahlend schöne Frau und der Neffe Napoleons I., der nachmalige französische Kaiser Napoleon III., lernten einander 1853 auf einem Ball im Elysée-Palast kennen und lieben. Sie heirateten über die Standesschranken hinweg. Die nunmehrige Kaiserin Eugénie, die früh von Franz Winterhalter porträtiert wurde, gab während der Belle Époque nicht nur den modischen Ton in Europa an. L'Espagnole, wie sie auch genannt wurde, beeinflusste auch die kaiserliche Politik im autoritären und katholisch-klerikalen Sinne. Sie setzte sich unter anderem für das Fortbestehen des Kirchenstaats in Form der Vatikanstadt ein.

Die französische Niederlage im Krieg von 1870/71 und die Abdankung des Kaisers zerrütteten auch das Leben Eugénies. Sie musste aus Paris fliehen und gelangte unter abenteuerlichen Umständen zu ihrem in Kassel internierten Mann. Beide gingen alsbald ins Exil nach Eng-

*land. Dort starb Napoleon III. 1873, und die kaiserliche Witwe verbrachte ebenso resigniert wie stolz ihre noch lange Lebenszeit bis 1920 in ihren Domizilen in Farnborough, in Cap Martin bei Monaco und im ägyptischen Luxor.
Zutritt zu ihr erlangten wenige.*

Napoleon III. mit Kaiserin Eugénie und
Thronfolger Napoléon Eugène Louis Bonaparte

Aus dem Schloss Farnborough Hall, dem Landsitz der französischen Exkaiserin Eugénie, Gattin Napoleons III., lasse ich Carl selbst berichten; er schreibt am 30. Mai 1883:

«Liebste Else, besten Dank für Dein Liebeszeichen, das ich hier empfing, es war sehr wohltuend zwischen all den Fremden hier. Ja, ich bin bei der armen Kaiserin, die sich aber einen wunderbarschönen Fleck zum Leben ausgesucht hat, es ist entzückend hier.

Ich wurde von einem mir aus Windsor bekannten Kapitän empfangen, dessen Frau bei der Kaiserin lebt und der ein guter Freund ihres

Ich war glücklich

verstorbenen Sohns, des Prinzen Lulu, war.* Er geleitete mich auf mein hübsches Zimmer, ich packte aus und wurde alsdann der Kaiserin vorgestellt, die liebenswürdig und sehr resolut gleich alles zum Sitzen vorbereitete. Sie wollte mir gleich sitzen, ich verschob es aber bis nach dem Lunch, welcher ganz unbefangen nur mit acht Personen vor sich ging.

Ich saß neben der Kaiserin Eugénie. Sie ist weiterhin eine berückend schöne Frau, etwas grau allerdings, aber höchst feine Züge, wenn auch durch Sorgen vertieft. Sie ist auch einem Deutschen gegenüber, dessen Land das Ende ihrer glanzvollen Herrschaft in Paris verursachte, ausnehmend freundlich und erwies sich mir gegenüber als die aufmerksamste Gastgeberin. Nach Tisch rauchte ich eine Zigarette im Garten und ging dann ins Malzimmer, wohin die Kaiserin bald nachfolgte und mir gut anderthalb Stunden gesessen hat, sodass der Kopf fertig ist, morgen folgt die Figur.

Das einzig Schwierige ist die Sprache, sie unterhält mich fortwährend auf Englisch, was für mich natürlich sehr anstrengend ist. Die Toilette ist: schwarzer Kopfputz, Spitzen und Schmelz, schwarzes Kleid, *en cœur* ausgeschnitten, vielleicht ein Schal, ich nahm roten Grund zum rötlichgoldenen Haar, fast Profil. – Heut Abend im Frack Diner. Ich habe die Fahrt hierher per Wagen gemacht, herrlich, immer durch Parks, es war zu umständlich mit der Eisenbahn.»

Am 1. Juni schreibt er: «Eben komme ich von London zurück, wo ich den Tag zubrachte, es ist heute der Sterbetag des unglücklichen Prinzen, die Kaiserin hat ihn am Grab in Chislehurst verbracht, was diese Frau durchlitten hat, hat sich in ihre Züge eingegraben; ich bedaure sie von ganzem Herzen. Sie ist von der größten Liebenswürdigkeit für mich, ist fortwährend auf meine Unterhaltung bedacht, hat mir eigenhändig einen Pfirsich geschält bei Tisch, man vergisst ganz die Kaiserin, da sie auch meist nur als ‹Madame› angeredet wird. Ich sitze jetzt immer neben ihr,

---

* Napoléon Eugène Louis, Prinz von Frankreich, 1856–1879, wurde als britischer Offizier in einem Gefecht von Zulukriegern getötet. Nach ihm und nach seiner Mutter wurden die beiden Asteroiden Petit-Prince und Eugenia benannt.

Aus dem Leben eines Porträtisten

zuweilen legt sie mir etwas recht Gutes auf den Teller. Zwei Hofdamen, eine junge und eine alte, sind auch sehr reizend, leider spricht niemand Deutsch, das ist auf die Dauer recht strapaziös, ich verstehe aber so ziemlich alles. Am Abend nach dem Essen wird erst geraucht, dann sitzt man mit der Kaiserin beisammen, wo jeder ungeniert machen kann, was er will. Es wird auch viel Patience gelegt, Zeitung gelesen, ich habe auch die Hofdamen gezeichnet, dann wird wieder erzählt und geneckt, kurz, ganz ungeniert, bis elf Uhr, wenn man auseinandergeht.

Die Kaiserin hat mir alles von ihrem Sohn erzählt, in so rührenden einfachen Worten, dass ich fast geweint habe. Aber ich muss nun schließen, der kaiserliche Wagen kommt, um mich zur Station zu bringen.»

Diesen Worten über ihren Sohn Lulu möchte ich noch hinzufügen, was mir aus Carls Erzählungen im Gedächtnis geblieben ist. Sie hat ihn am letzten Tag ganz allein in eine Art Kapelle geführt, die sonst kaum jemand betreten durfte. Es sei ein feierlicher, geheimnisvoller Raum mit einem kleinen Altar und brennenden Kerzen gewesen, dazu seine Uniform, seine Waffen, alles zwischen frischen Blumen. Der Prinz muss wohl ihr Ein und Alles gewesen sein, und sein Tod blieb ein unbenennbarer Schmerz für sie. Hier in dieser Stille hielt sie in tiefstem Kummer täglich ihre Andachten.

Noch eine Kritik des Porträts –

«Köln, den 18. August 1883

Für wenige Tage ist noch das Bildnis der Kaiserin Eugénie ausgestellt, welches der häufig mit Aufträgen von der Königin Victoria von England beehrte Maler Carl Sohn für dieselbe gemalt hat. Die Vorzüge Carl Sohns: vornehme Auffassung, treffende Ähnlichkeit und vollendete Technik, zeichnen auch dieses Porträt aus, das durch den Ausdruck tiefen Seelenleidens in den alternden Zügen einen ergreifenden Eindruck macht.»[*]

---

[*] Das Porträt der Exkaiserin Eugénie von Carl Rudolph Sohn ist möglicherweise verschollen.

Zurück ins Bürgerliche

«Hier wird der Mensch langsam gequält,
Hier ist die Folterkammer,
Hier werden Seufzer viel gezählt
Als Zeugen von dem Jammer.

Ihr seyd die Quelle aller Noth,
Die hier den Armen drücket,
Ihr seyd's, die ihr das trockne Brot
Noch von dem Munde rücket.

Erbarmen, ha! Ein schön Gefühl,
Euch Kannibalen fremde,
Und jeder kennt' schon euer Ziel,
Der Armen Haut und Hemde.

Ich sage, wem ist's wohl bekannt
Wer sah vor zwanzig Jahren
Den übermüt'gen Fabrikant
In Staatskarossen fahren? ...»

Einige Strophen des Lieds Blutgericht, mit dem die geschundenen Weber Schlesiens 1844 in ihren Kampf gegen die Unternehmer, die Tuchverleger, zogen, verwandte Gerhart Hauptmann knapp fünfzig Jahre später für sein Drama um diesen alsbald blutig unterdrückten Aufstand.

Das schreiende Elend der Massenverarmung infolge von Bevölkerungsexplosion und Ausbeutung durch die Industrie, diese gewaltige Verwerfung in den gesellschaftlichen Verhältnissen schien Deutschland *allmählich lindern und beheben zu können. Not und drohende Revolution bewegten viele Gemüter und zwangen den Staat zu Reformen.*

Der Wiesbadener Fabrikant und Sozialpolitiker Fritz Kalle setzte sich um 1880, vor reichsweiten Regelungen, zum Beispiel für die Gründung der Concordia, Verein zur Förderung des Wohls der Arbeiter, ein: «Die Thätigkeit des Vereins hat sich im Speciellen auf Gründung, Hebung und Förderung von allgemeinen und fachlichen Fortbildungsschulen, Bildungsvereinen, Bibliotheken und Lesezimmern, Kranken-, Invaliden-, Wittwen- und Waisencassen, Consumvereinen, Menagen, Sparcassen, sowie Baugenossenschaften etc. zu beziehen ...»

Else Sohn-Rethel hatte durch Herkunft und ihre Lebensspanne das Glück, nicht in die größten Notzeiten zu geraten.

Inwieweit die Pappelanpflanzungen des Düsseldorfer Textilwerks E. Matthes & Co. gänzlich der optischen Abschirmung einer Industrieanlage oder schon eher einer Landschaftsverschönerung dienten, steht dahin.

Fabrikanlage um 1880

Ich war glücklich

In unserem Privatleben war es wohl das Wichtigste, dass ich mich wieder, nach einer Enttäuschung im Vorjahr, in guter Hoffnung befand und mich infolgedessen sehr ruhig verhalten musste. Wir blieben zu Hause und verbrachten viel Zeit mit Ernst Matthes.

Matthes war Besitzer einer großen Baumwollspinnerei auf dem sog. Düsselkamp, dicht an der Buschermühle. Diese gehörte Frau Tapken, einer Verwandten meines Vaters. Es war eine alte Mühle mit einem großen Teich und Obstwiesen, und dieser Teich schloss sich dicht an das weite Terrain an, welches zur Spinnerei gehörte. Matthes hatte allmählich immer mehr Land dazugekauft, sodass ein herrlicher Garten entstand, der sich bis zum Zoologischen Garten hinzog. Inmitten desselben standen zwei altmodische Gartenpavillons, wohl noch aus der Zeit des Kurfürsten Jan Wellem, die nur wenige Zimmer und eine Küche enthielten, gerade genug, um an den Nachmittagen den Familien und ihrem Freundeskreis zur Bewirtung zu dienen.

Die Düssel schlängelte sich durch das Grundstück und bildete die Grenze zur Fabrik. Um diese gegen den Garten hin etwas zu verdecken, wurde eine Reihe ganz kleiner Pappeln gepflanzt, die heute sehr hoch sind und den Hauptschmuck der Kühlwetterstraße bilden. Die kleinen weißen Häuschen stehen noch als Reste einer längst vergangenen Zeit; im Übrigen sieht man anstelle der ländlichen Schönheit jetzt Straße und Häuser. Freund Matthes schaffte sich eine große Break an, in welcher sie fast jeden Nachmittag mit Kindern und Freunden hinausfuhren.[*]

Ein wenig zurückgreifend möchte ich noch erwähnen, dass im Jahre 1880 die traurige Nachricht aus Berlin eintraf, dass Paul Mendelssohn-Bartholdy nach längerem Leiden gestorben war. Seine Frau Enole, die sehr glücklich mit dem äußerst liebenswürdigen und sympathischen Mann gewesen war, blieb nun, noch sehr jung, zurück mit der Verantwortung für vier eigene Kinder und für Otto, den Sohn ihrer

---

[*] Break oder Wagonette, offene Kutsche mit seitlichen Sitzbänken.

Zurück ins Bürgerliche

verstorbenen Schwester Else, der ersten Frau von Paul Mendelssohn-Bartholdy.*
Dieser hatte im Jahre 1867 mit seinem Freund Martius die Gesellschaft für Anilinfabrikation in Rummelsburg bei Berlin gegründet. Martius, der in England studiert hatte, heiratete Grete Veith, die einzige Tochter des Kommerzienrates Eduard Veith, Teilhaber von Onkel Robert Warschauer (Bankhaus R.W. in Berlin, Behrenstraße 48). Grete war die beste Freundin von Marie Warschauer und Nono Oppenheim; auch ich hatte sie sehr gern, und wir waren als Kinder oft zusammen.

Ich entsinne mich noch genau eines Beisammenseins bei Paul Mendelssohn in der Wilhelmstraße, wo wir guter Laune mit Martius zusammen die Umwandlung der Anilingesellschaft in eine Aktiengesellschaft feierten.** Die Aktien, die nun in Umlauf kamen, verteilten sich über die gesamte weitläufige Familie, und auch meine Großmutter und Onkel Alexander Oppenheim wurden Eigentümer derselben. Auch mein späteres Erbteil bestand zum größten Teil aus diesen Aktien. Der Bruder von Enole, Franz Oppenheim, mein Jugendfreund und Altersgenosse, wurde später Pauls Nachfolger und Hauptleiter der Aktiengesellschaft und hat dieselbe bis 1929, als er auf einer Reise in Ägypten plötzlich starb, vorbildlich und zu aller Wohl weitergeführt.

Zu erwähnen bleibt vielleicht, dass zu dieser Zeit Onkel Eduard Simson in den erblichen Adel erhoben wurde und den Schwarzen Adlerorden verliehen bekam und vor allem in Leipzig als erster die Funktion eines Präsidenten des Reichsgerichtes übernahm. Meine Mutter, die besonders mit ihm befreundet war, reiste zu ihm, um zu gratulieren.

---

* Paul Mendelssohn-Bartholdy, 1841–1880; Enole Mendelssohn-Bartholdy, geb. Oppenheim, 1855–1939; Else Mendelssohn-Bartholdy, geb. Oppenheim, 1844–1868.

** Die Actiengesellschaft für Anilin-Fabrication, 1873 aus der Zusammenlegung der Gesellschaft für Anilinfabrikation mbH. mit der Jordanschen Farbenfabrik entstanden, die «chemische Präparate für photographische Zwecke» herstellte. Das Unternehmen firmierte ab 1897 unter dem Warennamen AGFA.

Ich war glücklich

Am 8. Mai 1882 kam ich mit meinem dritten Sohn nieder. Nicht folgenlos: Ich bekam Fieber, musste das Nähren einstellen und wurde so schwach, dass Carl und Mama oft in großer Sorge waren. Eine ausgezeichnete Wärterin, Frau Ulrich, pflegte mich und den Jungen aber so gut, dass Carl nach einigen Wochen beruhigt wieder nach England aufbrechen konnte.

Leider erhielten wir in dieser Zeit aus Dresden die Nachricht, dass Onkel Hermann Hettner schwerer denn je an seinem alten Nervenleiden erkrankt sei, und am 29. Mai folgte die Depesche, dass er seiner Krankheit erlegen sei. Es war ein großer Verlust für die ganze Familie, diesen bedeutenden Mann zu verlieren. Seine sieben Kinder waren noch fast alle ohne Beruf und Lebensstellung, nur Alfred, der Älteste, hatte ein glänzendes Abitur gemacht, studierte Geographie und reiste bald darauf mit dem englischen Gesandten nach Bogotà in Kolumbien, um dort vor allem die Boden- und Gebirgsformationen zu studieren. Er wurde später Professor in Heidelberg, und der Botschafter Sackett zeichnete ihn mit der höchsten Auszeichnung der amerikanischen Wissenschaft, der goldenen Cullum-Medaille, aus.[*]

Freuden, Sorgen und Kummer vermischten sich nach Lebensart.

Den Sommer verbrachte ich mit Stilleliegen, fuhr bisweilen spazieren, gehen konnte ich kaum, erfreute mich an Carls Berichten aus England und erholte mich langsam, man hielt jedoch eine abermalige Stärkungsreise nach Italien für ratsam, und wir verbanden diese mit dem versprochenen Besuch bei Toeplitzens in Wien.

Wir suchten uns im *Baedeker* ein Hotel aus und wählten, um nicht zu teuer zu wohnen, das Hotel Stadt Frankfurt, welches hinter den mit Sternen versehenen stand. Wir trafen mit dem Schlafwagen am Vormittag in der Kaiserstadt ein, fuhren mit der Droschke durch allerhand enge

---

[*] Der Geograph Alfred Hettner, 1859–1941, wurde 1930 auch Mitglied der Österreichischen Akademie der Wissenschaften; diese Ehrung wurde ihm auf Grund seiner jüdischen Herkunft 1940 aberkannt und, posthum, 1945 wiederhergestellt.

Zurück ins Bürgerliche

Straßen und beim Stephansdom vorbei, und dicht bei demselben in einer krummen Gasse an einem verödet aussehenden Hause hielten wir. Zu unserem Staunen stürzte ein hochfeiner Oberkellner heraus, musterte uns misstrauisch, ergriff unser bescheidenes Gepäck, und wir betraten ein kleines, aber hochelegantes Vestibül. Ein sehr kostspieliges Zimmer nach hinten hinaus wurde uns angewiesen; etwas verschüchtert machten wir uns zurecht und gingen ins Restaurant. Aber siehe da, an kleinen Tischen speisten die elegantesten Damen und Herren, wie aus Modemagazinen; ein Tisch wurde uns zugewiesen, herablassende Blicke streiften uns, und wir merkten bald, dass wir nicht in dieses Milieu passten in unseren einfachen Reisekleidern. Aber was half's, wir ließen uns das unerhört delikate Essen munden, und ein Wohlgefühl kehrte zurück. Die Preise waren enorm. Am nächsten Morgen fuhren wir zu Toeplitzens, die uns erwarteten. Sie lachten sehr, als sie hörten, wo wir wohnten, und sagten uns, das Hotel Stadt Frankfurt sei überhaupt das exquisiteste, und es verkehre dort nur, wer Wert auf die beste Küche lege und jeden Preis zahle. Nach unser Abreise bemerkten wir, dass uns dort unser Opernglas gestohlen worden war.

Toeplitzens waren nun sehr bemüht, uns Wien nach allen Richtungen hin zu zeigen. Wir besichtigten mit ihnen die überwältigenden Kunstsammlungen, erklommen den Stephansdom und fuhren natürlich nach Schloss Schönbrunn. Im Theater An der Wien, wo Johann Strauß Kapellmeister war, sahen und hörten wir unter seiner faszinierenden Leitung die Operetten *Der Bettelstudent* und *Damenkrieg* mit den schier unübertrefflichen Schauspielern Schweighofer und Girardi. Aber den Höhepunkt bildete eine Aufführung der *Walküre* mit der Materna. Durch die Sächsische Staatskapelle in Dresden waren wir ausgesprochen verwöhnt, aber das Wiener Orchester mit seiner einmaligen Klangfarbe rangierte doch noch weit darüber und hinterließ einen unauslöschlichen Eindruck.

Dann fuhren wir über den Semmering weiter nach Italien, kamen noch im Hellen über den Pass und durch den Kurort mit seinen eleganten Hotels, und dann erlebten wir eine Nachtreise durch die mond-

Ich war glücklich

beschienenen Kärntner Alpen, die so großartig war, dass ich sie nie vergessen werde; im Anblick der Berge und Grate zu schlafen, wäre eine Sünde gewesen.

Venedig erreichten wir recht müde, aber die stille Fahrt vom Bahnhof durch die Lagune erfrischte uns. Wir fanden ein sehr gutes Zimmer in der Dependance des Danieli an der Riva.

Zur selben Zeit logierte, wie alljährlich, Richard Wagner mit Familie im Palazzo Vendramin am Canal Grande, und wir hatten das Vergnügen – wie soll man es anders nennen? –, ihn mit Cosima und Siegfried allabendlich auf dem Markusplatz spazieren gehen zu sehen. Wagner mit dem bekannten Barett auf dem Kopf, Arm in Arm mit Cosima, die in Tücher und Schleier gehüllt war, dazu Siegfried, ungefähr zwölfjährig, am Arm der Mutter hängend. So promenierten sie einher, an den hellen Läden vorbei, bisweilen der Caféhausmusik lauschend, dezent, von wenigen gegrüßt oder erkannt.

Wie ich schon im englischen Kapitel erwähnte, wurde Carl durch ein Telegramm aus London für den 16. November nach dort berufen, um den Herzog von Connaught, aus Ägypten mit Vollbart zurückgekehrt, zu malen. Unsere Tage waren daher gezählt.

Wir erlebten noch eine bedrohlich wirkende Springflut, ein seltenes Schauspiel in Venedig. Das Wasser der Lagune stieg höher und höher, staute sich, kam in Schüben, überschwemmte die Riva dei Schiavoni, die Schiffe, die nicht mehr hinausfahren konnten, drängten sich zusammen, und dunkle rotbraune Segel türmten sich zu einem bedrohlichen Wald; unser Speisesaal wurde überflutet, das Wasser stieg unaufhörlich weiter, bis auch der Markusplatz bald gänzlich unter Wasser lag und die Gondeln darüberfuhren. Am späten Abend ließ die Flut nach, und am nächsten Morgen war es wieder hell und sonnig.

Am Lido verbrachten wir noch einige schöne Nachmittage; ich badete ein paar Male trotz hoher Wellen, zum Staunen der Italiener, die das Meer nur in ruhigem Zustand benutzen. Ich fand nach dem starken Sturm noch die wundersamsten Muscheln und eine lebende, winzige Schildkröte, die ich für die Kinder mitnahm und die noch längere Zeit bei uns gut weitergelebt hat. An einem der letzten Tage erwarben wir unterhalb der Rialtobrücke ein farblich betörendes Porträt eines Dogen für 150 Lire incl. Transport. Es war lange Jahre der Hauptschmuck unseres Esszimmers. Auch viele prächtige alte Stoffe aus Seide und Samt erstanden wir für geringes Geld; sie stapelten sich damals noch bei den Antiquaren, man konnte in den Schätzen beinahe wühlen.

Am 16. November musste Carl in England sein. Wir fuhren also direkt über den Brenner und über München nach Hause.

Trinken, was der Keller bietet

Das Hochwasser des Rheins im Frühjahr 1883, welches schon Ende des Vorjahres eingesetzt hatte, nahm im neuen Jahr noch beträchtlich zu; auch vom Oberrhein kamen beunruhigende Nachrichten, und wir sahen mit Besorgnis das Steigen der Düssel mit an, die bald über die Ufer trat und die Seufzerallee und den dahinterliegenden Hofgarten unter Wasser setzte. Es war das Grundwasser, da wir noch keine Kanalisation hatten. Wir sahen zu, wie das sogenannte Tälchen vor dem zweiten Teil der Goltsteinstraße, welches tiefer lag, durch das plötzliche Überfließen der Düssel im Laufe einer Stunde vollkommen gefüllt wurde. Auch die Straße war bald überschwemmt, sodass wir, um zu Matthes zu gelangen, über die Schadowstraße und die Viktoriastraße zurückgehen mussten. Die Häuser hatten alle vor der Haustüre Bretterstege, damit man die höhere Straßenmitte erreichen konnte. Daheim befanden wir uns nun wie in Venedig. Das Allerschlimmste aber war das Grundwasser in den Kellern; es stand wochenlang meterhoch und verbreitete einen sehr unangenehmen fauligen Geruch. Wir hatten versäumt, rechtzeitig die Weinflaschen in Sicherheit zu bringen, sodass sämtliche Etiketten abgelöst wurden und wir später nie wussten, welche Sorten wir einschenkten. Wir tranken und wussten nicht, was. Herr Wätjen, ein Bruder von Frau Matthes, der nahe der Bleichstraße wohnte, hatte sich einen Nachen angeschafft, der sozusagen als Droschke diente. Als sich nach längerer Zeit die Flut verlaufen hatte, wurden die Koksöfen befeuert, die Tag und Nacht mit glühendem Koks im Keller qualmten und eine noch erstickendere Luft verbreiteten.

In der am Rhein gelegenen Altstadt sah es am traurigsten aus; die Häuser standen bis zum Dach unter Wasser, alles musste geräumt werden, und Not und Elend herrschte in der Bevölkerung. Sammlungen wurden veranstaltet, und in der Tonhalle wurde ein Bazar abgehalten, bei dem ich sehr tätig war. Trotz all der Tristesse fand, wie jedes Jahr üblich, die große Redoute der Künstler in der Tonhalle statt. Man darf nicht annehmen, dass dieser große Ball nur zum Vergnügen der Düsseldorfer gegeben wurde. Das recht hohe Eintrittsgeld bildete die Haupteinnahme des Malkastens, der sonst nicht hätte bestehen können. Die Mitglieder brauchten nur Mk. 3,– zu bezahlen, alle übrigen und vor allem die vielen Gäste von auswärts bezahlten Mk. 15,– bis 20,– Eintritt; gleichwohl kamen etwa fünftausend Menschen auf ihre Kosten.

In diesem Jahr war das große Podium als Arena für einen spanischen Stierkampf hergerichtet, die Bänke ringsum waren mit schönen Frauen mit Schleier und in Mantillen und mit Stierkämpfern besetzt, dem Kampf in der Mitte zusehend. Es wirkte sehr malerisch und farbig. Ich selbst hatte mir nach einem echten Kostüm, welches mir ein Herr geliehen hatte, ein besonders schönes, echt wirkendes Kostüm entworfen und genäht. Eine graue Samtjacke mit dicker Silberstickerei, ein rosa Atlasrock und eine breite, kräftig rote Samtschärpe, dazu ein echter Hut, wie ihn die Stierkämpfer tragen, der mir recht gut stand.

Am Sonntag darauf nahmen wir zum ersten Mal unsere Jungen in weißen Pierrotkostümen mit auf die Straße; sie waren selig und sahen entzückend aus.

In den letzten Jahren war es Sitte geworden, dass die jungen Akademiker von der Akademie einen eigenen Fastnachtszug arrangierten; derselbe war in diesem Jahr besonders künstlerisch gelungen. Sie kamen paarweise, nur in Betttücher gehüllt, auf den Köpfen sehr originelle, selbstgemachte Masken, an den Füßen die weißen Klumpen, in feierlichem Zuge daher; in ihrer Mitte Cäsar, Brutus, Cassius und Marc Aurel. So schritten sie lautlos bis zur Kunsthalle die Treppe hinauf, gruppierten sich auf beiden Seiten. Antonius hielt seine große Rede; dann erfolgte die Ermordung Cäsars im roten Gewand. Der Körper stürzte die Treppe herab; es war dramatisch und packend, und manche Bühne würde froh sein, diese Szene so präsentieren zu können.

Der Grüne Hügel

In diesem Winter traf aus Venedig die Trauernachricht ein, dass Richard Wagner im Februar nach kurzer Krankheit im Palazzo Vendramin gestorben sei. Es war für uns schön, ihn noch so kurz vorher in körperlicher Frische gesehen zu haben. Der Wunsch, nun auch endlich einmal in Bayreuth sein Wunderwerk zu hören, den *Parsifal*, wurde immer stärker, und wir planten mit unseren Freunden Matthes für den kommenden Sommer den Besuch.

Schon zu Anfang des Sommers fuhren wir mit Mama und unseren drei Jungen nach Loschwitz. Dieses Mal nahm ich zum ersten Mal Alfred und Otto mit zum Schwimmen in der Elbe. Schon der Weg nach der Badeanstalt durch die blühenden Wiesen war reizend; auch die Damen durften draußen im offenen Fluss schwimmen, und meine Hauptfreude war, vom hohen Sprungbrett einen Kopfsprung zu machen. Diese Freiheit für Frauen und Mädchen war damals wohl nur in Dresden erlaubt.

Im Juli traten wir nun wirklich unsere Reise nach Bayreuth an, und zwar über Marienbad, wo Matthes die Kur gebrauchten, blieben dort einen Tag und fuhren dann mit ihnen zusammen zum Ziel unserer Sehnsucht. Ein vorsintflutliches Gasthaus nahm uns auf; als Gast war man froh, überhaupt ein Bett zu bekommen. Es lag an der Hauptstraße, die hinauf zum Festhaus führte, welches man schon von weither in seiner äußerst schlichten Form, das ganze Städtchen beherrschend, liegen sah. Wir stärkten uns, ruhten etwas, und um sechs Uhr begann die Vorstellung. Wir waren in höchster Erwartung und wanderten zum Tempel hinauf. Von allen Seiten strömten die Fremden herbei, aus aller Herren Länder. An Toilette dachte niemand, jeder betrat das Haus, wie er ging und stand, jede Äußerlichkeit war nebensächlich und fehlte. Die Plätze hatten überall denselben Preis; die unseren waren ungefähr in der Mitte des stark in die Höhe steigenden Amphitheaters, welches ringsherum von hohen, schlanken Säulen umgeben war. Immer drei Bänke mündeten zwischen zwei Säulen direkt in einen langen Gang, der gleich hinaus ins Freie führte. Ein Gedränge war auf diese Weise ausgeschlossen. Fast alle nahmen die Garderobe mit in den Saal. Als Krönung der Sitzreihen waren ungefähr sechs große Logen nur für die Familie Wagner und ihre Ehrengäste bestimmt.

Wir waren vollkommen benommen von dieser ernsten Feierlichkeit des Innenraums und harrten still des Kommenden; es war fast dunkel, das versenkte Orchester sah man nicht. Ein völliges Novum. Da ertönten draußen die hellen Fanfarenklänge, die den Anfang verkündeten, und im selben Augenblick erklangen die Akkorde des *Parsifal*-Vorspiels leise und tief, überirdisch durch ihre Unsichtbarkeit, man wusste nicht, woher diese Klänge kamen. Zu beschreiben ist dieser Eindruck nicht, ich weiß nur, dass mir die Tränen aus den Augen stürzten. Dann hob sich der Vorhang, das Bühnenbild erschien im Verhältnis für den gewaltigen Innenraum kleiner als bei anderen Theatern, es wirkte hell und strahlend in der Dunkelheit. Dazu die unwirklichen Klänge in noch nie gehörter Tonfülle.

Hans Richter dirigierte, die Materna sang die Kundri, Winkelmann den Parsifal; Amfortas und die anderen großen Rollen waren mit ersten Kräften besetzt. Ich brauche den Hergang des Werkes nicht weiter zu beschreiben. Den stärksten Eindruck machte uns im 3. Akt die Fußwaschung, als Kundry im braunen Büßergewand zu Füßen des geläuterten Parsifal lag und ihm mit ihren langen Haaren die Füße trocknete; als Hintergrund sah man eine blendend lichte Frühlingsaue. Auch der letzte unvergessliche Akt sei noch erwähnt, wo im Dom Amfortas auf seinem Schmerzenslager liegt und die Engelschöre, von Knabenstimmen gesungen, von den höchsten Emporen herabsteigen.

Nach dem ersten großen Aufzug war eine Stunde Pause, wo alles hinaus ins Freie stürzte. Man genoss noch den sommerlich hellen Sonnen-

Ich war glücklich

schein, der Gegensatz war groß, und wir mussten uns langsam an diese Entzauberung gewöhnen. Aber eine Erfrischung tat doch sehr gut.

Das internationale Treiben des Publikums war auch sehr amüsant, und man gewahrte viele bedeutende Persönlichkeiten von nah und fern. Beglückt und erhoben von etwas noch nie Geschautem und Gehörtem gingen wir, den dunklen Sternenhimmel über uns, hinab in die Stadt und kehrten in dem bekannten Restaurant Zur Eule ein und fanden noch ein Plätzchen. Es kamen allmählich die Sänger und Künstler, Hans Richter und die vielen Berühmtheiten, alles drängte sich in dem kleinen Raum zusammen und war bei Wein und Bier froh und ausgelassen, es wurde gestritten und disputiert, die Meinungen platzten aufeinander. Für uns stille Zuschauer war es sehr aufschlussreich, und wir suchten erst sehr spät unsere primitive Schlafstatt auf.

Festspiele 1892, Pausenbild

Der Grüne Hügel

Am kommenden Vormittag besuchten wir zuerst die Villa Wahnfried und das frische Grab des Meisters Richard Wagner, welches schlicht und einfach im Garten errichtet und mit Blumen und Kränzen geschmückt war. Zu ebener Erde der Villa lag das große Arbeitszimmer Wagners, welches geöffnet war. Sein großer Schreibtisch stand am Fenster, ein Flügel daneben; mit ehrfürchtigem Gefühl sah man die Stätte, wo sein Genius die Wunderwerke geschaffen hatte. Am Nachmittag machten wir noch eine wunderbare Spazierfahrt nach dem reizenden Barockschlösschen Eremitage. In der Abendsonne durchfuhren wir die hügelige Landschaft, und so endeten unsere Bayreuther Tage.

Sechs Jahre später erlebte Theodor Fontane seinen Bayreuth-Aufenthalt ganz anders: «Sonntag Parsifal, *Anfang 4 Uhr. Zwischen 3 und 4 natürlich Wolkenbruch; für zwei Mark, trotzdem ich ganz nahe wohnte, hinausgefahren. Mit aufgekrempelten Hosen hinein, alles naß, klamm, kalt; Geruch von aufgehängter Wäsche. 1500 Menschen drin, jeder Platz besetzt. Mir wird so sonderbar. Alle Türen geschlossen. In diesem Augenblick wird es stockduster, nur noch durch die Gardine fällt ein schwacher Lichtschimmer, genau wie in* Macbeth, *wenn König Duncan ermordet wird. Und nun geht ein Tubablasen los, als wären es die Posaunen des Letzten Gerichts. Mir wird immer sonderbarer und als die Ouvertüre zu Ende geht, fühle ich deutlich, ‹noch 3 Minuten und Du fällst ohnmächtig oder tot vom Sitz›. Also wieder raus ... Die ganze Geschichte – außerdem eine Strapaze – hatte grade 100 Mark gekostet und doch bedaure ich nichts; Bayreuth inmitten seiner Wagner-Saison und seines Wagner-Kults gesehen zu haben, ist mir so viel wert.»*

Bald nach unserer Rückkehr lasen wir in der Zeitung, dass das Rathaus in Aachen brenne; wir telegraphierten sofort und erhielten die Nachricht, dass die Bilder meines Vaters gerettet seien, nur leider durch Wasser sehr gelitten hätten.[*] Eduard von Gebhardt, der eine Erfindung

---

[*] Der Freskenzyklus zu Karl dem Großen im Krönungssaal, Aachener Rathaus.

Ich war glücklich

gemacht hatte, Freskobilder wieder herzustellen, hoffte die entstandenen Flecken wieder ganz zu beseitigen.

Anfang August musste Carl nach Coburg, und ich begleitete ihn dieses Mal, um mir den Schauplatz seiner langjährigen Tätigkeit anzusehen.[*] Am ersten Vormittag fuhren wir nach der Rosenau, wo Carl nur kurz im Schloss zu tun hatte. Ich wartete solange im Wagen in dem wundervollen Park, und dann fuhren wir noch durch die Stadt und hinauf nach der alten Veste Coburg, und wir genossen dort die herrliche Aussicht über das Thüringer Land. Den Abend verbrachten wir mit den liebenswürdigen Freunden, die Carl in jeder Weise die Wege geebnet hatten, vor allem dem Photographen Uhlenhut und dem Komponisten, bei einfachem Essen und einem Glase Bier.[**] Sie freuten sich alle, auch mich kennenzulernen. Da Carl noch einige Zeit an dem Edinburgher Porträt zu arbeiten hatte, reiste ich am anderen Morgen nach Loschwitz zurück, um die Kinder zu holen.

Unserer alten Tradition folgend, immer alles künstlerisch Neue und Vielversprechende, das irgend zu erreichen war, wahrzunehmen, fuhren wir auch oft nach Köln zu den großen Gürzenich-Konzerten oder ins Theater. So hörten wir dort erstmals den *Ring des Nibelungen* und sahen die große Charlotte Wolter als Medea und vor allem als Messalina, blendend schön und gewaltig in ihrer fast tierischen Wildheit und Leidenschaft.

In einem früheren Konzert des Musikvereins konnten wir wiederum Dr. Johannes Brahms aus Wien kennenlernen. Er spielte ein eigenes

---

[*] Im Verlauf seiner Arbeit für das englische Herrscherhaus Sachsen-Coburg und Gotha hatte Carl Sohn mehrere Aufenthalte in dessen Stammlanden verbracht.

[**] Eduard Uhlenhuth, 1853–?, Kaiserl. Königl. und Herzogl. Sächsischer Hofphotograph, bedeutender Bildchronist der vorletzten Jahrhundertwende. Das Coburger Fotounternehmen existiert noch heute. – Der Name des Komponisten fehlt.

Der Grüne Hügel

Klavierkonzert, und wir sangen unter seiner Leitung das *Parzenlied*.*
Brahms hatte eine ganz eigene Art zu dirigieren, nämlich mit beiden flach ausgestreckten Händen.

Bei diesem unsterblich gewordenen Namen möchte ich erwähnen, was einen Schatten auf die Stadt Düsseldorf wirft, dass sie sich auch in viel späteren Jahren noch oft die wertvollsten Gelegenheiten entgehen ließ. Es war ein großes Verdienst von Julius Tausch, dass er uns zuerst mit den Werken von Brahms bekanntmachte; aber nur ein kleiner Teil des Publikums begeisterte sich dafür, und er wurde von den meisten anfänglich abgelehnt. Um 1880 wurde Minister von Bitter aus Berlin Regierungspräsident; er war begeisterter Musikfreund; seine Frau war eine Cousine von mir, die sehr musikalisch war.** Diese beiden regten den Gedanken an, Johannes Brahms anstelle des schon etwas ältlichen Tausch als Musikdirektor nach Düsseldorf zu rufen. Aber vor allem engagierte sich Clara Schumann dafür und wollte für diesen Fall ihren Wohnsitz wieder nach Düsseldorf verlegen. Brahms nahm das Angebot an, wir alle freuten uns darüber, aber die sogenannten Tauschianer intrigierten dagegen, Brahms wurde mit anonymen Briefen heimgesucht und lehnte daraufhin ab. Selbst Herr und Frau von Bitter, unser Freund Regierungsrat Steinmetz, Notar Euler und noch viele andere Musikfreunde waren machtlos. Welch interessantes Musizieren unter Brahms' Stabführung war somit dem Chor und Orchester entgangen!

---

* Johannes Brahms' *Gesang der Parzen* nach dem Gedicht Goethes: «Es fürchte die Götter das Menschengeschlecht...»
** Später korrigiert Else Sohn-Rethel sich selbst: Regierungspräsident von Düsseldorf, sodann Oberpräsident der Rheinprovinz, wurde Hans Hermann Freiherr von Berlepsch, 1843–1926. Wegen seines Engagements für Sozialreformen, u. a. den Arbeiterschutz, geriet er in Konflikt mit der preußischen Regierung und trat 1896 von seinen Ämtern zurück. Sein Name überlebte auch durch die nach ihm benannte Apfelsorte; Rudolf von Bitter, 1846–1914, Verwaltungsjurist im östlichen Preußen und in Berlin.

Ich war glücklich

Erst im Jahre 1884 dirigierten er und Tausch in Düsseldorf das Musikfest und wurden mit Beifall überschüttet. Er führte seine *3. Sinfonie* auf, und sie wurde im Übermaß des Entzückens die *10. Sinfonie* genannt in Anspielung auf die 9. Beethovens. Sein *Klavierkonzert* spielte Eugène d'Albert, wir sangen abermals das *Parzenlied*.*

Leider stand es um den Gesundheitszustand meiner Schwiegermutter nicht zum Besten, ihre Kräfte nahmen nach dem letzten leichten Schlaganfall täglich ab, und bald schloss sie ohne schweren Kampf für immer die Augen. Da ich mich ruhig halten musste, konnte ich nicht bei der Trauerfeier zugegen sein. Ich war kurz zuvor auf der Straße gestürzt, weil mein Fuß umknickte, und da ich abermals der Geburt eines Kindes entgegensah, musste ich nun fest liegen. Am 14. März, morgens um acht Uhr, an meinem Geburtstag, wurde ich mit einer Tochter beschenkt. Unsere Glückseligkeit war groß, und ich durfte das Kind sogar selbst nähren. Es war ein kleines, mageres Geschöpf mit riesigen schwarzen Augen. Die drei Jungen standen staunend vor dem Schwesterchen, es war ein reizendes Bild. Wir wurden mit Glückwünschen überhäuft; auch aus England erhielten wir eine königliche Gratulation. Bei der Taufe erhielt das Kind nach der Urgroßmama und den beiden Großmüttern die Namen Elisabeth Emilie Maria; wir nannten sie aber MIRA, noch in Erinnerung an die nette Mira Passini in Venedig.** Ich lebte nun ganz der Pflege des Kindes, erholte mich aber auch diesmal nur langsam, denn trotz meiner so gesunden Natur hatte ich doch immer nach einer Geburt das Bedürfnis, recht lange zu liegen.

---

* Eugène d'Albert, 1864–1932, Pianist und Komponist von u. a. der Oper Tiefland.

** Mira Sohn-Rethel, 1884–1974. Sie heiratete 1907 den Maler Werner Heuser und wurde Mutter von Klaus Heuser, der wiederum 1927 auf Sylt zum Augenstern Thomas Manns und zum Vorbild des Joseph in dessen Joseph-Tetralogie wurde. – Marie Clara Louise Passini, Tochter des Malers Ludwig Passini und seiner Frau Anna, geb. Warschauer.

Im Rausch der Gründerzeit

Unsere drei Jungen entwickelten sich weiter gut. Alfred kam in diesem Frühjahr auf die Vorschule des Gymnasiums an der Klosterstraße unter Direktor Adolf Mathias, einem besonders klugen und anziehenden Mann, den wir später persönlich kennen- und schätzen lernten. Da Carl so viel fort war und in den wenigen freien Stunden die Kinder genießen und mit ihnen spielen und herumtollen wollte, lag die eigentliche Erziehung in meinen Händen, und auch das körperliche Wohl der Kinder war mir sehr wichtig. Da ich selbst in Dresden mit den Tanten zusammen bei einem Feldwebel Exerzierstunden gehabt hatte[*], plante ich dieselben auch für die beiden großen Jungen und besprach die Angelegenheit mit unserm Doktor und Freund Eckhardt. Er fand die Idee sehr gut, frug eines Tages einen befreundeten Oberst auf der Königsallee, ob er ihm einen guten Feldwebel nennen könnte. In diesem Augenblick spazierte ein solcher vorbei, hörte das Gespräch und meldete sich wenig später bei Dr. Eckhardt. Dieser erkundigte sich beim Regiment nach ihm, und einige Tage darauf trat Herr Feldwebel Wölk bei uns an, und er wurde von diesem Tage an für ganz Düsseldorf der gesuchteste Turnlehrer durch Generationen hindurch.

Wir ließen im Garten ein Turnreck anbringen, und unsere Nachbarsjungen Josef Ireland und Albert Kindler ertüchtigten sich mit. Da die Straße damals noch diesseits der Düssel dicht von Akazienbäumen gesäumt wurde und alles darum herum sehr verwildert war, spielten und tobten die Jungen in den freien Stunden vor dem Haus wild und unge-

---

[*] Exerzierstunden: gewisslich im Sinne von Leibesübungen; unkonventionell genug für Tanten und Nichte um 1860.

Ich war glücklich

bunden wie auf dem Land. Wenn die Akazien zeitig im Frühjahr in voller Blüte standen, verströmten sie einen fast betäubenden Duft, und es fällt mir ein Ausspruch unseres Zweitmädchens Nettchen ein, der mir immer im Gedächtnis bleiben wird. Angesichts der blühenden Straße fragte sie: «Sind das alles Maiglöckchen, die an den Bäumen hängen?» Nun, ausgesprochene Naivität oder leicht irre.

Auch unsere freundliche, überaus tüchtige Putz- und Waschfrau, Frau Bras, verewigte sich bei uns durch eine Art Aperçu: Unser Treppenaufgang war von oben bis unten mit gerahmten Photos ausstaffiert, und als sie eines Tages beim Samstagsputz die *Venus* von Giorgione unter ihre kurzsichtigen Augen hielt, fragte sie: «Is dat allens nach de Natur opjenomme?»

Im Sommer frühstückten wir in unserem kleinen Garten und hatten Freude an mittlerweile zwei Schildkröten, die durch den Garten krochen und sich Brotkrumen bei uns holten. Sie verweilten meist unter dem Efeu und kamen nur zum Vorschein, wenn die Sonne schien. Im Herbst verschwanden sie ganz unter den herbstlichen Blättern und erschienen erst wieder im Frühjahr. Aber einmal kam im April nur eine wieder, die andere blieb verschwunden. Erst im Winter, als das Heizen begann und ich zufällig mit Frau Bras im Keller war, fand ich die Schildkröte tot zwischen dem Holz, da sagte Frau Bras: «Ach, is dat dat Ding? Da han ich de janze Winter et Holz drop klein jekloppt.» Wohl doch ein herberes Naturell, und man hätte vielleicht auf der Hut sein müssen.

Otto sammelte, genau wie ich, übernahm meine Briefmarkensammlung, die Muscheln, Steine und fing Schmetterlinge.

Alfreds Passion war es, Soldaten aufzubauen, aber nicht etwa aus dem Bedürfnis, Krieg zu spielen, sondern um auf unserem Esstisch möglichst viele bunt und malerisch zu plazieren. Sehr früh fingen Alfred und Otto an, im Zoologischen Garten nach der Natur die Tiere zu zeichnen, und auch in den freien Stunden zu Hause saßen sie meist um uns herum; meine Mutter und ich mussten dann stillhalten, und wir besitzen aus dieser frühen Zeit noch manches Blatt von Kinderhand.

Im Rausch der Gründerzeit

Als wir 1887 gelegentlich eines Besuches des alten Kaisers in Düsseldorf bei unserer Verwandten Frau Tapken in der Königsallee dessen Einzug ansahen, frug diese den kleinen Karl: «Möchtest du nicht auch mal ein so schöner Offizier werden?», worauf das Kind entschieden und ernst erwiderte: «Nein, Maler!»

Auf Veranlassung eines Malers – den Namen habe ich vergessen – schaffte sich Carl einen photographischen Apparat an, mit dem man sechzehn Aufnahmen *en suite* machen konnte. Ich glaube, wir waren die Ersten, die sich dieses Privatvergnügen erlaubten, und besitzen dadurch manche festgehaltene Erinnerung. Die erste Aufnahme machten wir zu Weihnachten beim Hofgarten im tiefsten Schnee. Im Sommer 1885 musste Carl wieder nach England, um dort die letzten Bilder zu vollenden.

Im Februar gaben unsere Nachbarn, Maler Vautier, ein Maskenfest, und Carl hatte mir erlaubt, auch ohne ihn hinzugehen, und so ließ ich mich statt seiner von Alfred und Otto begleiten.* Da der Kongo politisch und durch den Afrikaforscher Peters sehr im Gespräch war, wählte ich für mich und die Jungen folgende kleine Gruppe: ich ganz schwarz gefärbt, in weißen Nessel gewickelt, auf dem Kopf einen großen hohen Hut nach einer Abbildung aus einem Buch des Afrikaforschers, ein schwarzes Wickelkind auf den Rücken gebunden, die beiden Jungen auch schwarz gefärbt, mit Wollperücken, schwarzen Trikots und kurzen weißen Röckchen und blauen Schärpen.** Beide trugen auf den Schultern an vergoldeten Bambusstangen eine große, aus Matten hergestellte Tasche, verziert mit trockenen Palmblättern, darin große, weiße Straußeneier, die ich mir beim Buchbinder hatte machen lassen. So zogen

---

* Benjamin Vautier, 1829–1892, Genremaler und allseitiger Beförderer geselligen Künstlerlebens.
** Politisch war der Kongo, das von Belgien, namentlich durch seinen König Leopold II., gnadenlos ausgeplünderte Territorium, durch die Berliner Westafrika-Konferenz von 1884/85 im Gespräch. Der imperialistisch-rassistische Carl Peters drängte in deren Umfeld Bismarck erfolgreich zu Schutzgarantien für Gebiete in Südwestafrika, die alsdann deutsche Kolonie wurden.

Ich war glücklich

wir, eine kleine Familie aus dem Kongo, über die Straße zum nahen Freundeshaus und dort in die fastnachtlich kostümierte Gesellschaft, suchten uns eine Ecke des Zimmers aus, ich lagerte mich mit dem Kind auf der Erde; ich steckte mir eine mitgebrachte weiße Tonpfeife an und rauchte, wickelte das Baby, nahm es dann und wann an die Brust, tat, als ob sonst niemand uns was anginge.

Ich hatte mir ein regelmäßiges Musizieren mit Maria Schleger eingerichtet; sie kam zweimal wöchentlich und begleitete mich. Unsere Duette mussten wir bei allen Gesellschaften singen. Auf diese Weise blieb ich immer auf dem Laufenden und lernte die Lieder der modernen Komponisten kennen, besonders Brahms und später Richard Strauss wurden meine Favoriten. Die fünfzehn *Magelonenlieder* von Brahms sang ich oft hintereinander. Das flotte Singen vom Blatt fiel mir leicht, aber wenn mein Temperament mit mir durchging, sah ich nicht genau auf den Text, und so passierte mir eines Tages die Verwechslung, dass ich bei einem Lied des Grafen losschmetterte: «Auf dass ich übermorgen (statt ‹überwunden›) an deinem Herzen ruh.» Wir mussten derart lachen ob solcher Bescheidenheit, gerne noch bis übermorgen warten zu wollen, dass ich das Lied nie wieder singen konnte.[*]

In den ersten Sommermonaten vollendete Carl die englischen Porträts, und ich musste noch oft in den königlichen Kleidern vor ihm sitzen, besonders in der seidenen Taille der Königin Victoria, die ich mit einem Lederkissen ausstopfte. Ihre Haube und ein kleines Vorhemd, wie nur sie es trug, durften wir behalten mit dem Versprechen, es nie fortzugeben.

Im August konnten wir mit Kind und Kegel die übliche Reise nach Loschwitz antreten.

---

[*] Unklar, welche Komposition nun exakt dargeboten wurde. Der Herzens-Vers fehlt in Ludwig Tiecks Gedichtzyklus *Die schöne Magelone*, den Johannes Brahms vertonte.

Im Rausch der Gründerzeit

Eines Tages besuchte uns dort der Geheimrat Jordan aus Berlin, Direktor der Nationalgalerie, um Mama zu fragen, ob sie eventuell gewillt sei, den Nachlass meines Vaters an die Nationalgalerie zu verkaufen. Mama war erschrocken und vorläufig ablehnend. Er kündigte aber trotzdem seinen Besuch in Düsseldorf an, um anhand der Zeichnungen die Sache zu überlegen. Als wir wieder in Düsseldorf waren, schrieb Mama an den bekannten Kunstmäzen Suermondt, Freund und Verehrer meines Vaters, ob er eventuell zu ihr kommen wolle, um einen etwaigen Preis für die Sammlung zu veranschlagen. Er kam, sah alles an und meinte, für den *Hannibalszug* und die Zeichnungen sei die Summe von Mk. 100 000,– angemessen; sollte sie für zu hoch befunden werden, könnten wir eine Anzahl Zeichnungen zurückbehalten. Gelegentlich einer großen Achenbach-Feier, zu welcher Geheimrat Jordan aus Berlin kam, um die Festrede zu halten, suchte er Mama auf, begutachtete die Zeichnungen, und sie forderte die genannte Summe. Er meinte, nicht darüber bestimmen zu können; er müsse erst die Sache dem Minister unterbreiten. Er bat sie allerdings, die Sammlung nach Berlin zum Ausstellen zu schicken, und sprach sogar von einem eventuellen speziellen Rethelsaal und davon, für diesen eine Bronzebüste meines Vaters anfertigen zu lassen.

... wo Grammophon, Radioapparat und Fernsehgerät, ja, Elektrizität im Haus zwangsläufig fehlten, dort wurde sich öfter maskiert, kostümiert, wurden auch komplizierte Vierertänze noch recht allgemein beherrscht ...

Durch die englischen Einkünfte und dadurch, dass Carl auch hier immer Porträtaufträge hatte und zudem seine Genrebilder gut verkaufte, durften wir uns manches erlauben. Auch meine Kleider ließ ich beim vorzüglichsten Schneider, Heinrich Scheuer, anfertigen, und da in diesem Winter zum ersten Mal ein sogenannter Subskriptionsball im Breidenbacher Hof stattfinden sollte, erhielt ich von diesem Atelier ein prächtiges tizianrotes Samtkleid mit Brokateinsatz, dekolletiert, mit

Ich war glücklich

meinen Venezianer Spitzen um den bloßen Hals, dazu meine schwere Goldkette und einen rötlichen Federputz im Haar. Meine Tanzkarte war im Nu gefüllt.

Dem schönen Anfang folgte ein grausames Ende. Ich tanzte gerade mit Hermann Schalte einen Lancier*, als ein Diener mich und Carl herausrief. Dort stand meine Mutter mit bleichem Gesicht. Wir mussten sofort mit ihr eilen, da meine Schwägerin Emmy Sohn auf der Straße einen tödlichen Schlaganfall erlitten hatte – sie liege bei fremden Leuten in der Rosenstraße. Halb betäubt fuhren wir erst nach Haus – ich entledigte mich der Balltoilette – und sofort zum Sterbehaus. In einem Parterrezimmer der Rosenstraße lag sie erbleicht auf einem Diwan, Wilhelm händeringend auf und ab laufend und Eduard von Gebhardt, der engste Freund, am Lager sitzend, bereits eine Zeichnung nach dem edlen, wie schlafenden Gesicht ausführend. Mein Schwager Richard hielt eine Petroleumlampe über dieses Bild. Im Flüsterton wurde uns berichtet, dass Wilhelm mit ihr wie allabendlich einen Gang in die Stadt unternommen habe und dass sie an der Ecke Kaiser- und Rosenstraße einen Moment über Schwindel geklagt habe und dann tot hingesunken sei. Da keine Hilfe zur Stelle war, musste man sie in das fremde Haus bringen, und erst am Morgen konnte man sie ins eigene überführen. Dieses jähe Ende auf der Straße war furchtbar, der arme Wilhelm war hoffnungslos verzweifelt. Die Leiche wurde inmitten der Kunstschätze aufgebahrt. Ihre nächsten Freunde durften sie noch einmal sehen.

* *Les lanciers:* fünfte Tanzschrittabfolge, Lanzenreiter, einer *Quadrille des lanciers*.

Probe für die Heimatfront

Die Machtansprüche und Spannungen zwischen der Republik Frankreich und dem Deutschen Reich verschärften sich abermals. Der energische französische General und Kriegsminister Georges Boulanger setzte eine massive Erhöhung des Militäretats durch und verlegte Truppen an die deutsche Grenze. Im Vorfeld des Ersten Weltkriegs vollzog sich zugleich eine Annäherung zwischen Paris und Sankt Petersburg. Deutschland drohte ein Zweifrontenkrieg.

Im Gegenzug wurden die deutsche Truppenstärke und der Militäretat erhöht. Darüber befehdeten sich Reichskanzler Bismarck und die liberale Opposition im Reichstag, welcher allerdings auf den sogenannten Eisernen Etat – die Militärausgaben – wenig Einfluss besaß. Der Reichskanzler und sein Kabinett waren für ihre Politik nicht dem Parlament, sondern vorrangig dem Kaiser gegenüber verantwortlich – eine wenig demokratische und verhängnisvolle Spezialität der deutschen Reichsverfassung.

Anfang des Jahres 1887 schreibt meine Mutter in ihren kurzen Aufzeichnungen: «Man ist augenblicklich in heller Aufregung, weil allem Anschein nach wir vor einem Krieg mit Frankreich stehen. Die Hauptsache ist jetzt, ob angesichts dieser drohenden Gefahr der Reichstag die Militärvorlage bewilligen wird, welche eine Vermehrung des Heeres beantragt. Trotz einer wunderbar überzeugenden Rede Bismarcks, der Befürwortung Moltkes, dem speziellen Wunsch des Kaisers wurde dieselbe abgelehnt.»

Angesichts dieser drohenden Aussichten beschloss eine Anzahl von Damen aus allen Kreisen, zu denen ich auch gehörte, einen Samariterkursus zu absolvieren, um im Notfall gerüstet zu sein. Unser Freund Dr. Josefsohn bot sich an, diese Kurse abzuhalten, und Frau Kommerzienrat Pfeiffer, geb. Trinkaus, stellte ihren Saal im Hause Hofgartenstraße für die Versammlungen zur Verfügung. Außer ihr und Dr. Josefsohn beteiligten sich noch: Prinzess Reuss, Freifrau von Schreckenstein, die Regierungspräsidentin Frau von Berlepsch, Frau Regierungsrat Koenigs, Frau Lueg nebst ihrer Schwester, Frau Franz Haniel und noch etliche andere. Jede Woche trafen wir uns bei Frau Pfeiffer und hörten mit Interesse die Erklärungen Dr. Josefsohns über die erste Hilfe bei Unglücksfällen, die Behandlung von Wunden etc. Dann übten wir wechselseitig das Verbinden, und wer Kinder hatte, brachte diese mit, um an den kleinen Gliedmaßen die Handgriffe zu lernen. Einen Kopf regelrecht zu verbinden und die Ohren frei zu lassen, war das Komplizierteste. Auch Karli nahm ich öfters mit; er fürchtete sich aber und fing an zu weinen. Auch Frau von Berlepsch und Frau Koenigs erschienen mit ihren Kindern. Man bekam das entschiedene Verantwortungsgefühl, gelegentlich bei Unglücksfällen auf der Straße helfen zu können. So fand ich eines Abends auf der Goltsteinstraße einen Mann in epileptischen Krämpfen liegend; ich schellte am nächsten Haus um Hilfe, kniete bei ihm nieder und versuchte, die verkrampften Hände auseinanderzubringen, und als dieses nach einigen Versuchen gelang, er ruhiger wurde und die Zuckungen aufhörten, richteten wir ihn langsam auf und reichten ihm ein Glas Wasser. Ich blieb noch bei ihm, bis er wieder zu sich kam und sprechen konnte; dann dankte er mir und ging. Und so habe ich noch öfters geholfen, wie es wohl noch einige der anderen Damen taten. Wir fühlten uns gewissermaßen verpflichtet dazu; ich interessierte mich aber auch sehr dafür.

Und so kam es auch, dass zum Schluss des Unterrichtes wir Dr. Josefsohn erklärten, dass all diese Kenntnisse, das Verbinden etc. am gesunden Menschen keine hinreichende Schulung sei; erst am wirklich Kranken könne man beweisen, dass dieser Kursus von Nutzen gewesen sei. Dr. Josefsohn beantragte nun im Evangelischen Krankenhaus am Fürstenwall bei dem damals sehr renommierten Oberarzt Dr. Schultz,

Probe für die Heimatfront

dass immer zwei Damen des Kursus' zusammen für einige Wochen zweimal wöchentlich in den Vormittagsstunden zur Krankenhilfe in das Krankenhaus kommen durften. Ich tat mich mit Frau Regierungsrat Koenigs zusammen. Auch eine sehr nette junge Offiziersgattin kam mit uns, blieb aber nicht lange dabei, da sie von Zeit zu Zeit vor Schreck in Ohnmacht fiel.

Punkt neun Uhr fanden wir uns im Krankenhaus ein, wurden von der Oberin empfangen und sofort in den Operationssaal geführt, wo Dr. Schultz bereits in voller Tätigkeit war. Wir sahen zuerst nur zu, wie die Wunden gewaschen und verbunden wurden, und erst beim nächsten Mal durften wir die leichteren Fälle selbst verbinden. Mir wurde sehr bald ein Selbstmörder anvertraut, der sich mit einem Messer durch den Hals geschnitten hatte. Der Verband gelang mir gut. Es interessierte mich alles entschieden, und auch Frau Koenigs war mit Leib und Seele dabei. Ich erlebte etwas später eine sehr schwere Operation, wo einer älteren Frau die Rippen auf der einen Seite aufgeschnitten wurden, um Krankheitsstoffe zu entfernen. Es dauerte ziemlich lange, verlief aber gut. Ich musste die Schale halten, um den abfließenden Eiter aufzufangen, bewahrte aber meine Kaltblütigkeit; nur war es etwas peinlich, als ich die Eiterschwämme auswaschen musste. Die Wasserleitung versagte, und es dauerte etwas längere Zeit, bis Abhilfe geschaffen wurde.

Ein anderes Mal machte es mir einen schauerlichen Eindruck, als eine Frau aus dem Chloroformrausch nicht mehr aufwachte; sie wurde schon ganz blau, und erst als die Ärzte, die wohl auch ängstlich wurden, wie wild auf den armen, bloßen Körper losschlugen, kam sie endlich wieder zu sich. Aber all diese wechselnden Eindrücke aus dem Operationssaal waren verschwindend gegen den traurigen Anblick der armen, von Knochenfraß befallenen kleinen Kinder, denen immer ein erkranktes Glied nach dem anderen abgenommen wurde. So sah ich ein Kind, dem bereits beide Arme und beide Beine fehlten, nur noch ein Torso, aber trotzdem ganz vergnügt, sprechend, lachend und dankbar für einige Bonbons, welche wir ihm in den Mund steckten.

Ich war glücklich

Die Ärzte waren zufrieden mit uns, und wir vertraten öfters die Schwestern. Eines Tages erklärte mir aber Frau Koenigs, dass ihre Nerven zu sehr litten und ihr Mann wünsche, dass sie den Besuch des Krankenhauses aufgebe. Ich blieb noch einige Wochen, weil es mich stark interessierte, dann aber hörte auch ich auf. Das Einzige, was auch auf mich störend gewirkt hatte, war, dass es mir unmöglich wurde, wenn ich zum Mittagessen nach Hause kam, Fleisch zu sehen oder zu essen; Obstsuppen und süße Speisen mussten es ersetzen.

Es kam Gott sei Dank diesmal zu keinem Krieg.

Im Mai reiste Carl mit Hermann Schulte zum Salon nach Paris und schrieb, wie immer begeistert von dort, auch, dass sie sich für den nächsten Abend Plätze für die Opéra Comique genommen hätten. Wegen einer leichten Erkältung lag ich zwei Tage zu Bett und hatte keine Zeitungen gelesen. Da erhielt ich ein Telegramm von Schulte aus Paris: «carl wohlauf trotz theaterbrandes.» Nun erschraken wir doch heftig und lasen erst daraufhin die furchtbare Nachricht, dass die Opéra Comique abgebrannt war. Carl und Hermann Schulte waren durch Zufall zu spät eingetroffen, die Vorstellung hatte bereits begonnen, und sie waren in ein anderes Theater gegangen, und so blieben sie vor dem entsetzlichen Unglück bewahrt. Mich schauderte es noch hinterher, denn es waren über einhundert Menschen – viele Ballettänzerinnen – ums Leben gekommen. Carl erzählte noch, dass sie in der Nacht die herzzerreißendsten Szenen mit angesehen hätten. Besonders betroffen war das Ballett, weil das Feuer auf dem Schnürboden ausgebrochen war und sofort auf die Garderoben der Tänzerinnen übergegriffen hatte, sodass sich viele in der Verzweiflung hinab auf die Straße stürzten. Carl, der sofort nach Hause reiste, blieb lange zutiefst erschüttert davon.

Was das Zerren um höhere deutsche Militärausgaben anging, so löste Kaiser Wilhelm I. schließlich den renitenten Reichstag auf. Bei Neuwahlen hoffte die Regierung auf willigere und militant-nationalere Abge-

ordnete. Dieser Wunsch ging in Erfüllung. Nun konnte allerorten aufgerüstet werden.

Doch Bismarck beschwor am 11. Januar 1887 in einer zweistündigen Rede zugleich die friedfertige Haltung Deutschlands:

«Sie werden die Thatsache nicht bestreiten, daß der gordische Knoten, unter dessen Verschluß die nationalen Rechte der Deutschen lagen, das Recht, als große Nation zu leben und zu atmen, nur durch das Schwert gelöst werden konnte – leider, und daß auch der französische Krieg nur eine Vervollständigung der kriegerischen Kämpfe bildete, durch welche die Herstellung der deutschen Einheit, das nationale Leben der Deutschen, geschaffen und sichergestellt werden mußte. Also kann man daraus nicht auf kriegerische Gelüste schließen. Wir haben keine kriegerischen Bedürfnisse, wir gehören zu den saturierten Staaten, wir haben keine Bedürfnisse, die wir durch das Schwert erkämpfen könnten ... Es ist gelungen, wenn auch nicht ohne starke Gegenströmungen, den Frieden seit 16 Jahren zu erhalten. Unsere Aufgabe haben wir zuerst darin erkannt, die Staaten, mit denen wir Krieg geführt hatten, zu versöhnen.»

Dieses diplomatische Credo beherzigte der übernächste Kaiser, Wilhelm II., fatalerweise kaum.

Dreikaiserjahr

Kaiser Wilhelm I. verstarb neunzigjährig am 9. März 1888. Auf den preußischen und auf den deutschen Thron folgte ihm sein 1831 geborener Sohn als Kaiser Friedrich III. Auch wegen des Einflusses seiner Frau Victoria, Tochter von Queen Victoria, galt Friedrich als liberaler Geist, auf dem viele Hoffnungen der Demokraten ruhten. Seine nur neunundneunzigtägige Regentschaft endete tragisch.

Schon seit einiger Zeit hatte man von einem Halsleiden des Kronprinzen Friedrich gehört. Er war schon längere Zeit zur Erholung in San Remo, wohin die Berliner Ärzte von Zeit zu Zeit zur Konsultation gerufen wurden. Anfang dieses Jahres 1888 verbreitete sich leider die Nachricht, dass es sich wohl um Halskrebs handele, man aber vorläufig von einer Operation absehe. Er selbst war noch im Unklaren über seinen Zustand; die Kronprinzess wusste aber Bescheid. Man bedauerte allgemein den liebenswürdigen, sehr beliebten Mann. Carl nahm besonders Anteil an diesem Schicksal, da er von England her das Kronprinzenpaar sehr schätzte. Im Februar meldeten die Zeitungen, dass der Kehlkopfschnitt gemacht worden und der Zustand günstig sei. Die Wunde heilte zu. Im März starb der alte Kaiser Wilhelm; er war schwächer und schwächer geworden und ohne Kampf still eingeschlafen. Sein Leichenbegängnis vom alten Schloss bis Charlottenburg muss großartig gewesen sein. Der Kronprinz trat als Friedrich III. die Regierung an und musste von Toblach zurückkommen. Nur drei Monate dauerte die Regierung Kaiser Friedrichs; dann erlag er seinem schweren, unerträglichen Leiden, tief betrauert von seiner Frau.

Dreikaiserjahr

Kaiser Wilhelm I.   Kaiser Friedrich III.   Kaiser Wilhelm II.

Mit nur neunundzwanzig Jahren folgte der Sohn Friedrichs III. und Victorias als Wilhelm II. seinem Vater auf dem deutschen Kaiserthron nach. Der junge, dynamische Mann mit einem seit der Geburt verkrüppelten Arm – ein vermeintlicher Makel, den er zeitlebens wohl auch durch Forschheit wettzumachen suchte – galt als schwer einschätzbar. Früh schwankte der Hohenzoller zwischen nationalem Pathos und Begeisterung für alles technisch Fortschrittliche, zwischen absolutistischem Traditionalismus und sozialem Sendungsbewusstsein. Wilhelm entließ alsbald den Koloss der Vergangenheit, Bismarck, den Makler Europas, und regierte mit gefürchteter Sprunghaftigkeit über botmäßige Reichskanzler selbst.

In derselben Zeit erlebten wir in unserem nächsten Freundeskreise einen überaus traurigen Fall. Herr Cremer, der Mann meiner lieben Freundin Marie Cremer-Schleger, der Beigeordneter der Stadt war, hatte eine Geschäftsreise mit seinen Kollegen unternommen, und zum Schluss derselben bestiegen die Herren die Burg Blankenstein an der

Ich war glücklich

Ruhr. Um den Weg zum Bahnhof abzukürzen, lief er den kleinen Berghang hinunter, stürzte, überschlug sich und war sofort tot. Der Schmerz der armen Frau war unbeschreiblich; sie blieb mit zwei kleinen Mädchen zurück und musste sich nun allein eine Existenz schaffen. Wie ihr das gelang dank ihrer schönen Stimme und hochmusikalischen Begabung, muss ich nicht ausführen. Unsere alte getreue Wärterin, Frau Ulbrich, zog zu ihr und versorgte vorbildlich die Kinder.

Kurz vor Ostern wurde Carl als Juror für die III. Internationale Jubiläums-Kunstausstellung nach München berufen, mit ihm Kupferstecher Bartelmess und aus Dresden unsere alten Freunde Diez und Kiessling und Schaper aus Berlin und noch viele andere. Ich musste ihm leider zu Ostern mitteilen, dass Alfred in der Quarta abermals sitzengeblieben war. Er war eben unbegabt für das spröde Lernen, und alles gute Zeichnen half ihm nicht beim Fortkommen in der Schule.

Eines Tages hatten die Jungen wieder Zeichenstunde bei Herrn Zieger, und diesem klagte ich meine Not wegen Alfred. Da lachte er und meinte, es wäre wohl das Beste, den Jungen das Künstlerexamen machen zu lassen, ihn einfach aus der Schule zu nehmen und stattdessen auf die Akademie zu schicken. Er war damals dreizehn Jahre. Ich war erstaunt und ließ mir dieses Examen erklären, hatten wir doch noch nie davon gehört. Er sagte nun, es gehöre nur eine starke künstlerische Begabung dazu; es könne auch jeder Handwerker machen, er müsse nur etwas künstlerisch Vielversprechendes geleistet haben, anhand dessen man ihm dann die Berechtigung zum Examen erteilen würde. Ich war begeistert über diesen Ausweg, schrieb sofort darüber an Carl nach München, was er dazu meine. Dann ging ich zu Direktor Mathias in die Klosterstraße, mit dem wir sehr befreundet waren, und holte seinen Rat ein.

Alfred wurde in der Akademie aufgenommen. In unserem Antrag hatten wir sogar gebeten, dass er nur den Vormittag die Akademie zu besuchen brauche, um am Nachmittag Privatstunden zu nehmen; auch dieses war bewilligt worden. Und so trat er am 15. Mai, dem Geburtstag seines Großvaters Alfred Rethel, wie dieser dreizehnjährig in die Akademie ein. Wir waren glückselig über diese Lösung, aber die spießigen Düsseldorfer warfen Steine auf uns und prophezeiten das Schlimmste; keiner konnte unsere sogenannte Dummheit begreifen, aber das focht uns alles nicht an. Für die Privatstunden mussten wir tief in den Säckel greifen, aber täglich nur ein bis zwei Stunden in den Hauptfächern, die zur Bildung unbedingt notwendig waren, ließen sich ertragen.

Wir hatten damals einen sehr netten Mieter im Parterre wohnen, Rittmeister von Witte, ehemaliger Herrenreiter in Hannover, der durch einen Sturz mit dem Pferd einen Schaden erlitten hatte und – seiner Liebhaberei für die Malerei nachgebend – sich nicht scheute, als Vierzigjähriger noch die Akademie zu besuchen. Jeden Morgen sahen wir den großen eleganten Mann mit unserem kleinen Alfred in kurzen Hosen zusammen als Schüler der Gipsklasse zur Akademie wandern.

Elend

Der Winter 1889 brachte uns viel Krankheit. Schon im Herbst verbreitete sich in Stadt und Land eine Masernepidemie, die recht gefährlich auftrat. Wir hofften, verschont zu bleiben, aber bald nach Weihnachten kam Otto mit roten Augen und Schnupfen nach Haus, und damit begann auch für uns eine schreckliche Zeit.

Otto wurde oben in dem kleinen Zimmer isoliert; Alfred kam ins kleine Wohnzimmer, Karli und Mira ins Kinderzimmer. Ich selbst war wieder mal guter Hoffnung, aber der Arzt sagte, Frauen in diesem Zustand seien immun gegen Ansteckung, und so übernahm ich die Pflege der Kinder und lief treppauf und -ab. Bei Karli entwickelte sich die Ansteckung in Gestalt einer furchtbar schmerzenden Muskelentzündung. Seine Glieder mussten jeden Tag bandagiert werden, was mich selbst sehr anstrengte, aber es half nichts. Otto war längst wieder gesund, musste aber ganz allein oben bleiben, da es hieß, man könne es gleich noch ein zweites Mal bekommen, und so lagen alle Kinder einzeln.

Na, eines Tages fühlte ich mich auch sehr elend; ich bekam über vierzig Grad Fieber, und außer Masern begann eine Frühgeburt. Die Hebamme wurde geholt, und nach mehreren qualvollen Stunden erschien ein schwarzhaariges Mädchen, welches mir aber nur von Weitem gezeigt wurde wegen der Ansteckungsgefahr. Es war der achte Monat, aber trotz aller Bemühungen des Arztes lebte das Kind nur einen Tag und eine Nacht; es konnte noch nicht schlucken, und ich höre heute noch das leise versagende Stimmchen. Mein Fieber war mit der Geburt vorübergegangen; es ging mir körperlich schnell wieder besser, aber die Trauer um das verlorene Kind war sehr groß.

Elend

Auch meine Mutter bekam die Masern und musste nach Haus gebracht werden, aber Tante Lexe kam von Loschwitz, um sie zu pflegen. Bei uns blieb die Hebamme, Frau Fink, weil sie der Masern wegen nirgendwo anders hin durfte. Am schlimmsten stand es um Karli, da er nach der Muskelentzündung auch noch die rechten Masern bekam und im Frühjahr leider noch eine leichte Lungenentzündung durchstehen musste. Für ihn und Mama war eine Erholungsreise durchaus nötig, und so fuhren sie mit Tante Lexe und ich mit Karli und Mira nach dem damals noch fast unbekannten Ort Elend im Harz, wo wir in einem einfachen Gasthaus am Waldesrand zwei freundliche Zimmer bezogen. Die Gebirgsluft wirkte Wunder, und die Kinder erholten sich zusehends. Wir lebten im Wald, nah einer schönen, blumenreichen Heide. Die Verpflegung war rustikal gut, und da das Gasthaus dicht an der Landstraße lag und täglich zweimal die Brockenpost anhielt und die Reisenden Kaffeerast machten, so herrschten auch immer Leben und Abwechslung. Einige junge Forsteleven saßen abends mit uns zusammen. Besonders nett war ein Forstassessor von der Schulenburg. Er war so liebenswürdig und fuhr mich mit Mira in seinem schmucken Jagdwagen hinunter nach Harzburg, von wo aus uns die Bahn wieder nach Düsseldorf zurückbrachte.

Berlin

Schon zwei Jahre zuvor hatten wir an einem Fastnachtsabend bei Frau Hasenclever den damaligen Regierungsrat von Berlepsch und seine Gattin, geb. Tiele-Winckler, kennengelernt; sie baten um unseren Besuch, und es entwickelte sich eine herzliche Freundschaft.

Im Winter besuchten wir einen großen offiziellen Ball, auf welchem unsere schon nicht mehr ganz jungendfrische Nachbarin, Frau von Schreckenstein, noch als die Schönste gelten konnte. Ihr immer noch herrlicher Hals mit den wunderbarsten Perlenschnüren zog manchen Blick auf sich.

Eines Tages erhielt Carl den Auftrag, Frau von Berlepsch zu malen (Kniestück). Sie war nicht schön, besaß jedoch ein auffällig intelligentes Gesicht mit großen, lebhaft dunklen Augen. Es wurde ein nur sehr schlichtes Kleid vereinbart, als einziger Schmuck eine opulente Bernsteinkette. Da erhielt Herr von Berlepsch plötzlich den Ruf als Oberpräsident nach Koblenz, und das Porträt wurde verschoben. Koblenz war für ihn nur ein Sprungbrett, denn nach wenigen Monaten erreichte ihn der Ruf als Minister nach Berlin. Er war politisch ein durchaus freisinniger Mann und in jeder Beziehung sehr fortschrittlich gesinnt und hat in dieser Hinsicht viel Gutes bewirkt. Bei uns traf nun die Bitte ein, doch das Porträt in Berlin zu malen. Da unsere Kinder bei Mama immer bestens aufgehoben waren, reiste ich mit Carl nach Berlin, wo wir zwei Zimmer im Kaiserhof bezogen, das eine zum Malen der Porträts, denn Carl hatte überdies den Auftrag, eine Frau von Witte, geb. Riebeck aus Halle, dort zu malen. Sie war eine Schwägerin unseres Mieters, des Herrn von Witte. Ein merkwürdiger Zufall wollte es, dass Berlepschs die erste Etage des Hauses Behrenstraße 68 bezogen hatten, in welchem früher

Onkel Otto Oppenheim mit Familie gewohnt hatte und wo ich vorzeiten als Kind mit Nono und Franz oft im Hof gespielt hatte.

Frau von Berlepsch kam jeden Vormittag elf Uhr zur Sitzung; ich saß meist dabei und sorgte für Unterhaltung, sodass sie nicht ermüdete. Frau von Witte, eine zarte, sehr liebreizende Dame, kam einige Zeit später, wenn das andere Porträt bereits weit fortgeschritten war. Da uns das Essen im Kaiserhof zu teuer war, gingen wir mittags in die nahe gelegene Französische Straße und kehrten dort in das ganz separate kleine Lokal der großen Bierschenke Ecke Friedrich- und Behrenstraße ein, wo man an Holztischen ohne Tischtuch aber ganz hervorragend aß, kräftige Suppe, eine Viertel gebratene Gans mit Rotkohl für Mk. 1,20. Man saß still und ruhig mit nur einigen Stammgästen; wir fühlten uns dort bald wie zu Hause. Wenn es die Sitzungen erlaubten, luden uns Berlepschs öfter zum Five O'Clock ein; sie waren reizende Gastgeber.* So lernten wir auch die Mutter, Frau Tiele-Winckler aus Breslau, und ihren Sohn kennen, beide im politischen Leben sehr bekannte Persönlichkeiten. Sie war eine hochinteressante Frau, die uns im Kaiserhof besuchte und das Porträt lobte.** An den Sonntagen leisteten wir uns meist ein Mittagessen in dem renommierten Restaurant Aimée Unter den Linden; wir bezahlten Mk. 2,50 und erhielten dafür z. B. frischen Salm und ein großes Roastbeef, von welchem man sich nach Belieben abschneiden konnte, danach Eis. An den Abenden trafen wir meist mit unseren Freunden Konrad Kiesels zusammen und gingen oft ins Töpfer in der Dorotheenstraße, ein altbekanntes Kellerlokal, oder in eine Weißbierstube.

---

* *Five o'clock:* Teestunde.
** Franz Hubert Graf von Tiele-Winckler, 1857–1922, war mit Jelka von Lepel, 1857–1942, verheiratet. Das oberschlesische Industriellenehepaar gehörte zu den reichsten Familien Deutschlands. Ein Teil ihrer Betriebe wurde später von Friedrich Flick erworben. Spektakulärstes Familienmitglied war indes die Schwester des Grafen, Eva von Tiele-Winckler, die nach einem religiösen Erweckungserlebnis als Diakonissin und mit ihrer Einrichtung Friedenshort Menschen in Not und Armut unermüdlich half.

Ich war glücklich

An einem besonders verlockenden warmen Samstagabend trafen wir uns an der Jannowitzbrücke, bestiegen einen Spreedampfer und fuhren hinaus nach Treptow; es war eine malerische Partie in der Abendsonne, allüberall lustiges Treiben in den kleinen, am Wasser gelegenen Wirtschaften. Auch in Treptow betraten wir direkt vom Schiff über einen Steg den weiten Garten eines Restaurants, das für seine Krebssuppe weithin gerühmt wurde. Allerorten an einem solchen Abend Musik und Tanz, dazu Feuerwerk und Beleuchtung.

Nah der Jannowitzbrücke befand sich das Deutsche Theater; wir sahen dort manch ungewöhnlich lebhafte Aufführung, besonders erinnerlich bleibt mir eine Novität aus England – *Charleys Tante* – mit dem unvergleichlichen Thielscher als männliche Tante.*

Einen interessanten Abend verlebten wir auch bei Ernst und Marie von Mendelssohn-Bartholdy, die nun als die einzigen Repräsentanten der Familie Mendelssohn ein großes Haus beleben mussten.** Sie hatten sich ein solches dicht neben dem historischen Haus in der Jägerstraße bauen lassen; das Bankgebäude auf der gegenüberliegenden Seite reichte bis hinüber zur Französischen Straße, wo damals der Vetter von Alexander Mendelssohn, der Vater von Ernst, mit seiner Familie lebte. Als ich Marie meinen Antrittsbesuch machte, frug ich, wie viele Dienstboten sie wohl brauche; sie antwortete mir wörtlich: «Ach, das weiß ich nicht so genau, hier oben sind sieben tätig.» Die große Abendgesellschaft, zu der wir geladen wurden, lockte uns besonders wegen zwei Porträts von Lenbach, die Ernst kürzlich erworben hatte. Sie standen zur Betrachtung für die Gäste auf Staffeleien: Bismarck, dessen Privatbankier Ernst war, sowie der alte Kaiser, den Lenbach kurz vor dessen Tode gemalt hatte.*** Es waren viele Schriftsteller und Gelehrte,

---

* Der unverwüstliche Travestieschwank behauptet sich bereits seit 1882 auf den Spielplänen.

** Marie Mendelssohn, 1855–1906, Tochter des Bankiers Robert Warschauer, 1816–1884.

***Franz von Lenbach, 1836–1904, vielleicht namhaftester Porträtmaler der wilhelminischen Ära.

Künstler und Musiker anwesend, der alten Tradition dieser Patrizierfamilie würdig.

Durch Vermittlung von Berlepsch durften wir – ebenso Kiesels – einem Empfang beim Kaiser im Stadtschloss beiwohnen. Noch weitere Künstler waren zugegen. Gesellschaftstoilette für die Damen, Frack für die Herren war Vorschrift. Wir kamen so früh, dass Carl und Kiesel noch Zeit fanden, in den verschiedenen Salons die Bilder und Kunstschätze zu begutachten; dann wurde man durch den Zeremonienmeister aufgefordert, sich aufzustellen bis dicht vor einen Eingang zum Weißen Saal, wo wir die Throne von Kaiser und Kaiserin erblickten und wo später getanzt wurde. Es erhob sich ein Raunen, das kaiserliche Defilee hatte begonnen; das reihenweise Verneigen war durch die Zimmerflucht sichtbar. Die Schleppe der Kaiserin wurde von zwei Pagen getragen*; der Kaiser strahlte im Glanz der Orden; beide nahmen auf den Thronsesseln Platz. Es wurden zuerst die neuen Ritter des Schwarzen Adlerordens präsentiert. Dann ertönte eine Fanfare; die Kaiserin stieg die Stufen vom Thron herab und eröffnete den Tanz mit einigen Offizieren, dem sich nun weitere Paare anschlossen. Es folgte ein Contretanz, langsam und gemessen, farbenprächtig und charmant für die Zuschauer, gleichwohl alles ein etwas oberflächliches, äußerlich wirkendes Theater. Wir freuten uns dennoch, Augenzeuge gewesen zu sein.

Gerne würde man über die Visite, die der Maler Karl Gussow einfädelte, und vor allem über die Besuchte selbst mehr erfahren. Aber vielleicht war sie Else Sohn-Rethel zu geläufig: Ida Boy-Ed war eine der wenigen und bekanntesten deutschen Schriftstellerinnen ihrer Zeit. Die 1852 geborene Lübeckerin war in jungen Jahren mutig ihrer unglücklichen Ehe entflohen und lebte nach zahlreichen Schwierigkeiten als schließlich erfolgreiche freie Autorin. Später wurde sie, ungewöhnlich genug,

---

* Auguste Victoria, geborene Prinzessin von Schleswig-Holstein-Sonderburg-Augustenburg, 1858–1921.

Ich war glücklich

zur Ernährerin ihrer Familie und förderte neben Thomas Mann oder Wilhelm Furtwängler viele andere junge Talente, auf die sie, bis zu ihrem Tod im Jahr 1928, aufmerksam wurde. Ida Boy-Eds Roman Ein königlicher Kaufmann *gilt als späteres Pendant zu* Buddenbrooks.

Gussow vermittelte noch einen Besuch bei der Ida Boy-Ed, die sehr originell gekleidet war und etwas mondän aussah und die – als damals meistgelesene Romanschriftstellerin – in ihrem atelierartigen Arbeitsraum in anregendster Weise ausgesprochen liebenswürdig mit uns plauderte und der wir nur still zuhörten.

Da die beiden Porträts zur Zufriedenheit ihrer Auftraggeber annähernd fertig waren, wurden sie zur Vollendung der Kleider nach Düsseldorf geschickt, und wir verabschiedeten uns von dem liebenswürdigen Ministerehepaar von Berlepsch. Ein letzter Weißbierabend mit Kiesels beschloss die Berliner Zeit.

Der ungemütliche Monarch

Bereits im Jahr 1876 hatte der Historiker Ferdinand Gregorovius in einem Brief an seinen Freund Saul Friedländer gegen das nationale Pathos in Deutschland, gegen die Feier einer mythischen Urzeit und gegen ein technologisch lautes, wissenschaftlich rasantes Zeitalter gewettert, welches seine mögliche seelische Leere und innere Ziellosigkeit hinter dem Bombast vergangener Stile, hinter Prunkfassaden, Dekor, Plüsch und Gips verbarg.

«Ich kann Ihnen nicht genug sagen, wie mich dieses Vandalentum anwidert. Die Größe des deutschen Genius, ja seine wahrste und innerste Nationalität, bestand bisher in seiner kosmopolitischen und humanen Idee – nun sollen diese geweihten Gefilde verlassen werden, und man zwingt uns in die Eiszeit des Germanentums mit seinen Recken, Lindwürmern und Höhlenbären zurück. Dieser Anachronismus wird sich rächen, und er wird hoffentlich einen Rückschlag fordern.»

Anfang 1891 wurde bekannt, dass Kaiser Wilhelm II. die Absicht habe, auch eine Parade der hiesigen Truppen in der Golzheimer Heide abzuhalten. Es war kurz nach dem Sturz von Bismarck; sein Nachfolger Caprivi sollte den Kaiser begleiten.* Der Malkasten fühlte sich ver-

---

* Die Politik des bejahrten Reichskanzlers Otto von Bismarck basierte zunehmend auf den Prinzipien von Ruhe im Innern und nach außen, was für ihn auch die Unterdrückung der Sozialdemokratie und den Unwillen gegenüber Kolonialerwerbungen meinte. Diese Strategie behagte dem jungen Wilhelm II. nicht, der als sozialer Reformkaiser und als Mehrer deutscher Macht agieren wollte. Das Zerwürfnis führte zur Demissionierung Bismarcks am 15. März 1890. Ins Reichskanzleramt folgte ihm Georg Leo von Caprivi de Caprera de Montecuccoli, 1831–1899.

Ich war glücklich

pflichtet, auch ihm ein Fest zu geben, wie weiland seinem Großvater Wilhelm I.

Da es diesmal nicht im Freien stattfinden konnte wegen der Kühle und dem Ohrenleiden des Kaisers, so wählte man die Tonhalle. Um ein Durchziehen der Truppen, der Pferde und Wagen zu ermöglichen, brach man die Fenster rechts und links des großen Podiums heraus und schaffte so einen sehr bequemen Durchgang für die Massenzüge, die im Garten der Tonhalle gut ihren Umzug veranstalten konnten. Wie auch beim ersten Kaiserfest handelte es sich um eine historische Reihenfolge, wenn auch nicht so ausgedehnt wie beim Fest im Malkasten. Da wieder Fahnen und Standarten für die Regimenter gebraucht wurden und ich durch die goldenen Banner, die ich für den Malkastensaal angefertigt hatte, in guter Erinnerung stand, wurde ich gebeten, auch dieses Mal zwei Standarten für die Infanterie und eine Fahne für die Ulanen nachzumachen.

Ich suchte die Kommandantur in der Hofgartenstraße auf, wo alle militärischen Sachen aufbewahrt wurden. Ich durfte nur unter militärischer Bewachung einige Skizzen von Fahnen etc. machen. Es wurde strapaziös. Ich nahm die verblichene Seide schwarzer alter Regenschirme, formte abermals mit Watte und Kleister die nötigen Ornamente und malte und kleisterte bis spät in die Nacht hinein, denn bei Tage war ich angestrengt durch das Einüben und Probieren mit der mir übertragenen Zigeunergruppe, mit welcher die Festlichkeit begann. Dazu hatte ich einen starken Bronchialkatarrh, mit welchem ich eigentlich ins Bett gehört hätte, aber es musste gemacht werden.

Der Kaiser war in Sicht, schickte aber zur Abnahme der Generalprobe einen Stellvertreter, den General von Albedyll. Die Probe verlief sehr gut; Alfred, sechzehnjährig, sah als Zigeuner sehr hübsch aus, ebenso Martha Poensgen, die mit ihm als jugendliches Paar im Vordergrund tanzte. Otto wirkte mit als kleiner Sohn von Hermann Krüger im Kostüm des 16. Jahrhunderts auf der Flucht etc. Es verlief alles nach Wunsch, auch der Schluss, bei dem die Infanterie und die Ulanen zu Pferd mit Standarten und Fahnen brüllend und Hurra schreiend, die *Wacht am Rhein* singend, vorüberzogen.

Der ungemütliche Monarch

Aber für mich brachte dieser Vorabend eine herbe Enttäuschung, denn Herr von Albedyll hatte meine Fahnen für die echten gehalten, und aus Furcht, dass der Kaiser sie auch für echt halten könnte, ordnete er an, dass sie überhaupt fortbleiben sollten. Das war doch eine katastrophale Engherzigkeit, wie sie nur unter diesem Kaiser möglich war. Dafür all die Mühe und vergeudete Kraft meinerseits. Es hätte doch genügt, wenn man dem Kaiser gesagt hätte, dass es sich um eine geschickte Imitation handle.

Der Kaiser kam und hielt vom Bergisch-Märkischen Bahnhof aus durch die Königsallee seinen feierlichen Einzug mit allem militärischen Glanz. Wir schauten es uns vom Balkon von Frau Tapken an. Da er durch die kurz zuvor erfolgte Absetzung Bismarcks im Volk wohl nicht sonderlich beliebt war, und es allerorten arg gärte, wurden ihm auf dem Weg zum Paradefeld unangenehme Dinge zugerufen; man sprach sogar von einem Brief, welcher ihm in den Wagen geworfen worden sei, mit der Bitte, Bismarck wieder einsetzen zu lassen.* Infolgedessen traf er einige Stunden später sehr verärgert im Ständehaus ein, wo man ihm ein Festmahl bereitet hatte. Er machte seiner Wut in einer Rede Luft; es muss für alle Geladenen sehr peinlich gewesen sein.

Wir wissen nicht, was der oft von sich selbst begeisterte und von anderen gefürchtete Redner Wilhelm II. aus dem Stegreif in seine Ansprache am 4. Mai 1891 vor dem Rheinischen Provinziallandtag einflocht. In der offiziellen Version seiner Rede entfaltete er sich mit der ihm eigenen Emphase: «Auch im Innern haben wir manches durchleben müssen, und wir ringen uns allmählich zu festen Verhältnissen durch ... Ich weiß sehr wohl, daß gerade Sie mit gespannter Aufmerksamkeit nach Berlin

---

* Solcher Wurf in die Kutsche konnte Panik verursachen. Auf Kaiser Wilhelm I. waren zwei Attentate verübt worden, wie sich zu dieser Zeit insgesamt Anschläge auf Staatsoberhäupter häuften. Zu deren Todesopfern zählten 1881 Zar Alexander II. sowie der amerikanische Präsident James A. Garfield, 1894 der französische Staatspräsident Marie François Carnot, vier Jahre darauf Kaiserin Elisabeth von Österreich-Ungarn.

Ich war glücklich

blicken. Die große industrielle Welt, die Ihre Provinz bis in die fernsten Gegenden berühmt gemacht hat, mit ihren großen und bedeutenden Anlagen, die hunderttausende meines Volkes beschäftigt, ist, möchte ich sagen, das Herz mit seinen vielen Arterien unseres Staates; es hat zuweilen schneller gepocht, zuweilen gedroht, mit seinem Pochen aufzuhören. Ich hoffe, daß auch dieses sich allmählich verlieren wird. Sie können überzeugt sein, daß keine Mühe zu groß und keine Arbeit zu mühselig ist, um dafür zu sorgen, daß nach beiden Seiten der Industrie, dem Arbeitgeber und Arbeitnehmer, in jeder Beziehung Gerechtigkeit widerfahren soll. ...Ich trinke mein Glas deutschen Weines auf die Rheinprovinz. Möge sie blühen und gedeihen von jetzt immerfort bis in Ewigkeit! Die Rheinprovinz, sie lebe hoch! – hoch!! – hoch!!!»*

Die Aufführung in der Tonhalle sollte um acht Uhr beginnen; pünktlich standen unsere Zigeunergruppen mit mir an der Spitze bereit; aber niemand kam. Bis neun Uhr mussten wir warten; ich litt Qualen durch meine Grippe und hielt mich nur durch eine Flasche Cognac aufrecht. Endlich erschien er, setzte sich, neben ihm Caprivi; unter den Klängen der Musik begann unser Zigeunertanz auf dem oberen Podium; es war malerisch und sehr schwungvoll. Allmählich verteilten sich auch andere Gruppen über den großen Raum. Es erschienen Fürsten der früheren Zeiten zu Pferde mit Reiterscharen im Gefolge. Wir spielten temperamentvoll vor und zwischen den Reitern; andere und ich sanken vor den hohen Fürsten auf die Knie. Es klappte alles wundervoll, war glänzend einstudiert und erntete bei den vielen eingeladenen Zuschauern den größten Beifall. Nur der Kaiser saß stumm und unliebenswürdig davor, sah nicht von seinem Programmheft auf, und man musste ihm den Inhalt erläutern; kein Blick zur Bühne, wo ein Zug nach dem anderen defilierte. Nur zum Schluss, als die 39er und weitere Regimenter paradierten mit dem üblichen Gebrüll und Hurra, da erschien ein anerkennendes Lächeln auf seinem verärgerten Gesicht. Er sprach noch einige lobende, nichtssagende Worte zum Vorstand des Malkastens und verließ schleunigst mit Caprivi und seinem Gefolge die Tonhalle.

Ein erlöstes Aufatmen der Schauspieler und des Publikums; man war ihn endlich los und gab sich nun voll und ganz dem Festesjubel hin bis zum Morgen.

Kaiser Wilhelm II. hatte seinerseits einen Eindruck davon bekommen, in welchem Ausmaß insbesondere Maler das gesellschaftliche Leben Düsseldorfs bestimmten und nicht selten zu Ehrenbürgern ernannt wurden. Solche Dominanz einer arrivierten Bohème verdross den Monarchen dermaßen, dass er im Jahr 1902 schließlich rundheraus klagte: «Überhaupt Düsseldorf. Da komme ich nicht gerne hin. Da jubelt man den Künstlern lieber zu als mir!»

Bald nach seiner ersten Visite wurde am 1. Oktober 1891 der Düsseldorfer Hauptbahnhof eröffnet.

Wir waren in einer größeren Gesellschaft bei unserem Freund, Bankier Scheuer in der Breitenstraße, und in denkbar heiterer Stimmung. Da erzählte ein Herr, dass in dieser Nacht Hunderte von Arbeitern bei Fackelbeleuchtung die Schienen vom Bergisch-Märkischen Bahnhof aufreißen und umlegen müssten bis zum neuen Bahnhof herüber, damit bereits am Morgen die erste Strecke benutzt werden könne. Es war noch ein warmer Herbsttag, und so fuhren wir in offenen Droschken, es war schon ungefähr zwei Uhr – ich in einem langen weißen Seidenschleppenkleid (mein Hochzeitskleid), einen Abendmantel darüber – zum Neubau. Dort herrschte reges Leben im Schein der vielen hundert Fackeln. Fieberhaft wurde gearbeitet. Einer der anwesenden Herren führte uns durch die all die unterirdischen, hell erleuchteten Räume, und schließlich fuhren wir im Kofferlift nach oben, der wohl nie wieder eine dekolletierte Dame im weißen Schleppenkleid befördert hat. Erst gegen Morgen kamen wir nach Haus und haben noch oft an unsere einzigartige Luftfahrt gedacht.

Die Fahrt des Kaisers war wohl die letzte vom alten Bahnhof aus gewesen.

Letztes Seestück

Carl brauchte dringend eine Luftveränderung und war sehr mit seinen Nerven herunter. Da ihm die Nordsee stets gutgetan hatte, so beschlossen wir, diesmal nach Scheveningen zu reisen. Otto durfte zwar die Schule nicht versäumen und kam für diese Zeit zu Herrn Deckweiler in Pension, einem sehr beliebten Privatlehrer. Alfred war bereits sechzehn Jahre und seiner frühen Entwicklung entsprechend ein großer hübscher junger Mann mit Schnurrbart. Mama und Minna reisten auch mit. Wir wohnten im Hotel Deutschmann, dicht am Dorf gelegen und bedeutend billiger als die großen eleganten Hotels beim Kurhaus. Dicht beim Hotel endete die Dampftram, einige Wagen mit einer kleinen Lokomotive, deren Schornstein immer stark qualmte, mit welcher wir aber sehr schnell und bequem nach Den Haag fahren konnten und die wir oft benutzten, da sie gerade vor dem *bois* mündete, den wir immer mit Begeisterung durchwanderten.* Wir hatten nette Zimmer, teils nach hinten, und ein Wohnzimmer zur See hinaus mit großem Balkon. Die Aussicht war besonders abwechslungsreich, da die Fischerflottillen vor uns landeten mit den vielen braunen Segeln und dem fortwährenden An- und Ablegen der Schiffe. Wir speisten mit Alfred und Mama an der *table d'hôte*, die beiden Kleinen oben mit Minna. Unsere Nachbarn beim Essen waren ein Ehepaar Maurice aus Hamburg, er Intendant vom dortigen Thaliatheater. Sie war eine noch junge, üppige Blondine, die schon nach wenigen Tagen eine große Vorliebe für Alfred zeigte. Kam er einmal nicht zum Essen, fragte sie sofort. «Aber wo bleibt denn Ihr schöner

---

* *Bois:* frz. für Wald, Gehölz, Busch; gemeint wahrscheinlich der Haagse Bos, halb Wald, halb Park, in dem sich auch das Schloss Huis ten Bosch befindet.

Letztes Seestück

Scheveningen, Strandpartie um 1890

Sohn?» Er sah auch wirklich mit seiner schlanken Figur, dem gebräunten Gesicht und der weißen Baskenmütze blendend aus.

Eines Tages klagte unser kleiner zarter Karli über Schmerzen; er hatte plötzlich hohes Fieber, sodass wir den Arzt holen ließen. Dieser konstatierte leider den Beginn einer Lungenentzündung. Es folgten sorgenvolle Tage und Nächte. Ich war froh, Minna mitzuhaben, die schon so oft Karli rührend gepflegt hatte. Im Hotel spürten wir allgemeine Teilnahme; man hatte die beiden Kinder sehr gern; sie waren wohlerzogen und ruhig. Es besserte sich Gott sei Dank, und wir glaubten, über den Berg zu sein. An den Strand durfte Karli noch nicht, aber der Doktor wünschte, dass er die gute Luft im sogenannten Bosch genießen solle. Ich fuhr mit dem schwachen Jungen hin und saß kurze Zeit auf einer sonnigen Bank; aber es war wohl noch zu früh, denn leider bekam er am nächsten Morgen wieder starkes Fieber. Auch dieser Rückfall war jedoch bald glücklich ausgestanden. Durch diese Krankheit verlängerte sich unser Aufenthalt um mehrere Wochen, denn nun verlangte der Arzt, dass wir noch lange blieben, bis Karli sich wieder völlig gekräftigt hätte. Jetzt erst begann für mich das Baden im Meer, und ich genoss es täglich. Carl durfte nicht baden, die beiden Kleinen auch nicht, und so benutzte ich das ganz rechter Hand gelegene, abgegrenzte und menschenleerste Strandstück, ‹nur für Damen›.

Hier befand sich auch, vom Kurhaus entfernt, das erste und hochelegante Hotel d'Oranje; eines Tages kamen dort mehrere hübsche Kinder heraus und fanden sich bald mit den unsrigen zusammen. Als die Eltern dazukamen, erkannten wir uns; es waren Herr und Frau von Diergart, die Besitzer der Rolandsburg im Grafenberger Wald. Wir hatten uns auf den Bällen bei Oeders kennengelernt. Auch deren Verwandte aus Wien, Herr und Frau von Scharfenberg, wurden uns vorgestellt, und wir freundeten uns gleichfalls an; Carl fand den etwas älteren, dicken, gemütlichen Wiener besonders nett. So trafen wir uns täglich. Alfred war für die sehr hübschen Backfische ein gefundenes Fressen. Diergarts veranstalteten im Speisesaal des Hotels einen Tanzabend für die Jugend. Da wir für die freie Entwicklung unserer Söhne von jeher einstanden, so erlaubten wir auch diesen Besuch. Alfred machte im dunklen Anzug *bella figura*. Wir folgten etwas später und erfreuten uns an der reizenden und vergnügten Jugend.

In einem Leben, das von Kunst, von Malerei umgeben war, endete 1891 auch die ausgedehnte Sommerfrische in Scheveningen mit dem Besuch eines Künstlers – und engen Freundes Max Liebermanns –, dem trotz seiner vierundsechzig Jahre noch zwei Jahrzehnte der Schaffenskraft als Hauptvertreter der Haager Schule vergönnt waren, in welcher sich altniederländische Bildmotive, Seestücke und häusliche Szenen mit dem modernen Impressionismus zusammenfanden.

Letztes Seestück

Durch die Vermittlung eines Bekannten, dessen Name mir entfallen ist, hatten wir auch Gelegenheit, das Atelier des großen Malers Jozef Israëls aufzusuchen, der uns persönlich eines seiner bedeutendsten Bilder zeigte.

Dieses Jahr 1891 war voller Hoffnung.
Technische Neuerungen, die das Leben erleichterten, brachen sich Bahn. Elektrizität verdrängte die Dampfkraft, Glühbirnen ersetzten das Gaslicht, Telefonleitungen wurden verlegt, frühe Automobile erschreckten die Pferde und ließen Menschen staunend zusammenlaufen.
Die Zahl deutscher Auswanderer aus Not und Verfolgung war rapide gesunken. Nach langen Kämpfen befand sich eine neuartige Sozialgesetzgebung auf gutem Wege. Renten- und Unfallversicherungen waren ins Leben gerufen worden, Gewerkschaften durften gegründet werden.
Die rechtliche Stellung der Frau, auch wenn deren Wahlrecht in ganz Europa noch in weiter Ferne zu liegen schien, verbesserte sich allmählich; nicht zuletzt durch das Wirken des 1865 gegründeten Allgemeinen Deutschen Frauenvereins wurden Frauen zu Studiengängen zugelassen, taten sich bald in der Medizin, in den Wissenschaften hervor, und Frauen wurden Teil der öffentlichen Arbeitswelt.
Die mechanisierte Industrieproduktion vervielfachte sich.
Kolonien sollten Absatzgebiete sein, sie lieferten anfangs noch exotische, bald alltäglichere Waren, an die Jahrzehnte zuvor noch kaum und für viele gar nicht zu denken gewesen war – Datteln, Ananas, Kautschuk, Bananen, Kaffee.
Das Leben schien üppiger, gerechter zu werden, es wurde schneller, lichter, durch viele Erfindungen, so die erste Universalwaschmaschine von 1888, bequemer, und gewisslich wurde es auch lauter.
Die Hochrüstung mochte als wechselseitige Abschreckung der Nationen den Frieden bewahren helfen.
Als Else Sohn-Rethel 1891 im Zigeunerinnenkostüm mit Grippe und Cognac Kaiser Wilhelm II. begrüßte und wenig später am Damenstrand

Ich war glücklich

von Scheveningen badete, waren Deutschland und Europa voll des möglichen und dauerhaften Glücks.

Der Schriftsteller und Poet Johannes Proelß hatte im Namen von hunderttausenden von Lesern das neue Jahr emphatisch begrüßt.

Was sollte noch passieren?

«Die Neue Zeit

Hell von des Glühlichts Strahlenfülle
Beglänzt – welch' neue Bahnen weist.
Aufleuchtend aus der Nebelhülle,
Du neue Zeit, dein Feuergeist?
Der Rede leihst Du Blitzesschwingen
Und Sonnenhelligkeit der Nacht,
Lehrst uns den Strömen Kraft entringen,
Die unsre Kraft vertausendfacht.

Ist's da ein Wunder, wunderreiche,
Wenn nun an eine Zukunftswelt,
Die aller Träume kühnstem gleiche,
Der Glaube die Gemüther schwellt?
Wenn Dir entgegen das Verlangen
Nach einem Erden-Eden glüht,
Darinnen Sorg' und Noth vergangen
Und allen gleiche Freude blüht.

Die innre Kraft, mit der ihr meistert
Die Elemente der Natur
Die euch zur Liebesthat begeistert
Empor euch weist auf meine Spur,
Lernt sie im Schutz des Rechts entfalten
Zu jeder Eigenart Gedeih'n –
Dann wird in euch das Glück auch walten
Und euer Glück das aller sein!»

Nachwort

Reichhaltig ist der Schatz von Memoiren über das Leben im 19. Jahrhundert. Fast hat es den Anschein, als wäre die Erinnerungsliteratur in dem Maße zu Erbauung und Zuflucht geworden, wie das Tempo des Lebens, die gesellschaftlichen Umbrüche, die zivilisatorisch-technischen Neuerungen zunahmen.

Man wuchs im Postkutschenzeitalter auf und alterte umgeben von immer rasanterem Eisenbahnverkehr, Schaltern für elektrische Apparaturen, dem Schellen der Telefonglocke und oft bedrohlich knatternden Automobilen. Ganz zu schweigen von den Katarakten gesellschaftspolitischer Veränderungen, den kolossalen Brüchen, welche die Zeitgenossen in Atem hielten: Die Bevölkerungszahlen vervielfachten sich, Obrigkeiten wurden infrage gestellt, die Arbeiterschaft drängte auf humane Lebensverhältnisse, auf Respekt und Teilhabe am Allgemeinwohl. Juden erhielten die rechtliche Gleichstellung. Frauen nahmen es immer weniger hin, als Anhängsel der Männerwelt zu gelten, in der sie Nachwuchs gebaren, sich für Haus und Hof aufopferten und maßvoll gesellig aufzutreten hatten. Erste Weltwirtschaftskrisen und Börsenkräche erschütterten das Bürgertum.

Zwischen all diesen Entwicklungen, Beschleunigungen, Konflikten scheinen Memoiren der dringlichen Selbstvergewisserung zu dienen, die rasche Zeit ein wenig festhalten und ergründen zu wollen, zu einer Manifestation des Ich, seiner Komposition und seiner Entscheidungen zu werden. Die allgemeine Unruhe soll gefiltert werden, die Erfahrungen sollen nicht ohne Nachhall bleiben, schriftliche Denkmale der eigenen Person werden errichtet. Der Neigung zu Erinnerungswerken in der immer weniger durchschaubaren, in der unordentlichen Welt

Nachwort

entspricht das zuallermindest quantitative Florieren der Porträtmalerei und die neuartige Photographie, die den Dargestellten überdies dem Bewusstsein der Nachwelt erhält. Pflöcke im Treibsand der Massen- und Industriegesellschaft mit all ihrem politisch-militärischen Furor. Zudem wollte eine wachsende Leserschaft ihre Epoche aufgefächert sehen.

Der Bogen solcher Erinnerungen spannt sich im Deutschland des 19. Jahrhunderts ungefähr von den neun Bänden *Denkwürdigkeiten und vermischte Schriften*, in denen der Diplomat und *Homme de lettre* Karl August Varnhagen von Ense – nicht zuletzt auch liebenswürdiger Gemahl der Salonnière Rahel Levin – das Zeitalter der Romantik bis zur Revolution von 1848 festhielt, bis hin zu Otto von Bismarcks – selbstverständlich ganz anders ausgefüllten – *Gedanken und Erinnerungen*, die 1898 erschienen.

Weitere ehedem oder bleibend namhafte Politiker, Sozialreformer legten gleichfalls Zeugnis von ihrem Werdegang und ihren Zielen ab. 1886 wurden die Erinnerungen *Aus Drei Viertel Jahrhunderten* von Friedrich Ferdinand Graf von Beust, dem sächsisch-österreichischen Gegenspieler Bismarcks und dessen preußisch-kleindeutscher Politik veröffentlicht. Beust spielt kurz eine Rolle auch in den Memoiren von Else Sohn-Rethel, doch er ist als vehementer Verfechter eines deutschen Föderalismus weitgehend vergessen. August Bebel wiederum resümierte sein sozial engagiertes Wirken und die Bedrängnisse, denen er seitens der polizeistaatlichen Obrigkeit ausgesetzt war, in *Aus meinem Leben*.

Stattlich ist natürlich die Zahl von Schriftstellern, die ihre künstlerische Genese und ihre Fährnisse aufgezeichnet haben. Heinrich Heines Werk ist von einer Autobiographie nicht zu trennen. Der ordnende Rückblick *Aus meiner Knabenzeit* des frührealistischen Schriftstellers Karl Gutzkow erschien 1852. Theodor Fontane verfasste *Meine Kinderjahre*. Paul Heyse, der frühe deutsche Nobelpreisträger für Literatur, ließ die Leser seiner *Jugenderinnerungen* am Wachsen des literarischen Lebens in Berlin und in München teilhaben. Bestsellerromanciers wie

Nachwort

Gustav Freytag und Felix Dahn legten jeweils *Erinnerungen* vor. Karl May blickte in *Mein Leben und mein Streben* aus seiner Sicht auf das Jahrhundert zurück.

Trotz des offenbar wachsenden Drangs, die eigene Person im Zeitstrom zu umreißen und festzuhalten, sind Erinnerungen von Frauen erheblich rarer. Noch galten für Frauen andere Pflichten als der freie literarische Auftritt. Umso beeindruckender wirken die Autobiographien unbeugsamer Schriftstellerinnen wie Fanny Lewald, Malwida von Meysenbug und später Lily Braun, für die George Sand in Frankreich ein ermutigendes Bespiel für ein selbstbestimmtes Leben war. Fanny Lewald erwies sich auch in *Meine Lebensgeschichte*, publiziert zwischen 1861 und 1863, als eine Meisterin des unsentimentalen Berichts. In ihren *Memoiren einer Idealistin* von 1869 versammelte Malwida von Meysenbug prägende Ereignisse und Begegnungen ihres Lebens als emanzipierte Europäerin. Alsdann schockierte die journalistisch rührige Lily Braun gewiss durch ihre *Memoiren einer Sozialistin,* die 1909 erschienen. Dass die Frauenrechtlerin ab 1914 die deutsche Kriegspolitik energisch unterstützte, verdunkelt im Nachhinein leider ihren frühen Lebensausklang. Unbedingt zu nennen bleibt natürlich *Das Tagebuch* von Hildegard Baronin von Spitzemberg, die ihre Gespräche und Berliner Hofklatsch zu einem Abbild der wilhelminischen Machtelite verwandelte.

Zahlreiche Namen, etliche bedeutende Verfasser und Verfasserinnen autobiographischer Chroniken. Sie gehören – so persönlich oder parteiisch sie gefärbt sein mögen – zum Inventar auch unserer eigenen Regungen und Gedanken. Sämtliche Epochen, aus denen die Nachwelt entsteht, prägen und wirken fort.

Was hat es inmitten solcher Koryphäen mit Else Sohn-Rethel, die von 1853 bis 1933 lebte, auf sich?

Als Else Sohn-Rethel in Düsseldorf sich als alte Dame daranmachte, für ihre Familie ihren Erinnerungen freien Lauf zu lassen, entstand in vielerlei Hinsicht etwas Besonderes. «Ich will nur erzählen, was mich persönlich betraf», fließt es in ihren Bericht ein. Und an anderer Stelle

Nachwort

betont sie: «…ich will keine historische Schilderung dieses Krieges geben, die kann jeder in den Geschichtsbüchern lesen.»

Also ohne den geringsten Ehrgeiz, mit Historikern oder mit Schriftstellern zu konkurrieren, gab sie sich ihrem Wunsch hin, ihre jungen Jahre in einer vergangenen Welt zu resümieren. Und dies gelang der lebenslang temperamentvollen Frau auf verblüffende Weise.

Mit ihrem Rückblick auf die Ära zwischen ungefähr 1850 bis 1900 hinterließ Else Sohn-Rethel – trotz aller zeitgeschichtlichen Lücken und gewiss manchmal mangelnden Vertiefungen – ein Panorama der Belle Époque und der Gründerzeit in Deutschland, wie wir es sonst nicht besitzen.

Inmitten der diversen Berichte über familiäre und öffentliche Ereignisse empfindet und handelt in diesen Memoiren eine Erzählerin, die sich als Mädchen, als Frau offenkundig keinen Moment lang zurückgesetzt fühlte und keinen Deut ihrer Selbstachtung preisgab. Im Gegenteil. Aus der liberalen Atmosphäre ihrer Herkunft heraus und auf Grund der Entscheidungsschwäche ihrer Mutter stellt Else Sohn-Rethel sogar rüstig fest, dass sie bereits zeitig ein «höchst selbständiges, oftmals zu selbständiges Auftreten» besessen und an den Tag gelegt habe. Es erfreut im Nachhinein, dass hier eine Frau in restriktiven Zeiten eine Nachrangigkeit gar nicht erst in Erwägung zog. Bereits die junge Else nimmt ihrer am liebsten dichtenden Mutter Entscheidungen ab, begleicht Hotelrechnungen und lässt später beschwerlich fallende Verehrer selbstbewusst geradezu *en suite* abblitzen. Eine zumindest innere Emanzipation schien in diesem Fall nie vonnöten gewesen zu sein.

Begünstigt wurde diese luftig helle Entwicklung von der wahrlich sensationellen Familie, der Else Sohn-Rethel entstammte.

Die Schilderung des Lebens und der Usancen in den Dresdner Villen ihrer Urgroßeltern Oppenheim und Großeltern Grahl ist einmalig. Durch Tüchtigkeit im Bankgeschäft der Oppenheims und schönsten Erfolg der Porträtmalerei des Großvaters August Grahl in Rom spielte in dieser zwanglos deutsch-jüdisch-christlichen Großfamilie Geld keine

Nachwort

beengende Rolle. Man besaß es, verwaltete es und gab es guter Dinge aus. Letzteres zumeist für Annehmlichkeiten des Daseins, von denen viele profitierten. Für den Bau ebenso prächtiger wie bequemer Villen, für Kunst, für das mäzenatische Wirken, wenn insbesondere junge Künstler geradezu in Scharen bewirtet und gefördert wurden. Die Villen Gottfried Sempers schienen oft elysisches Gefilde zu sein, wo willkommen war, wer sang, dichtete, auf Bühnen reüssieren wollte. Wir erleben Haushalte, auch bei den Mendelssohns in Berlin, die das geistigkünstlerische Leben in Deutschland intensiv bereicherten. Sogar ein Antijudaist wie Hoffmann von Fallersleben ließ sich hier gerne verwöhnen. Die Abgrenzungen zwischen deutsch- und jüdischstämmigen Bürgern, was immer mit den stets murkshaften Unterscheidungen gemeint sein mag, scheinen sich in Else Sohn-Rethels Umgebung in Wohlgefallen aufgelöst zu haben. Besonders augenfällig wird dies in ihrem Bericht von den Weihnachtsfesten mit dem imposanten Christbaum und dem Beschenken von Ärmeren, Bedürftigen. Ob solche Generosität in den Häusern von Industriellen an Ruhr und Wupper, in Oberschlesien auch anzutreffen war?

Neben aller Opulenz und Gastfreiheit erfahren wir vom durchaus haushälterischen Alltag, in dem Butter zum Frühstück als unüblich verschwenderisch galt.

Geradezu verwirrend wirkt es, dass im Lebensbericht Else Sohn-Rethels, Urenkelin eines getauften und prominenten Juden, nicht ein Laut antisemitischer Anfeindungen zu vernehmen ist. Drang der stimmungsmäßige Unflat nicht bis zum behüteten Kind vor? Gab es, was das Wünschenswerteste wäre, Phasen, Orte, wo zwischen Bürgern religiöse Wurzeln keine Rolle spielten? Vernahm das Mädchen keine ressentimentgeladenen Bemerkungen gar der zu Weihnachten Beschenkten: «Gans mitsamt Schmalztopf gibt's natürlich beim Oppenheim.»

Verblüffend ist die vielköpfige Familie nicht zuletzt dadurch, dass im Hause Oppenheim-Grahl als künftiger Zuwachs vor allem Künstler erwünscht waren. Die geistig-musische Bereicherung scheint ein Lebenselixir gewesen zu sein. Sogar ein aufstrebender Buchhalter hätte die

Nachwort

häusliche Atmosphäre nur verdüstert. So haben gewiss selten problemloser, ja willkommener vielversprechende Bohemiens wie der Historienmaler Alfred Rethel und sodann Carl Rudolph Sohn in die Großfinanz eingeheiratet.

Wo existiert solches Begehren nach kultureller Lebensdurchdringung noch?

Else Sohn-Rethel lässt uns teilhaben an Vegnügungen ihrer Zeit, die uns wegen ihrer Geselligkeit melancholisch stimmen können. Ob Hauskonzerte, improvisiertes Theaterspiel, ob Schlittenpartien mit Musikanten im Fackelschein – wenig Vorgefertiges, nichts Maschinelles bestimmte die Freuden. Es lag am Einzelnen selbst, wie sehr er sich im Treiben vorwagen oder zurückhalten wollte. Gesang, Tanz schufen eine sehr persönliche Nähe.

Dabei überrascht manche Freizügigkeit jener Epoche in Deutschland, die im puritanischen England oder in Frankreich mit seinen rituelleren Umgangsformen wohl undenkbar gewesen wäre. Insbesondere das Baden, Schwimmen in der Elbe, sogar Turmspringen, ganz selbstverständlich auch für Mädchen, lässt staunen. Der Körper trat aus der Biedermeierlichkeit allmählich wieder ans Licht.

Zu solcher Nonchalance, die gewisslich nicht allgemein war, fügte sich das offenherzige, oft spontane Wesen Else Sohn-Rethels: «Ich glaube, ich war ein tolles Kind.» Entspannt erzogen, vergnügte sich das Mädchen entdeckungsfreudig im Garten, träumte unter den Gemälden Tintorettos und Corregios im urgroßväterlichen Zimmer und fand alsbald wohlgemut Vergnügen daran, junge Männer anzuhimmeln: «Im Winter besuchten uns zwei Künstler aus München, Ferdinand von Miller und Claudius Schraudolph ... Sie waren aber auch beide zum Verlieben, nicht nur sehr hübsch, besonders Miller ...» Die zwanglose Wertschätzung männlicher Attraktivität blieb ihr erhalten. Abermals aus München traf «ein sehr hübscher junger Maler» ein, «Bruno Piglheim, der recht still und schüchtern war». Noch als Ehefrau bezauberte Else Sohn-Rethel ihrerseits durch ihren Reiz, und sie nahm kundig einen jungen Maler wahr, der ihr inständig den Hof machte und «in seiner äußeren Erscheinung ganz zu mir passte». Ebenso deutlich räumte sie manchem Verehrer ihrer südländischen Ausstrahlung gar nicht erst eine Chance für Avancen ein: «Paul Freiherr von Wolzogen aus Hinterpommern – eine traurige Nummer.»

Früh wurde Fräulein Else durch ihr Temperament, ihre Begabungen und ihre Lebensart bühnenreif. Als Kind trat sie im Märchenspiel als Elfenkönigin auf. Als sie nach Düsseldorf kam, empfingen die Maler sie als Abbild von Goethes Mignon. In den dröhnenden Weihefesten für zwei deutsche Kaiser agierte sie in diversen Rollen. Mag ihre Bildung auch eklektisch, nicht tiefschürfend gewesen sein, so bleibt doch festzuhalten, dass sie zur Kennerin von Malerei erwuchs, selbst vorzüglich zeichnete und als Sängerin auch schwieriger Partien in Werken Mozarts, Haydns und zeitgenössischer Musik vor großem Publikum brillierte.

Willig, lebenstüchtig und wissbegierig, bis hin zum Atelierbesuch beim Haager Maler Jozef Israëls, ließ Else Sohn-Rethel sich auf alle Anforderungen ein.

So schwungvoll und blühend ihr Bericht daherkommt, so wenig übersieht sie in ihrem Blickfeld skurrile Gestalten, Eigenbrötler und auch tragische Momente, die für sie zum Leben gehören. Ein Original, das sie zeitig wahrnimmt, ist gewiss jener Herr Müller, der nach dem Gusto des Hausportiers quasi von der Straße zu Kartenrunden eingeladen wird und durch seine Suppenvorliebe zum «Linsenmüller» wird. Aufmerksam nimmt sie den Kleidungsbombast neureicher Kurgäste wahr oder jene russische, völlig in Schwarz gehüllte Damenschar, die in der Schweiz «wie Nornen durch den Garten» schlichen, «wohl nach Anschluss suchend. Alle nannten sie nur den Seetang.» Auch hinter diesen Reisenden aus dem Osten rumort spürbar Trauriges, verbergen sich Einsamkeiten, die dem Leser nicht entgehen. Nicht weniger ist dies der Fall, wenn Else Sohn-Rethel vom Malerbruder ihres Mannes erzählt, der an einem Werk zugrunde geht: «Wilhelm lebte im Kampf zwischen seiner seltenen Begabung für die Farbe und dem beständigen Einfluss Eduard von Gebhardts, für den Form und Ausdruck das Entscheidende waren.»

Nachwort

Die Lebensgefahr durch Cholera, die Bedrohung ihrer Kinder, ihrer selbst, durch eine Masernepidemie gehören zum Gesamtbild der Memoiren, aus denen der Tod nicht verbannt ist: «Wir waren alle» bei Großvaters Tod «versammelt, und der Todeskampf war schrecklich mit anzusehen. Es war selbstverständlich, dass auch ich junges Ding mit dabei war, denn ebenso, wie es bei uns Sitte war, dass wir Kinder alles Schöne miterleben durften, so wurde es auch als natürlich betrachtet, dass wir die schweren Stunden mit den Erwachsenen teilten».

Der Wahnsinn und der frühe Tod ihres Vaters Alfred Rethel mag die Tochter instinktiv auf das Dunkle vorbereitet haben. Und vielleicht auch aus dem Erfahren von schwerem Sterben rührt ihr offenbar früher, ehedem keineswegs üblicher und geradezu hörbarer Abscheu vor Krieg: «Das systematische Töten einander gegenüberstehender Menschen auf Kommando ist das niederträchtigste Verbrechen auf der Erde, und ich hoffe, dass sich nie wieder Menschen finden werden, die sich dazu erniedrigen lassen.»

Gegen chauvinistische Rauschzustände scheint Else Sohn-Rethel immun gewesen zu sein: Wir «erklommen beim gleißenden Sonnenschein den Niederwald, damals noch ohne Germaniakoloss, was auf alle Fälle schöner war.» Und ihre singulären Insider-Schilderungen der Düsseldorfer Kaiserfeste beschließt sie mit einem besonderen Adieu an Wilhelm II.: «Ein erlöstes Aufatmen der Schauspieler und des Publikums; man war ihn endlich los und gab sich nun voll und ganz dem Festesjubel hin bis zum Morgen.»

Heinrich Manns bedrückende Schilderung von Imperatorvergötzung und Devotheit im Roman *Der Untertan* findet in diesem Passus ein Gegenstück. Und es bleibt bedauerlich, dass der säbelrasselnde Herrscherdilettant nicht häufiger von der Lebenslust weggefeiert wurde.

Um wie viel sympathischer tritt dem Leser Queen Victoria, die Hausmutter des Britischen Empire, entgegen. Die von Else Sohn-Rethel eingestreuten Briefpassagen ihres Gemahls aus England gewähren einen knappen, aber selten privaten Einblick in das ruhig effiziente Treiben von Osborne House und Windsor. Der Schmerz der alten Königin über

Nachwort

den Verlust ihres schottischen Vertrauten John Brown wird in Carl Rudolph Sohns Zeilen fühlbar. Dass man das Oberhaupt der konstitutionellen Monarchie wiederum nicht immer straflos erboste, erfahren wir durch jene Hammelspeise, welche die epochale Witwe ihrem Premierminister Gladstone, der Hammel hasste, servieren ließ. Unweit dieses royalen Idylls mit einer Prise Ranküne beruhigt sich trauerschwer Frankreichs Exkaiserin Eugénie in ihren sehr langen Lebensabend hinein. Gerne erfährt der Leser von diesen beiden stilsicheren Heroinen, wobei die Queen durch ein Schreiben ihres Sekretärs wie selbstverständlich ihre besorgte Anteilnahme an einer Erkrankung Else Sohn-Rethels in Düsseldorf bekunden lässt. Solche private Aufmerksamkeit krönt natürlich auch die Schule der Herrschenden.

Nebenher klingt in der Post aus England an, dass Kunst aus Deutschland und Deutschland als vielfältiges Territorium in der Mitte Europas oft insgesamt einen vorzüglichen Ruf genossen. In Deutschlands Bäder reiste jedenfalls, wer Rang und Mittel besaß. Die Porträts, die Carl Rudolph Sohn in England malte, veranschaulichen im Übrigen die Meisterschaft dieses Künstlers der spätmonarchisch-großbürgerlichen Epoche. Inmitten des kolonialistischen Furors erfasst sein Abbild des Zulukönigs Cetshwayo den Afrikaner in wehmutsvoller Würde.

Bei ihrer höchst persönlichen Promenade durch sonst selten anschaulich überlieferte Jahrzehnte ruft Else Sohn-Rethel etliche historische Ereignisse wach. Als Kind erlebt sie Auswirkungen des Österreichisch-Preußischen Kriegs. Sie hört Bismarck im Reichstag, als dessen Präsident ihr Onkel Eduard von Simson fungiert. Während des Deutsch-Französischen Kriegs lässt sie sich auf Lazarettdienste vorbereiten. Sie kommt mit hohen Regierungsbeamten ins Gespräch. Von einer parteipolitischen Neigung – das Wahlrecht erhielten Frauen in Deutschland 1919 – erfahren wir indes nichts. Mehrfach allerdings betont Else Sohn-Rethel ihren «angeborenen Freiheitsdrang» und bekennt sogar, seit Begegnungen mit dem Maler und «Freigeist» Carl Hoff eine «sehr starke republikanische Einstellung» gehabt zu haben. Damit wäre die Künstlergattin den Gegebenheiten ihrer Zeit weit vorausgeeilt.

Nachwort

In ihrem Zeitbild werden dem Leser zahlreiche Veränderungen des Alltagslebens vor Augen geführt. Wir erleben, wie in den Alpen und an der See der bürgerliche Kurbetrieb zu florieren beginnt, wie Kutschen streckenweise nun auf Eisenbahnwagen gehievt werden. Der Fotoapparat wird gebräuchlich. Moden auch in der Medizin machen den Patienten oft noch ratloser: «... man bezeichnete diese Krankheit neuartig als ‹Grippe›, und sie glich völlig der Influenza.» Wie seit Jahrhunderten werden für Säuglinge Ammen engagiert; daneben tauchen Produkte der Firma Nestlé zur Kleinkinderernährung auf. Die uns geläufige Moderne tritt über die Schwelle.

Else Sohn-Rethels Memoiren, in denen sie sich spürbar um Präzision bemüht, wetteifern keinen Moment lang mit anderen Rückblicken aus professioneller Feder. Ihren Stil könnte man als schlicht, aber herzlich bezeichnen. Vielleicht dadurch besitzt er einen eigenen und vorandrängenden *Sound*. Und wer wollte einer achtzigjährigen Dame, deren Erinnerungen kurz vor ihrem Lebensende noch einmal überschäumen, stilistische Vorhaltungen machen? Im schwungvollen Rekapitulieren passieren, gelingen ihr gleichwohl einige Sprachvolten. Sinnfällig verschränkt sie beim Brand der Dresdner Oper den Aufruhr in der Stadt mit ihrem eigenen Dahineilen: «Ich kam in die Prager Straße, und dort waren die Menschen schon in größter Aufregung, die sich Schritt um Schritt steigerte.» Grammatikalisch kühn bringt sie das Glück ihrer Flitterwochen auf den Punkt: «In Zürich genossen wir reizende Tage und uns.» Auch Carl Rudolph Sohn schien das Herz auf dem rechten Fleck zu haben, wenn er als Briefschreiber über Queen Victoria – von seiner Witwe bewahrt – beinahe mitgenießend festhält: «Sie strahlt vor Ruhm und Wohlbehagen.»

Mit reichlich Sonne im Herzen würdigt Else Sohn-Rethel das Geschenk ihres Daseins. Wobei sie glaubhaft versichert: «Ich wurde sehr verwöhnt, aber ich bin dankbar dafür und glaube nicht, dass ich meine Bevorzugung jemals missbraucht habe.»

Nach dem Tod ihres Mannes im Jahre 1908 und in den Jahren, die von ihren Erinnerungen nicht mehr erfasst sind, wurde Else Sohn-

Nachwort

Rethel, soweit bezeugt, zum weiterhin regen Familienvorstand. Ihre drei Söhne wurden Maler. Ihre Tochter Mira heiratete den Maler und späteren Düsseldorfer Akademiepräsidenten Werner Heuser.

Falls ihre Memoiren unterhalten, einiges Vergessene wachrufen und durch eine vielfältig nuancierte Lebenszugewandtheit erfreuen, wäre die frühere Elfenkönigin und spätere Chronistin gewiss glücklich.

Hans Pleschinski

Nachtrag

Else Sohn lebte bis zu ihrem Tode am 22. Januar 1933, wenige Tage vor der Machtergreifung Hitlers, in dem Haus Goltsteinstraße 23. Carl Sohn war bereits im August 1908 verstorben.

Ihre Tochter Mira, verheiratet mit dem Maler Werner Heuser (bis 1938 Dozent und nach 1945 Direktor der Staatlichen Kunstakademie in Düsseldorf), zog nach dem Tod der Mutter in die Goltsteinstraße und setzte die Tradition eines der geistigen und kulturellen Mittelpunkte im Düsseldorfer Leben fort. Ende Juni 1943 wurde das Haus Goltsteinstraße 23 von einer Bombe getroffen und vollständig zerstört. Bis auf wenige ausgelagerte Stücke wurden Kunstsammlung und Erbstücke zerstört. Auch die Originalfassung der Erinnerungen meiner Urgroßmutter existiert nicht mehr. Das vorliegende Manuskript ist eine Abschrift, die wohl mein Großvater Werner Heuser in den Jahren vor 1943 angefertigt hat. Es ist nicht bekannt, ob Else Sohn ihre Erinnerungen noch weitergeführt hat oder ob mein Großvater die Übertragung nicht vollenden konnte.

Alfred Sohn-Rethel hat seine Sommerliebe Anna Julie, geborene Michels, geheiratet. Otto und Karli blieben unverheiratet.

Das Oppenheimsche Palais an der Bürgerwiese und die Villa Rosa in Dresden wurden beim Angriff auf die Stadt zerstört.

Düsseldorf, Oktober 1998
Sabine Benser-Reimann

Editorische Notiz

Unverhofft kommt manchmal. In den Gesprächen, die ich mit Sabine Benser-Reimann über ihren Onkel Klaus Heuser, den «Augenstern» Thomas Manns, und über Klaus Heusers Eltern Werner und Mira Heuser führte, tauchte immer wieder der Name von Mira Heusers Mutter Else Sohn-Rethel auf. Aus dem mir Erzählten entstand das Bild einer regen weltwachen Dame, die auch Erinnerungen verfasst hatte. Dieses Konvolut vertrauten Sabine Benser-Reimann und ihre Nichte Julia Lambert mir an. Darüber hinaus stellten sie mir aus ihrem reichhaltigen Familienfundus im Laufe meiner Arbeit etliches Bildmaterial zur Verfügung. Für all dies bin ich den beiden Damen vom Rhein, den überaus liebenswürdigen Nachfahrinnen und Sachwalterinnen des komplexen Hauses Oppenheim-Grahl-Rethel-Sohn-Heuser, zu großem Dank verpflichtet.

Nach der Lektüre der Memoiren gab es für mich kein Zögern, die Erinnerungen an eine vergangene Welt als Buch und mit Zeitkommentaren zugänglich zu machen.

Die vorliegende Ausgabe umfasst ungefähr zwei Drittel der Erinnerungen Else Sohn-Rethels. Für eine aufschlussreiche und vielfältige Lektüre erschien mir vor allem die Wiedergabe mancher sich ähnelnder und kleinerer Familienfeiern sowie diverser Reisen ohne augenscheinliche Vorkommnisse verzichtbar. Einige Ungereimtheiten der Grammatik und Interpunktion vielleicht schon im verschollenen Manuskript wurden korrigiert. Dasselbe gilt, soweit eruierbar, gelegentlich für Daten und Namen, bei denen die Erinnerung die Autorin trog. Das möglichst behutsame Überarbeiten möge in ihrem Sinne sein.

Mein Dank für die Betreuung der Buchausgabe gilt den stets hilfsbereit-förderlichen Mitarbeitern des C.H. Beck Verlags; er gilt dem freund-

Editorische Notiz

schaftlichen und zuverlässigen Berater Thomas Held in Hamburg und selbstverständlich insbesondere der brillanten Übersetzerin und Herausgeberin Melanie Walz, die mir auch bei diesem Buch redaktionell zur Seite saß.

München, im August 2015
Hans Pleschinski

Editorische Notiz

Unverhofft kommt manchmal. In den Gesprächen, die ich mit Sabine Benser-Reimann über ihren Onkel Klaus Heuser, den «Augenstern» Thomas Manns, und über Klaus Heusers Eltern Werner und Mira Heuser führte, tauchte immer wieder der Name von Mira Heusers Mutter Else Sohn-Rethel auf. Aus dem mir Erzählten entstand das Bild einer regen weltwachen Dame, die auch Erinnerungen verfasst hatte. Dieses Konvolut vertrauten Sabine Benser-Reimann und ihre Nichte Julia Lambert mir an. Darüber hinaus stellten sie mir aus ihrem reichhaltigen Familienfundus im Laufe meiner Arbeit etliches Bildmaterial zur Verfügung. Für all dies bin ich den beiden Damen vom Rhein, den überaus liebenswürdigen Nachfahrinnen und Sachwalterinnen des komplexen Hauses Oppenheim-Grahl-Rethel-Sohn-Heuser, zu großem Dank verpflichtet.

Nach der Lektüre der Memoiren gab es für mich kein Zögern, die Erinnerungen an eine vergangene Welt als Buch und mit Zeitkommentaren zugänglich zu machen.

Die vorliegende Ausgabe umfasst ungefähr zwei Drittel der Erinnerungen Else Sohn-Rethels. Für eine aufschlussreiche und vielfältige Lektüre erschien mir vor allem die Wiedergabe mancher sich ähnelnder und kleinerer Familienfeiern sowie diverser Reisen ohne augenscheinliche Vorkommnisse verzichtbar. Einige Ungereimtheiten der Grammatik und Interpunktion vielleicht schon im verschollenen Manuskript wurden korrigiert. Dasselbe gilt, soweit eruierbar, gelegentlich für Daten und Namen, bei denen die Erinnerung die Autorin trog. Das möglichst behutsame Überarbeiten möge in ihrem Sinne sein.

Mein Dank für die Betreuung der Buchausgabe gilt den stets hilfsbereit-förderlichen Mitarbeitern des C.H.Beck Verlags; er gilt dem freund-

Editorische Notiz

schaftlichen und zuverlässigen Berater Thomas Held in Hamburg und selbstverständlich insbesondere der brillanten Übersetzerin und Herausgeberin Melanie Walz, die mir auch bei diesem Buch redaktionell zur Seite saß.

München, im August 2015
Hans Pleschinski

Abbildungsverzeichnis

Vorderer Vorsatz	Dresden mit Augustusbrücke (Photochrom um 1890). Archiv für Kunst und Geschichte.
Frontispiz	Rosenstrauchblatt (Zeichnung von Else Sohn-Rethel). Aus dem Nachlass, Privatbesitz.
Seite 23	Villa Rosa in Dresden, errichtet von Gottfried Semper (Photographie). SLUB Dresden / Deutsche Fotothek / Walter Möbius, 1929.
Seite 27	Alfred Rethel (Selbstporträt). Aus dem Nachlass, Privatbesitz.
Seite 29	Elisabeth Grahl mit ihrer Enkelin Else (Photographie). Aus dem Nachlass, Privatbesitz.
Seite 39	Maschine zum Übersetzen der Diligencen auf Eisenbahnwaggons (Holzstich 1844). Archiv für Kunst und Geschichte.
Seite 45	Düsseldorf um 1850 (Zeichnung nach zeitgenössischem Stahlstich). Archiv für Kunst und Geschichte.
Seite 53	Dresden mit Augustusbrücke (Photochrom um 1890). Archiv für Kunst und Geschichte.
Seite 60	August Grahl (Selbstbildnis). Aus dem Nachlass, Privatbesitz.
Seite 80	Ankunft von Verwundeten in Dresden (Holzstich). Bildarchiv Preußischer Kulturbesitz.
Seite 87	Strand von Norderney (Photographie von Otto Haeckel um 1910). Archiv für Kunst und Geschichte.
Seite 93	Fest im Malkasten Düsseldorf (Holzstich um 1890, nach einer Zeichnung von Henrich Otto). Archiv für Kunst und Geschichte.
Seite 100	Dresden, Theaterbrand 1869 (Photographie). Archiv für Kunst und Geschichte.
Seite 102	Dresdner Schlossgasse mit Sänftenträgern (Lithographie von Carl Heinrich Beichling, 1849). Bildarchiv Preußischer Kulturbesitz.
Seite 107	Otto von Bismarck und der gefangene Napoleon III. nach der Schlacht von Sedan, 1870 (Holzstich nach Gemälde von Wilhelm Camphausen, 1876). Archiv für Kunst und Geschichte.
Seite 115	Carl Rudolf Sohn (Kupferstich). Aus dem Nachlass, Privatbesitz.

Seite 123	Else Sohn-Rethel (Gemälde von Carl Rudolf Sohn, 1873). Museum Kunstpalast, Düsseldorf –Horst Kolberg–ARTOTHEK.
Seite 128	Die alte Akademie in Düsseldorf (Gemälde von Andreas Achenbach, 1831). Archiv für Kunst und Geschichte.
Seite 134, li.	Franz Liszt (Porträtaufnahme um 1885). Archiv für Kunst und Geschichte.
Seite 134, re.	Anton Rubinstein (Porträtaufnahme um 1880). Archiv für Kunst und Geschichte.
Seite 144	Das Kaiserfest im Malkasten zu Düsseldorf am 6. Sept. 1877 (Gemälde von Carl Hoff). Graphikantiquariat Koenitz, Leipzig.
Seite 156	Gewerbe- und Kunstausstellung im Zoo-Gelände Düsseldorf (Photographie 1880). Stadtarchiv Landeshauptstadt Düsseldorf.
Seite 159	Jüdische Hochzeit (Gemälde von Jozef Israëls, 1903). Rijksmuseum Amsterdam.
Seite 163	Fächerentwurf von Else Sohn-Rethel. Aus dem Nachlass, Privatbesitz.
Seite 164	Schloss Arolsen (Photographie von Georg Ewald um 1890). Bildarchiv Preußischer Kulturbesitz.
Seite 179	Der Zulukönig Cetshwayo (Gemälde von Carl Rudolf Sohn, 1882). Royal Collection of the United Kingdom.
Seite 185, li.	John Brown (Gemälde von Carl Rudolf Sohn, 1883). Royal Collection of the United Kingdom.
Seite 185, re.	Queen Victoria (Gemälde von Carl Rudolf Sohn, 1883). Royal Collection of the United Kingdom.
Seite 187	Napoleon III. mit Gemahlin Eugenie und dem kaiserlichen Prinzen Louis Napoleon (Photographische Reproduktion einer Lithographie um 1864). Archiv für Kunst und Geschichte.
Seite 191	Werke der Burbacher Hütte bei Saarbrücken (Holzstich, 1886). Archiv für Kunst und Geschichte.
Seite 202	Bayreuth, Pausenbild 1892 (Bildpostkarte nach zeitgenössischem Gemälde von Laska). Archiv für Kunst und Geschichte.
Seite 219, li.	Kaiser Wilhelm I. (Holzstich nach Photographie von J. C. Schaarwächter um 1885). Archiv für Kunst und Geschichte.
Seite 219, mi.	Kaiser Friedrich III. (Photographie 1885). Archiv für Kunst und Geschichte.
Seite 219, re.	Wilhelm II. (Gemälde von Max Koner, 1890). Archiv für Kunst und Geschichte.
Seite 235	Der Strand bei Scheveningen in Holland (Photographie um 1890). Archiv für Kunst und Geschichte.
Hinterer Vorsatz	Die alte Akademie in Düsseldorf (Gemälde von Andreas Achenbach, 1831). Archiv für Kunst und Geschichte.